Diversitätsbewusstes Denken und Handeln von
Pädagogischen Fachkräften in Kindertagesstätten

AF223317

Waxmann Verlag GmbH
Steinfurter Straße 555, 48159 Münster
info@waxmann.com

Steffen Brockmann

Diversitätsbewusstes Denken und Handeln von Pädagogischen Fachkräften in Kindertagesstätten

Waxmann 2014
Münster / New York

Bibliografische Informationen der Deutschen Nationalbibliothek
Die Deutsche Nationalbibliothek verzeichnet diese Publikation in der
Deutschen Nationalbibliografie; detaillierte bibliografische Daten sind
im Internet über http://dnb.d-nb.de abrufbar

Diese Dissertation wurde von der Fakultät I der
Carl von Ossietzky Universität Oldenburg angenommen.

Internationale Hochschulschriften, Bd. 602

Die Reihe für Habilitationen und sehr
gute und ausgezeichnete Dissertationen

ISSN 0932-4763
ISBN Print: 978-3-8309-2974-1
ISBN E-Book: 978-3-8309-7974-7

© Waxmann Verlag GmbH, 2014
Postfach 8603, 48046 Münster

www.waxmann.com
info@waxmann.com

Umschlaggestaltung: Pleßmann Kommunikationsdesign, Ascheberg
Umschlagabbildung: © Vesna Cvorovic, Fotolia.com
Satz: Stoddart Satz- und Layoutservice, Münster
Gedruckt auf alterungsbeständigem Papier, säurefrei gemäß ISO 9706

Printed in Germany

Inhalt

Danksagung

Diese Arbeit ist über einen Zeitraum von fast fünf Jahren neben meiner Berufstätigkeit entstanden. In diesem Zeitraum ist meine Tochter Paula geboren worden. Ich habe ein Stipendium der Robert-Bosch-Stiftung bekommen, eine neue Stelle angetreten und wir sind von Baden-Württemberg nach Nordrhein-Westfalen umgezogen. Es versteht sich von selbst, dass ich die Arbeit ohne Unterstützung vermutlich nie fertiggestellt hätte. Deswegen möchte ich mich an dieser Stelle bei all den Personen bedanken, die bei der Fertigstellung dieser Arbeit eine ganz wesentliche Rolle gespielt haben.

Mein besonderer Dank gilt: Den BetreuerInnen dieser Arbeit Prof. Dr. Rudolf Leiprecht und Prof. Dr. Barbara Stauber für die intensiven Beratungen und Anregungen (sogar bei Kaffee und Kuchen zuhause), meiner Mentorin Prof. Dr. Sabine Jungk für die vielen wertvollen Hinweise und Tipps, den pädagogischen Fachkräften, Kindern und Eltern des Kindergartens, in dem ich die Daten erheben konnte, für die freundliche Unterstützung und große Offenheit, meinen ehemaligen Kolleginnen und Kollegen der evangelischen Fachschule für Sozialpädagogik und hier ganz besonders Dr. Margarete Blank-Mathieu und Dr. Irmgard Göke-Junk, Dominik Daling, Marc Gronemeier für die Poster, die ich auf Tagungen in Berlin, Porto und Tallinn gezeigt habe, den DoktorandInnen des DoktorandInnenkolloquiums in Oldenburg und Tübingen für die guten Anmerkungen, der Robert-Bosch-Stiftung für die finanzielle und fachliche Unterstützung. Den StipendiatInnen des Forschungskollegs „Frühkindliche Bildung" der Robert-Bosch-Stiftung für die vielen fachlichen Anregungen und die gute Zeit zusammen, meinen Eltern, die die Fertigstellung dieser Arbeit auf jede nur erdenkliche Art und Weise unterstützt haben und meinen Töchtern Paula und Sofia, sowie meiner Frau Lucero, die oft auf mich verzichten mussten.

1. Einleitung

Ansätze, die sich mit kultureller und sozialer Vielfalt beschäftigen, sind aus der sozialpädagogischen Praxis nicht mehr wegzudenken. Ziel dieser Ansätze ist auf der einen Seite, Ungleichbehandlungen bzw. Diskriminierungen zu erkennen und abzubauen. Auf der anderen Seite geht es darum, kultureller und sozialer Vielfalt wertschätzend und anerkennend zu begegnen. Zusammengefasst können diese Ansätze als diversitätsbewusste Ansätze bezeichnet werden. Trotz der hohen Popularität diversitätsbewusster Ansätze gibt es wenig Arbeiten, die sich damit beschäftigen, wie diese Ansätze in der Praxis umgesetzt und somit für die einzelnen Beteiligten erfahrbar werden.

In dieser Arbeit habe ich mich mit dem Diskurs über Diversitätsbewusstsein in der Frühpädagogik auseinandergesetzt. Die Frühpädagogik erfährt gerade in den letzten Jahren (wieder) eine breite gesellschaftliche Aufmerksamkeit. Dies hat u.a. mit dem schlechten Abschneiden Deutschlands bei der PISA-Studie im Jahr 2000, aber auch mit dem ab 2013 gültigen Rechtsanspruch auf einen Betreuungsplatz der Null- bis Dreijährigen zu tun. Hinzu kommt, dass in den letzten Jahren verstärkt eine Akademisierung des Arbeitsfeldes angestrebt wird.

Ziel dieser Arbeit ist, durch eine intensive Auseinandersetzung mit der Theorie und den im Rahmen meines Dissertationsprojektes erhobenen Daten, Schlüsse über diversitätsbewusstes Denken und Handeln von Erzieherinnen und Erziehern im Elementarbereich zu ziehen. Aus den gewonnenen Erkenntnissen werden Implikationen für die Ausbildung zur staatlich anerkannten Erzieherin/ zum staatlich anerkannten Erzieher abgeleitet. Eine Besonderheit meiner Dissertation ist, dass neben Erziehern und Erzieherinnen auch Eltern und Kinder danach befragt wurden, wie diese soziale und kulturelle Vielfalt im Kindergartenalltag wahrnehmen. Die Daten wurden mit qualitativen Methoden (Leitfadeninterviews, Interviewstreifzüge und teilnehmende Beobachtung) erhoben.
Die Datenerhebung fand in einem Kindergarten statt, der bereits über eine mehrjährige Erfahrung in Bezug auf diversitätsbewusstes Handeln verfügt. Der Kindergarten hat an dem Kinderweltenprojekt zur vorurteilsbewussten Bildung und Erziehung teilgenommen und Mitarbeiterinnen aus der Einrichtung sind bei der Verbreitung des Ansatzes sehr aktiv.

Die Arbeit ist so aufgebaut, dass im ersten Teil eine Auseinandersetzung mit Konzepten des Diversity Managements stattfindet. Dort werden u.a. Kritikpunkte an Konzepten des Diversity Managements formuliert. Obwohl sich die Kritikpunkte aus den Ansätzen des Diversity Managements ergeben (die größtenteils im wirtschaftlichen Bereich angesiedelt sind), lassen sich diese Kritikpunkte auch auf den Diskurs in der Sozialpädagogik übertragen. An verschiedenen Stellen wird immer wieder ein Bezug zu den hier entwickelten Kritikpunkten hergestellt. Im weiteren Verlauf des ersten Teils findet eine Auseinandersetzung mit dem Diversitydiskurs in der Sozialpädagogik statt und es wird auf das Modell der Differenzlinien und Intersektionalität eingegangen.

Im folgenden Kapitel „doing difference in der frühen Kindheit" wird auf die Erkenntnisse aus der Vorurteils- und Ungleichheitsforschung, die sich mit den Null- bis Siebenjährigen beschäftigen, eingegangen. Leider sind die Ergebnisse über diese Altersgruppe innerhalb der Vorurteils- und Ungleichheitsforschung immer noch unterpräsent.

Ein Ansatz, der in besonderem Maße auf soziale und kulturelle Vielfalt eingeht und im Elementarbereich eine hohe Popularität genießt, ist der Ansatz der vorurteilsbewussten Bildung und Erziehung. Dieser Ansatz und seine Umsetzung wird in dem Kapitel „Diversitätsbewusste Ansätze im Elementarbereich – die vorurteilsbewusste Erziehung und Bildung" behandelt. Es werden Bezüge zur aktuellen Inklusionsdebatte hergestellt.

Um die aktuelle Entwicklung im Elementarbereich besser zu verstehen, wird in dem Kapitel „Geschichte der institutionellen Kinderbetreuung" darauf eingegangen, welche Rolle Diversitätsbewusstsein in der Entstehungsgeschichte des Kindergartens gespielt hat.

Im dritten Teil der Arbeit wird auf den heutigen Kindergarten sowie auf die Ausbildung zur Erzieherin / zum Erzieher eingegangen. Es werden die in den Bildungs- und Orientierungsplänen für den Elementarbereich der Bundesländer Baden- Württemberg, Hessen, Niedersachsen und Sachsen enthaltenden Forderungen, wie Diversitätsbewusstsein umgesetzt werden soll, herausgearbeitet. Im folgenden Teil wird überprüft, inwieweit die Lehrpläne für die Ausbildung zur Erzieherin / zum Erzieher der jeweiligen Bundesländer diesen Forderungen entsprechen.
Im empirischen Teil wird die Methode und das Setting der Datenerhebung erläutert und die Auswertungsmethode beschrieben. Es wird hier auch auf die Besonderheiten und Herausforderungen von Interviews mit Kindern im Kindergartenalter eingegangen. Die Darstellung der Daten und die Auswertung erfolgt in dem Kapitel „Ergebnisse". Die Erkenntnisse aus den gewonnenen Daten werden in dem Kapitel „Zusammenfassung der Ergebnisse und Diskussion" vor dem Hintergrund der theoretischen Ausführungen reflektiert und diskutiert. Es werden Überlegungen angestellt, welche Forderungen sich aus den Daten für die Ausbildung zur Erzieherin / zum Erzieher ableiten lassen.
Die hier vorliegende Arbeit ist neben meiner Tätigkeit als Dozent an einer Fachschule für Sozialpädagogik in der Erzieher- und Erzieherinnenausbildung und Tätigkeit als Hochschullehrer entstanden.

2. Managing Diversity

In den neunziger Jahren kamen verstärkt Konzepte des Managing Diversity aus dem englischsprachigen Raum nach Deutschland. Besonders in Wirtschaftsunternehmen, aber auch in den Sozialwissenschaften und der Pädagogik wurden entsprechende Ansätze rezipiert (vgl. Mecheril 2007, S. 1; Lederle 2008, S. 155). Heute ist Diversity Management ein Begriff, der sich auf einer breiten gesellschaftlichen Ebene etabliert hat. Auch in der Frühpädagogik spielt Managing Diversity zunehmend eine Rolle. Es gibt Diskursverschränkungen zwischen dem Diskurs über Diversity Management in Unternehmen und frühpädagogischen Institutionen.[1] So sind die „Sternchenkrippen" der Daimler AG Teil der Diversity Managementstrategie des Unternehmens (vgl. Wehrmann 2008). Rosken untersucht beispielsweise Diversitykompetenz von Erziehern und Erzieherinnen (vgl. Rosken 2009).

Bei einem Begriff, der so viel Aufmerksamkeit erfährt, ist es nicht verwunderlich, dass es eine Bandbreite von unterschiedlichen Begriffsdefinitionen von Diversity Management gibt.

Rosken merkt an, dass die Begriffe Diversity[2] und Diversity Management oft synonym verwendet werden: „Diversity beschreibt den vorzufindenden Umstand der Verschiedenheit. Diversity Management dagegen ein Konzept zum Umgang mit Unterschieden und Gemeinsamkeiten." (Rosken 2009, S. 21)

Eine Definition des Landes Nordrhein-Westfalen lautet: „Diversity bedeutet Vielfalt. Bei Diversity Management in Unternehmen und Verwaltungen geht es darum, die Unterschiede von Menschen wertzuschätzen, sodass Benachteiligungen erst gar nicht entstehen. Diversity Management fördert u. a. Menschen verschiedenen Alters, unterschiedlichen Familienstands und Geschlechts, ethnischer Herkunft, Religion oder Weltanschauung sowie Menschen mit Behinderung und unabhängig von ihrer sexuellen Orientierung." (Ministerium für Ge-

---

1 Eine weitere Diskursverschränkung zwischen dem frühpädagogischen Diskurs und dem volkswirtschaftlichen Diskurs ist der wirtschaftliche Nutzen von früher Kinderbetreuung. Zu diesem Thema veranstaltete die Robert-Bosch-Stiftung mit dem Deutschen Institut für Wirtschaftsforschung eine zweitägige Tagung im Dezember 2010 in Berlin auf der Volkswirtschaftlerinnen und Volkswirtschaftler und Frühpädagoginnen und Frühpädagogen zu diesem Thema sprachen.

2 In dem Teil der Arbeit, in dem es um Unternehmen geht werde ich hauptsächlich den Begriff Diversity benutzen. Dies entspricht auch dem Sprachgebrauch im wirtschaftlichen Bereich. In dem Teil, wo es um die Umsetzung im Bereich der Sozialpädagogik geht, wird der Begriffe der Diversität benutzt. Die beiden Begriff meinen nicht zwei unterschiedliche Gegenstände, sondern sind zwei Begriffe für ein und denselben Gegenstand.

nerationen, Familie, Frauen und Integration des Landes Nordrhein-Westfalen, 2007, S. 4)

Kuhn-Fleuchaus und Bambach definieren Diversity folgendermaßen: „Der Begriff Diversity bezieht sich also auf die Verschiedenheit, Ungleichheit, Andersartigkeit und Individualität, die durch zahlreiche Unterschiede zwischen Menschen entstehen. Diversity betrachtet gleichzeitig aber auch die Gemeinsamkeiten, welche die Menschen in den Organisationen insgesamt oder in der Gruppe zusammenhalten." (Kuhn-Fleuchaus / Bambach 2011, S. 24)

In allen drei Definitionen wird primär der positive Aspekt sozialer Vielfalt betont. Darüber hinaus wird benannt, dass Diversity in Verbindung mit Benachteiligung und Diskriminierung gedacht werden muss.

Welche Dimensionen sozialer Vielfalt unter Diversity oder Diversity Management gefasst werden, ist sehr unterschiedlich. Die eben genannten Autoren Kuhn-Fleuchaus / Bambach, die sehr allgemein in ihren Formulierungen bleiben, favorisieren ein Diversitymodell, in dem insgesamt 60 verschiedene Differenzlinien / Dimensionen sozialer Vielfalt berücksichtigt werden, wobei die sogenannten Kerndimensionen ‚ethnisch-kulturelle Prägung, Alter, Befähigung / Behinderung, Religion / Weltanschauung, sexuelle Orientierung und Geschlecht / Gender besonders hervorgehoben sind (vgl. ebd., S. 54).

In dem englischsprachigen Diskurs über Diversity, der u.a. aus den politischen Forderungen von Minderheitengruppen hervorgeht (vgl. Scherr 2008, S. 55), werden acht Differenzlinien / Dimensionen besonders thematisiert. Man spricht hier von den „Big 8". Diese „Big 8" sind: Race, gender, ethnicity / nationality, organizational role / function, age, sexual orientation, mental / physical ability, religion (vgl. Krell / Sieben 2007, S. 237).
Es gibt auch einige Autoren, die nur drei bis vier Differenzlinien[3] thematisieren (vgl. Degele / Winker 2009).
Unabhängig davon, wie viele Differenzlinien letztendlich berücksichtigt werden, geht es bei Ansätzen, die sich im weitesten Sinne mit Diversity oder Diversity Management beschäftigen, meistens auch um den Aspekt der Antidiskriminierung. Allerdings wird dieser Punkt in manchen Bereichen nur untergeordnet berücksichtigt, weil hier die primäre Motivation für die Umsetzung von Diversity Management eine andere sein kann, als die Herstellung von sozialer Gerechtigkeit.

---

3 Wie Differenzlinien sozial konstruiert und in der alltäglichen Interaktion (re-)produziert werden, wird in dem Kapitel Differenzlinien und Intersektionalität noch erläutert.

Positive Effekte, die Unternehmen durch Diversity-Management-Maßnahmen erwarten, sind die Verbesserung von Marketing, Kostensenkung, z.b. im Bereich der Personalkosten durch weniger Krankheitstage, eine höhere Leistungsfähigkeit durch höhere Arbeitszufriedenheit, höhere Kreativität bei Problemlösungen und höhere Flexibilität durch heterogene Entscheidungsgremien (vgl. Ministerium für Generationen, Familie, Frauen und Integration des Landes Nordrhein-Westfalen, 2007, S. 6).

Es steht also der wirtschaftliche Nutzen von Diversity Management für das Unternehmen im Vordergrund. Dieser wirtschaftliche Nutzen wird in der Literatur oft auch als „Business-Case" bezeichnet: „In Abgrenzung zu ‚Sozialthemen' wie Frauenförderung, Chancengleichheit etc. wird Diversity Management als geschäftsorientiertes Konzept beschrieben, das Wettbewerbsvorteile schafft." (Lederle 2008, S. 220) Diversity Management soll Gewinne steigern oder zumindest unter dem Strich nicht mehr kosten. Die Entscheidung für eine Einführung von Diversity Management hängt also oft mit dem Ziel einer Gewinnsteigerung zusammen.

Deutlich wird dies auch in der nichtrepräsentativen Datenerhebung von Kuhn-Fleuchaus / Bambach zu Diversity Management in Unternehmen. Kuhn-Fleuchaus / Bambach haben mehrere Mitarbeiter und Mitarbeiterinnen auf der mittleren und höheren Führungsebene der Caritas und AOK über ihr Wissen und ihre Einstellung zu dem Thema Diversity befragt. So äußerte ein Großteil (über 70%) der Mitarbeiter und Mitarbeiterinnen die Ansicht, dass ihr Unternehmen durch einen effizienten Umgang mit Vielfalt einen Wettbewerbsvorteil gegenüber anderen Unternehmen erlangen könne (vgl. Kuhn-Fleuchaus / Bambach 2011, S. 197).

Auf die Frage, welche Unterschiede zwischen Menschen (Differenzlinien) für die Organisation bedeutsam sind, wurde fachliche Kompetenz an erster Stelle genannt.[4] Dann folgten Bildung, sprachliche Fähigkeiten und Alter. Als die *unwichtigsten* Differenzlinien wurden sexuelle Orientierung, religiöse Einstellung, Behinderung und Nationalität genannt (vgl. Kuhn-Fleuchaus / Bambach 2011, S. 192). Die in den Unternehmen genannten Differenzlinien / Dimensionen, die als *unwichtig* angesehen werden, sind Dimensionen, die oft zur Rechtfertigung von sozialer Ungleichbehandlung, Ausgrenzung und Ausbeutung genutzt werden. Nicht zuletzt deswegen sind diese Differenzlinien im AGG explizit genannt.

Interessant ist auch, dass Religion von den befragten Personen so gering bewertet wird. Bei einer der untersuchten Institutionen handelt es sich um die Caritas, bei der die Zugehörigkeit zur katholischen Kirche ein wichtiges Kriterium für die Stellenvergabe darstellt. Dass die religiöse Orientierung (z.B. muslimischer

---

4   Die befragten Personen mussten einzelnen Differenzlinien / Dimensionen Schulnoten geben. Durch dieses Vorgehen ist die Darstellung der Daten unübersichtlich. Ich habe mich entschieden an dieser Stelle nur die hierarchische Bewertung der einzelnen Differenzlinien / Dimensionen zu übernehmen.

Glaube) ein Ausschlusskriterium für die Mitarbeit bei der Caritas darstellt, wird in dem gesamten fast 300 Seiten starken Werk von Kuhn-Fleuchaus / Bambach nicht erwähnt. Hier wird eine der Schwachstellen von Diversity Management Strategien deutlich. Diversity Management, das institutionelle Diskriminierungen nicht benennt und nicht die homogene Zusammensetzung der Gruppe der MitarbeiterInnen und das habitualisierte Selbstverständnis von Unternehmen kritisch hinterfragt, kann nur als eine „kosmetische Korrektur" bewertet werden.

Dass Unternehmen in den letzten Jahren verstärkt das Thema Diversity Management aufgegriffen haben, hat über den „Business-Case" hinaus noch weitere Gründe. So kam für international operierende Unternehmen oft vom „Mutterkonzern" aus den USA (aber auch Großbritannien, Neuseeland und Australien) der Impuls, sich mit dem Thema Diversity auseinanderzusetzen (vgl. Lederle 2008, S. 160). Auch das am 18.08.2006 in Kraft getretene Allgemeine Gleichbehandlungsgesetz (AGG) war für viele Unternehmen ein Grund, sich mit dem Thema Diversity zu beschäftigen (vgl. ebd., S. 161). Die Beweislast ist im AGG umgekehrt, d.h. dass das der Diskriminierung beschuldigte Unternehmen nachweisen muss, dass keine Diskriminierungen stattgefunden haben. Ein solcher Nachweis kann z.B. Diversity Management im Unternehmen sein (vgl. Bayreuther 2007).[5]

Wenn Unternehmen Diversity Management umsetzen, werden meistens nur zwei oder drei Differenzlinien thematisiert. Ziel ist es oft, später weitere Differenzlinien / Dimensionen in der Arbeit aufzugreifen. Eine besondere Aufmerksamkeit erfährt hier die Differenzlinie / Dimension Gender. Dies hat damit zu tun, dass viele Diversitybeauftragte in Unternehmen vorher Genderbeauftragte waren und im Rahmen des Diversitybooms zu Diversitybeauftragten geworden sind (vgl. Lederle 2008, S. 227ff.).
Es entspricht durchaus einem pragmatischen (wenn auch theoretisch schwer zu rechtfertigenden) Vorgehen bei der anfänglichen Implementierung von Diversityansätzen in Organisationen sich einigen, für die Organisation wichtigen Differenzlinien intensiv zu widmen. Welche Differenzlinien allerdings für die Umsetzung ausgewählt werden, hängt oft, wie an dem Thema Gender deutlich geworden ist, mit der Unternehmensgeschichte, aber auch mit dem oben schon erwähnten „Business-Case" zusammen. Die Erschließung neuer Märkte und Kundengruppen spielen hierbei eine große Rolle.

---

5 Darüber hinaus versuchen Unternehmen sich rechtlich abzusichern, indem sie Bewerbungsunterlagen so lange aufbewahren, bis die Klagefristen verfallen sind. Rechtsschutzversicherungen bieten Versicherungen speziell für Diskriminierungsfälle an (vgl. Bayreuther 2007, S. 193).

Zu den Differenzlinien, die eher ungern thematisiert werden, gehört die sexuelle Orientierung. „Sexuelle Orientierung wird als die Dimension beschrieben, deren Benennung in Unternehmen die stärkste Reaktanz hervorruft." (Lederle 2008, S. 233) Hier wird deutlich, wie sich das wirtschaftliche Denken in Unternehmen durchaus negativ auf die Implementierung von Diversity Management auswirken kann. Wenn nämlich Differenzlinien der Wirtschaftlichkeit (dem „Business-Case") im Wege stehen könnten, werden diese nur am Rande thematisiert bzw. dethematisiert. Lerderle kommt zu dem Schluss, dass zwischen dem, was in Unternehmen propagiert wird und dem, was tatsächlich umgesetzt wird, ein eklatanter Unterschied besteht (vgl. ebd., S. 236). Weitere Gründe, warum Diversity Management gerade in den letzten Jahren boomt, werden oft darin gesehen, dass sich unsere Gesellschaft stark verändert hat und pluraler geworden ist (vgl. Rosken 2009, S. 33f.).

Ansätze, die sich mit Diversity beschäftigen, stimmen nicht unbedingt auch mit den Forderungen des AGG überein. Albert Scheer weist an dieser Stelle auf den Unterschied zwischen Diversity-Konzepten hin, die allein den Unterschied in den Blick nehmen und solchen, die auch Benachteiligungen und Macht- und Herrschaftsverhältnisse thematisieren (vgl. Scherr 2011, S. 83).

Folgende Kritikpunkte können an einigen Ansätzen bzw. einem bestimmten Verständnis von Diversity Management geäußert werden:

a.) Macht und hiermit verbundene Positionierungen und Handlungsräume bzw. -möglichkeiten werden nicht bzw. kaum thematisiert.[6] Besonders deutlich wird dies in Ansätzen, die im unternehmerisch-wirtschaftlichen Bereich angesiedelt sind (vgl. Czollek et al. 2011, S. 260f.).

b.) Diversity Management wird oft als Top-down-Prozess gedacht (vgl. Scheer 2011, S. 81). Neuere Werke zu Diversity Management haben diese Problematik aufgegriffen. So betonen z.B. Hecht-El Minshawi et al., dass die Mitarbeiterinnen und Mitarbeiter in Organisationen für die Implementierung von Diversity Management gewonnen werden müssen. Wichtig ist außerdem, ausreichend Zeit für die Implementierung zu geben (vgl. Hecht-El Minshawi et al. 2006, S. 56).

c.) Durch die vielfältigen Interpretationsmöglichkeiten des Diversitybegriffs besteht die Gefahr, dass für die Organisation „unbequeme" Differenzlinien (wie eben an den Beispielen Religion und sexuelle Orientierung dargestellt wurde) in Diversity Management Prozessen ausgeklammert werden. So können keine

---

6 Z.B. bei Bambach und Kuhn- Fleuchaus 2008 werden Macht und Hierarchien an keiner Stelle angesprochen.

wirklich tiefgreifenden Veränderungen in Organisationen erreicht werden. Maisha Eggers spricht bei der Auswahl der Differenzlinien / Dimensionen, die in einer Organisation thematisiert werden, von der „Gefahr der Beliebigkeit" (vgl. Eggers 2011, S. 4).

d.) Dadurch, dass Differenzlinien nicht in ihrer Verschränktheit[7] gedacht werden, sondern als voneinander getrennte Dimensionen, ist der Blick auf Identitätsentwürfe, die von diesen groben Rastern abweichen, versperrt. Individuen werden durch solche einseitige Sichtweise auf ihr „Different-sein" festgeschrieben: „Dimensionen werden als in sich geschlossene Klassen beschrieben, deren Mitglieder jeweils miteinander identisch und von den Angehörigen jedes anderen Typs scharf getrennt sind." (Lederle 2008, S. 184) Deutlich wird dies z.b. beim Ethno-Marketing, bei dem beispielsweise gezielt nach türkischsprachigen Mitarbeiterinnen und Mitarbeiter gesucht wird, weil ein Produkt bei der in Deutschland lebenden türkischsprachigen Bevölkerung besonders gut verkauft werden soll (vgl. Eisend / Schachert-Güller 2007, S. 217ff.).

e.) „Diversitätsansätze, die mit einer starken individualisierten Konzeption des Subjektes arbeiten, verschieben die im Diversitätsdenken verankerte Gesellschaftskritik auf persönliche Diskriminierungen und lösen somit die Massenrelevanz der Diversitätspolitiken auf." (Eggers 2011, S. 5) Gesellschaftlichstrukturelle Ungleichheiten bleiben bei einem solchen Vorgehen unangetastet.

f.) Die Gefahr besteht, dass „der Andere" erst durch das Sprechen über Diversity diskursiv erzeugt wird.[8] Dies geschieht z.b. durch Diversity-Trainings, Stellenausschreibungen etc. „Der Andere" hat die Aufgabe, durch sein „Anderssein" der Organisation nützlich zu sein (vgl. Lederle 2008, S. 254f.). Wer als „der Andere" definiert wird, ist mit Vorstellungen von Normalität konfrontiert. Diese Normalitätsvorstellungen werden von Maisha Eggers als hegemoniale Zentren bezeichnet (vgl. Eggers 2011, S. 5).

g.) Problematisch ist auch das teilweise essentialistische-deterministische Verständnis von Kultur wie es in einigen Aussagen über Diversity anzutreffen ist.

h.) Ein weiterer Kritikpunkt ist der sogenannte „Business-Case". Der „Business-Case" hat starken Einfluss darauf, wie Diversity Management umgesetzt wird und welche Differenzlinien bei der Umsetzung eine besondere bzw. untergeordnete Rolle spielen (vgl. Leiprecht 2011, S. 18).

---

7 Hierzu ausführlicher in dem Kapitel „Differenzlinien und Intersektionalität".
8 Hier gibt es durchaus Parallelen zu interkulturellen und sonderpädagogischen Ansätzen.

i.) Ein Schwachstelle ist auch die „Überdehnung des Diskriminierungsbegriffs", ähnlich wie dies Miles beim Rassismusbegriff aufzeigt (vgl. Miles 1991, S. 103f.). Nicht jede erfahrene Ungerechtigkeit, die im Zusammenhang mit Differenzlinien steht, ist auch gleichzeitig eine Diskriminierung (vgl. Wagner 2008; Leiprecht 2011, S. 31).

Die hier genannten Punkte, die sich größtenteils auf Strategien des Diversity Managements in Unternehmen beziehen, treffen bis auf den Punkt h) auch – und dies ist für die Fragestellung dieser Arbeit wichtig – auf den frühpädagogischen Bereich zu.

2.1 Diversität in der Sozialforschung und Sozialpädagogik

In der sozialpädagogischen Tradition spielen Vielfaltsaspekte eine große Rolle. Es gibt also durchaus Parallelen zu den im vorherigen Kapitel beschriebenen Ansätzen des Diversity Managements in Unternehmen. In der Sozialpädagogik werden Begriffe wie Differenz, Verschiedenheit und Heterogenität genutzt, um Vielfaltsaspekte zu beschreiben und zum Teil synonym verwendet (vgl. Nestvogel 2008, S. 21). Es gibt (sozial-)pädagogische Richtungen, die sich auf bestimmte Differenzlinien spezialisiert haben, z.B. die Interkulturelle Pädagogik und die Sonderpädagogik. Ein sensibilisierter und reflektierter Umgang mit Differenz wird als Querschnittsaufgabe sozialpädagogischen Handelns begriffen (vgl.Czollek / Perko / Weinbuch 2009, S. 60).

Die Frühpädagogik bzw. Kindheitswissenschaft werden als Teil der Sozialpädagogik begriffen. Somit treffen die folgenden Punkte, die sich auf die Sozialpädagogik beziehen, auch auf die Kindheitswissenschaft / Frühpädagogik zu.

In der Sozialpädagogik ist der Diskurs über Diversity Management durchaus zur Kenntnis genommen worden (vgl. Sielert 2006). Allerdings lassen sich auch einige Unterschiede zwischen Diversity Managementstrategien in Unternehmen und der Sozialpädagogik feststellen. So betont Schröer, dass im Vergleich zu Unternehmen, wo es um Gewinnmaximierung geht, Diversity Management im pädagogischen Bereich die Herstellung von sozialer Gerechtigkeit und Chancengleichheit zum Ziel haben muss (vgl. Schröer 2006, S. 21; Leiprecht 2011, S. 17f.).

Annedore Prengel hat 1994 mit ihrer Pädagogik der Vielfalt im deutschsprachigen Raum schon sehr früh den Versuch unternommen, verschiedene Differenzlinien in einem pädagogischen Konzept zusammenzufassen: „Pädagogik der Vielfalt kommt im Rahmen der Erziehung von Kindern und Jugendlichen unter anderem unterschiedlicher sozialer Herkunft, unterschiedlichen kulturellen Lebensweisen, unterschiedlichem Geschlecht, unterschiedlicher sexueller Orientierung, unterschiedlicher Religion, unterschiedlichen Fähigkeiten und Begabungen zum Tragen. Soziale Bewegungen, empirische Forschung und alltägliche Beobachtungen von Pädagoginnen und Pädagogen eröffnen Perspektiven auf unterschiedliche Heterogenitätsdimensionen und Verwischungen." (Prengel 2007, S. 56) Prengel hat den Ansatz der Pädagogik der Vielfalt auch auf den frühpädagogischen Bereich übertragen und Ideen für die Umsetzung formuliert (vgl. Prengel 2010).

Im Elementarbereich ist ein Ansatz, der verschiedene Differenzlinien berücksichtigt, der Ansatz der vorurteilsbewussten Bildung und Erziehung. Auf diesen Ansatz wird noch genauer eingegangen.

2.2 Differenzlinien und Intersektionalität

Unterschiede zwischen sozialen Gruppen werden sozial konstruiert. Sozial konstruiert heißt nicht, dass es sich um bloße „Fantasiegebilde" handelt, die das Leben von Menschen nicht sonderlich beeinflussen, sondern genau das Gegenteil: „Soziale Konstruktionen greifen überaus nachhaltig und wirksam in gesellschaftliche Prozesse und soziale Beziehungen ein, haben strukturelle, institutionelle, rechtliche und politische Folgen und können in Praxisformen und Lebensweisen zu scheinbar materiellen und selbstverständlich erscheinenden Gegebenheiten gerinnen." (Leiprecht / Lutz 2006, S. 223).

Die soziale Konstruktion ist ein dialektischer Prozess. Dadurch, dass der / die Andere konstruiert wird und ihm bestimmte Eigenschaften und Fähigkeiten zugeschrieben werden, wird in diesem Prozess notwendigerweise auch das Selbst und häufig auch die damit verbunden eigenen imaginären Eigenschaften hergestellt. Herrschaftsverhältnisse und ungerechte Verteilung von Ressourcen können so nachhaltig gerechtfertigt werden (vgl. Leiprecht 2001).

Plößer arbeitet exemplarisch heraus, wie in der Sozialpädagogik „der Andere" durch das Sprechen über „den Anderen" sozial erzeugt wird: „Für performative Ansätze sind Differenzkategorien wie ‚weiblich', ‚ausländisch' oder ‚behindert' den Individuen nicht inhärent, sie sind keine ‚natürlichen' und ‚selbstverständlichen' Merkmale, sondern Ergebnisse sprachlicher Überschneidungen, die ihre Kraft aus vorangegangenen, sich zu Normen, Regeln und Gesetzen verdichtenden Wiederholungspraxen ziehen, Differenzen werden damit erst in sozialen Interaktionen, das heißt in der Beziehung zu Anderen (z.B. in der Interaktion mit dem Sozialarbeiter) erzeugt, indem Normen (re-)zitiert und die Subjekte entlang dieser Normen eingeordnet werden. Die in dem Prinzip der Performativität wirksam werdenden Regulierungen und Normierungen erweisen sich damit als die Bedingung, durch die Individuen eine soziale Position erhalten." (Plößer 2010, S. 220)

Wie Differenzlinien in der alltäglichen Kommunikation im Elementarbereich hergestellt werden und wie eine bipolare Zuordnung stattfindet (z.B. Mann−Frau, Junge−Mädchen, Deutsche−Ausländer etc.), wird in dem empirischen Teil dieser Arbeit noch aufgegriffen. Der Prozess der sozialen Konstruktion „des Anderen" kann auch als *doing difference* bezeichnet werden.

Unterschiedliche Forschungsrichtungen haben sich damit beschäftigt, wie doing difference stattfindet. So wird in den disablility studies u.a. kritisch hinterfragt, mit welchen gesellschaftlichen Normalitätsvorstellungen und Körperbildern Menschen konfrontiert sind, die als „behindert" definiert werden (vgl. Dannenbeck 2007, S. 105ff.).

In den Gender Studies wird untersucht, „wie Frauen und Männer zu verschiedenen und von einander unterscheidbaren Gesellschaftsmitgliedern werden und zugleich das Wissen miteinander teilen, dass dies natürlich, normal und selbstverständlich ist." (Wetterer 2004, S. 123)

Die soziale Konstruktion „des Anderen" wurde auch in anderen Zusammenhängen analysiert, z.B. von Said in Bezug auf das westliche Orientbild (vgl. Said 1981), von Hall in Bezug auf die soziale Konstruktion des „Kannibalen" und des „edlen Wilden" (vgl. Hall 1994), Iman Attia (2007) hat sich mit Bildern über den Islam beschäftigt und Schwarz hat den Ausweisungsdiskurs von Migranten analysiert (vgl. Schwarz 2010).

Es wird deutlich, dass sich durchaus Parallelen in der Unterdrückung und Rechtfertigung von gesellschaftlicher Ungleichbehandlung sozial konstruierter Gruppen finden lassen. Es muss allerdings bedacht werden „(…), dass die Diskriminierungen, Zuschreibungen und Machtverhältnisse entlang einer Differenzlinie nicht das Gleiche sind, wie bei einer anderen Differenzlinie. Jedoch lässt sich wechselseitig durch die Erkenntnis, dass durchaus ähnliche Mechanismen und Funktionsweisen am Werke sind, viel lernen." (Leiprecht 2008, S. 8)

Nicht nur die erlebten Diskriminierungen, Zuschreibungen und Machtverhältnisse sind verschieden, sondern auch die damit verbundenen Erfahrungen und Identitätskonstruktionen.

Die Herausforderung für das pädagogische Fachpersonal besteht darin, doing difference[9] und die eigene Verstrickheit in Prozesse des doing difference in der alltäglichen pädagogischen Praxis kritisch zu reflektieren.

Durch die US-amerikanische Juristin Kimberlé Crenshaw wurde der Begriff der Intersectionality, zu Deutsch Intersektionalität, geprägt. Sie wies 1989 anhand einer Analyse von fünf Gerichtsfällen eine Mehrfachunterdrückung durch die Verwobenheit / Verschränkungen der Differenzlinien Geschlecht und „race" nach (vgl. Degele / Winker 2009, S. 12). Ähnliche Differenzlinienverschränkungen lassen sich auch bei Gerichtsfällen in Deutschland beobachten, z.B. bei

---

9 Ausführlich zu dem Begriff des doing difference Schwarz 2010, S. 21ff.

dem Fall der ehemaligen Siemensmanagerin Sedika Weingarten, der Anfang 2010 viel Aufsehen erregte (vgl. TAZ 20.01.2010).[10]

In dem Diskurs über Intersektionalität spielen die Differenzlinien „race"[11], Geschlecht und soziale Klasse eine besondere Rolle. Beeinflusst durch die Queer Studies ist noch die Kategorie sexuelle Orientierung aufgegriffen worden (vgl. Degele / Winker 2009, S. 10ff.). Intersektionalität beschreibt die Wechselwirkung dieser Ungleichheitskategorien. Differenzlinien können sich gegenseitig verstärken, abschwächen oder verändern (vgl. Kubisch 2008, S. 142). Es wird in diesem Zusammenhang auch von der „matrix of domination" gesprochen. Degele und Winker bemängeln, dass der Auswahl genau dieser oben genannten Differenzlinien etwas Beliebiges anhaftet. Warum genau diese Differenzlinien für die Analyse ausgewählt werden und nicht andere, ist schwer zu begründen. Außerdem ist die Überschneidung dieser Kategorien schwierig zu analysieren. Ein Argument, das für Degeles und Winkers Beschränkung auf wenige Differenzlinien spricht, ist, dass wenige Differenzlinien leichter empirisch zu fassen sind als viele (vgl. Degele / Winker 2009, S. 18ff.).[12]

Jede Disziplin in der Ungleichheitsforschung hat „ihre" Differenzlinien, von denen aus Intersektionalität gedacht wird. Für die disability studies ist die zentrale Analysekategorie Behinderung, die sich durch eine intersektionale Perspektive als zentrale Analysekategorie dekonstruieren lässt. „Menschen sind eben nie nur behindert oder nicht behindert, sind nur Mann oder Frau, nur arm oder reich, nur einheimisch oder fremd. Man ist immer all dies zugleich. Stets kreuzen sich all diese mit je spezifischen gesellschaftlichen Bedeutungen aufgeladenen Differenzkategorien. Es ist ein Zusammenspiel, das sich zu komplexen Diskursformationen fügt, welche die Grundlage der individuellen Identitätsarbeit darstellen." (Dannenbeck 2007, S. 112)

Dem menschlichen Körper kommt im Diskurs über Differenzlinien und Intersektionalität eine besondere Bedeutung zu. So sieht Heike Raab den Körper als Schnittstelle verschiedener Differenzlinien. Diese differenziellen Wechselwirkungen sind stark kontextabhängig (vgl. Raab 2007 S. 137). Der Körper ist

---

10 Sedika Weingarten verklagte Siemens auf die Summe von 2 Millionen Euro Schadensersatz, weil sie als Frau und „Ausländerin" diskriminiert wurde. Wenn man die Artikel zu dem Fall aufmerksam liest, geht es auch noch um die Differenzlinie Familie (besondere Diskriminierungen erfuhr Frau Weingarten nach der Elternschutzzeit) (vgl. TAZ 20.01.2010).

11 Im deutschsprachigen Raum wird „race" meist durch den Begriff Ethnizität ersetzt.

12 Degele und Winker nehmen als Strukturkategorien Rasse, Geschlecht, Klasse und Körper (vgl. Degele / Winker 2009, S. 37 ff.).

Normalitäts- und Ästhetikdiskursen unterworfen (Dederich 2007, S. 80).[13] Körperhaltung und Körperpraxis und die damit verbundene Wahrnehmung des eigenen Körpers und der Körper von „Anderen" sind unweigerlich vergesellschaftet. Durch den Körperausdruck werden soziales Arrangement, soziale Beziehungen und soziale Hierarchien dargestellt und hergestellt.

In sozialen Räumen, wie z.b. Organisationen, spielen verschiedene Differenzlinien eine unterschiedlich große Rolle. Was nicht heißen soll, dass Differenzlinien eine gewisse Beliebigkeit anhaftet. Es gibt Differenzlinien, die immer eine gesamtgesellschaftliche Wirkungsmacht entfalten, und die in sozialen Räumen immer mitgedacht werden müssen, auch wenn die Wirkungsmacht dieser Differenzlinien in der entsprechenden Situation nicht immer offensichtlich zu erkennen ist und subtil im Hintergrund mitwirkt. Vergleichbar ist dies mit einem Kaleidoskop,[14] bei dem die kleinen Objekte aus Glas je nach Drehung und Lichteinfall neue Muster bilden und sich neu positionieren und so von der / dem BetrachterIn wahrgenommen werden.
Dies betrifft besonders die Differenzlinien Geschlecht, Alter, Ethnizität, sexuelle Orientierung, Nationalität, sozialer Status, Religion, Sprache und Behinderungen, weil Anhand dieser Differenzlinien gesellschaftliche Ungleichbehandlung oft gerechtfertigt wird.
Ich meine, dass der soziale Kontext danach befragt werden muss, welche Differenzlinien in diesen sozialen Räumen für Unterscheidungen, Positionierungen und Ein- und Ausgrenzungen von Menschen hergestellt und verwendet werden. So kann in einer Kindergartengruppe die Haarfarbe als Kriterium für Herabsetzungen, Hänseleien und Ausschluss genommen werden. Im gesamtgesellschaftlichen Kontext, aber auch in anderen Kindergartengruppen, spielt diese Differenz wahrscheinlich keine bzw. nur eine eher untergeordnete Rolle.
Soziale Räume geben auch Auskunft über Normalitätsvorstellungen, die in diesen Räumen erzeugt werden. Abweichungen von diesen Normalitätsvorstellungen werden oft als defizitär oder problematisch wahrgenommen und können zu gesellschaftlichen Benachteiligungen führen.
Im Schulbereich lassen sich relativ differenzierte und nachvollziehbare Aussagen über die herrschenden Normalitätsvorstellungen treffen. So schreiben Rudolf Leiprecht und Helma Lutz: „Das Herstellen von Homogenität gehört zu

---

13 Dederich untermauert dies, indem er darauf verweist, dass Behinderungen oft Irritationen hervorrufen. „Die Irritation entsteht durch die Auffälligkeit einer körperlichen oder verhaltensbezogenen Andersartigkeit. Es kommen also ‚körperliche Regelwidrigkeiten' in den Blick." (Dederich 2007, S. 80)
14 Das Wort Kaleidoskop kommt aus dem griechischen und heißt „schöne Muster sehen". Im Diskurs über Differenzlinien und Intersektionalität wird meistens auf soziale Ungleichheit eingegangen. Hier ist der Begriff Kaleidoskop sicherlich nicht angebracht, allerdings beziehe ich mich hier auf das optische Phänomen, also das „Sichtbar werden".

den Grundmustern des Systems Schule in Deutschland. Die Schule tritt hier als Normalisierungsmacht auf, die Prozesse der Homogenisierung einleitet und kontinuierlich weiterführt (...)." (Leiprecht / Lutz 2006, S. 218) Sie weisen darauf hin, dass in diesem Bildungsbereich langsam ein Umdenken stattfindet und die Heterogenität von Lerngruppen in den letzten Jahren eine größere Beachtung erfährt.

Es stellt sich für den Elementarbereich die Frage, was für Normalitätsvorstellungen hier vorherrschen und wie sich diese manifestieren.

2.3 Mehrebenenmodell

Es bietet sich an, bei der Diversitätsthematik unterschiedliche Ebenen in die Analyse mit einzubeziehen.

Auf der **Makroebene** von Sozialstrukturen werden unterschiedliche Differenzlinien als Strukturkategorie begriffen. Bezogen auf die Differenzlinie Geschlecht bedeutet dies, dass sich Ungleichbehandlung aufgrund des Geschlechts (z.b. in Form von Bezahlung, Zugangschancen und Anerkennung) durch verschiedene gesellschaftliche Bereiche zieht und in Organisationen strukturell eingeschrieben ist. Geschlecht wird so zu einer Strukturkategorie und zur Ursache für soziale Ungleichheit. „Eine solche Ungleichheit ist eine Struktur, die mehr oder weniger alle gesellschaftlichen Bereiche und alle sozialen Verhältnisse prägt." (Degele / Winker 2009, S. 19)

Auf der **Mesoebene** werden Aussagen, Ideen, Symbole und Wissen über Differenzlinien, die in Gesellschaften kollektiv geteilt werden, analysiert. In Bezug auf Geschlecht bedeutet dies die diskurserzeugte Zweigeschlechtlichkeit. „Geschlechter sind Ereignisse symbolischer Repräsentationen. Das wiederum heißt, dass ein bestimmtes Wissen darüber, was Männer und Frauen sind (gleichgültig, ob sich dieses Wissen im konkreten Fall als zutreffend erweist oder nicht), den Rahmen dafür schafft, welche Formen von Identität existieren können und dürfen." (Degele / Winker 2009, S. 21) Rudolf Leiprecht bezeichnet diese Ebene als die Ebene der gesellschaftlichen Bedeutungen (vgl. Leiprecht 2001, S. 61). Auf dieser Ebene befinden sich die Alltagsdiskurse, Wissenschaftsdiskurse etc. Diskurse werden von Jäger als ein Fluss von Wissen durch die Zeit bezeichnet (vgl. Jäger 2010, S. 13). Was dies für den Elementarbereich bedeutet und wie die Vorstellung darüber, wer wie erzogen werden soll, sich im Laufe der Geschichte verändert hat bzw. nicht verändert hat, wird in dem Kapitel „Geschichte des Kindergartens" thematisiert.

Auf der **Mikroebene** wird die Konstruktion von Identitäten analysiert. Es geht um die Frage, wie in der Interaktion Verschiedenheit und Differenz hervorgebracht werden. „Im Gegensatz zur strukturorientierten Gesellschaftskritik geht es dabei weniger um die Analyse von Herrschaftsverhältnissen, sondern viel mehr um die konkreten Prozesse, wie Geschlecht (...) gemacht wird – was auch sprachlich geschehen kann." (Degele / Winker 2009, S. 20) Es geht also darum, wie in der einzelnen Interaktion zwischen Individuen der Andere diskursiv erzeugt wird (hier ist der Übergang zur nächsten Ebene fließend), aber auch welche Vorstellungen und Einstellungen das Subjekt nutzt, um gesellschaftliche Phänomene (wie z.b. Arbeitslosigkeit, Migration etc.) zu bewerten und zu interpretieren (vgl. Leiprecht 2001, S. 61).

Degele und Winker (2009) plädieren dafür, die drei Ebenen bei einer Analyse miteinander zu verbinden (vgl. Degele / Winker 2009, S. 21ff.). Auf der strukturellen Ebene (Makroebene) schlagen sie eine deduktive Vorgehensweise vor. Unterschiedliche Differenzlinien und ihre Auswirkungen auf Positionierungen, Zugang zu Ressourcen etc. sollten auf dieser Ebene analysiert werden. Auf der Mikro- und der Mesoebene empfehlen sie einen induktiven Zugang. Hier ist es aus Sicht von Degele sinnvoll, nicht die Differenzlinien an das Forschungsfeld zu tragen, sondern umgekehrt zu analysieren, welche Differenzlinien im Forschungsfeld diskursiv erzeugt werden (vgl. ebd., S. 28).

Degele und Winker setzen sich hauptsächlich mit der mittleren Lebensspanne auseinander. Sie versuchen zwar durch die Differenzlinie Körper auch körperliche Veränderungen zu fassen, aber über die Benennung dieser Möglichkeit hinaus finden sich bei ihnen keine Hinweise darauf, dass sie die frühe Kindheit in ihren Ausführungen berücksichtigen und Differenzlinien im Lebenslauf betrachten.

2.4 Doing difference in der frühen Kindheit

In dem vorherigen Kapitel ist aufgezeigt worden, dass Unterschiede sozial konstruiert werden und sich diese Unterscheidungen nachhaltig auf das Leben von Menschen auswirken. Wie sich dieser Prozess des doing difference in der frühen Kindheit zeigt, ist allerdings bisher nur lückenhaft erforscht worden (vgl. Sulzer / Wagner 2011, S. 13).

In frühpädagogischen Ansätzen, die sich mit Diversität beschäftigen, wird oft davon ausgegangen, dass Kinder bereits im Alter von zwei Jahren Differenzen zwischen Menschen sozial herstellen, Menschen sozialen Gruppen zuordnen und den Mitgliedern dieser sozialen Gruppen Merkmale und Eigenschaften zuschreiben (vgl. Gramelt 2010, S. 102f.). Hierbei werden besonders die Differenzlinien Hautfarbe, Gender und soziale Klasse hervorgehoben.

Inwieweit sich diese Annahme nachweisen lässt, wird in der folgenden Studie von Raabe und Beelmann deutlich. Sie haben 113 internationale Studien der letzten 90 Jahre, die sich mit der Entwicklung von Vorurteilen bei Kindern beschäftigen, in einer Meta-Analyse ausgewertet (vgl. Beelmann / Raabe 2011 / 82). Eine Fragestellung bei ihrer Auswertung war, in welchem Alter Kinder erstmals Vorurteile äußern. Die Forscher kamen zu dem Schluss, dass sich schon Vorurteile bei Kindern in der Altersgruppe von 2-4 Jahren feststellen lassen. In der Altersgruppe der 5-7-Jährigen sind Vorurteile bei Kindern am stärksten messbar. Danach nehmen Vorurteile gegenüber anderen sozialen Gruppen wieder etwas ab. Aus Sicht der Forscher hängt dies damit zusammen, inwieweit die Kinder Kontakt zu anderen sozialen Gruppen haben können. Bei Kindern, die viel Kontakt zu Kindern unterschiedlicher sozialer Gruppen haben, nehmen Vorurteile im weiteren Lebenslauf deutlich schneller ab als bei Kindern, die solche Kontakte nicht haben (vgl. ebd. S. 1722 ff.). Bei vielen Studien, die Raabe und Beelmann ausgewertet haben, sind die Daten mit einem Testverfahren erhoben worden. Auch wenn die rassismuskritische Kindheitsforschung diese Form der Datenerhebung als problematisch ansieht (vgl. Van Ausdale / Fergin 2002), sind die Ergebnisse dennoch aussagekräftig. Sie zeigen, dass Kinder in sehr jungen Jahren schon von rassistischen und sexistischen Äußerungen durch Gleichaltrige betroffen sein können. Mehr noch, besonders in der Phase am Ende der Kindergartenzeit und Anfang der Grundschulzeit scheinen Kinder besonders Vorurteile in ihrer Interaktion zu zeigen. Raabe und Beelmann betonen, dass die Entwicklung von Vorurteilen auch stark von der Lebenswelt der Kinder abhängt (vgl. Beelmann / Raabe 2011, S. 1716).

Allerdings muss darauf hingewiesen werden, dass die Ergebnisse aus der Vorurteilsforschung sehr unterschiedlich und zum Teil widersprüchlich sind. Piaget und Weil haben sich 1951 z.B. damit beschäftigt, welche Vorstellung Kinder von Nation haben und wie sich Nationalismus bei ihnen zeigt. Piaget und Weil kommen zu dem Schluss, dass Kinder erst ab ungefähr sieben Jahren die gesellschaftlichen Konzepte wie Nation, Ausländer etc. (aus Erwachsensicht) „richtig" anwenden können (vgl. Piaget / Weil 1951, S. 107). Auch andere AutorInnen kommen zu dem Ergebnis, dass sich zwar Vorurteile und Stereotype bei Kindern feststellen lassen, aber junge Kinder dieses Wissen noch nicht korrekt anwenden können. So schreibt Markefka 1990, dass in der Kindheit (im Alter von ca. drei bis zu etwa sieben / acht Jahren) kategoriale Differenzierungen von Kindern zwar übernommen werden, aber die Kinder in dieser Phase die Bedeutung dieses stereotypen Wissens kaum richtig einschätzen können und weder sich selbst noch andere diesen Kategorien richtig zuordnen können (vgl. Markefka 1990, S. 58).

Dass Kleinstkinder kategoriale Differenzen vornehmen können, ist für die Entwicklung von Kindern grundlegend, da sie sich sonst nicht in einer komplexen Umwelt zurechtfinden würden (vgl. Berk 2011, S. 215ff.). So sind schon Säuglinge in der Lage, Gruppen zu bilden. Säuglinge reagieren beispielsweise gelangweilt, wenn man ihnen über einen längeren Zeitraum Fotos von verschiedenen Katzen zeigt. Wenn dann allerdings ein Foto von einem Hund gezeigt wird, sind sie wieder interessiert (vgl. Lohaus / Vierhaus / Mass 2010, S. 157).

Daten darüber, wie Kinder im Kindergarten Unterschiede ko-konstruieren und Eigenschaften zuschreiben (doing difference), haben Van Ausdale und Fergin mit der Methode der teilnehmenden Beobachtung über einen längeren Zeitraum in zwei Vorschulen in den USA Daten erhoben. Die beobachteten Differenzen, die die Kinder herstellten, waren die Hautfarbe („race"), Sprache, das Herkunftsland und das Geschlecht. Diese Differenzlinien wurden in einigen Situationen sozial konstruiert, um Ressourcen (z.B. Spielzeug etc.) unter den Kindern aufzuteilen und Räume (z.B. die Schaukel) zu besetzen. So schreiben sie: „They (die Kinder) may try out different forms of interaction or employ the power of racial and ethnic concepts to exercise social control within their play, sometime working toward including or excluding other children from an activity." (Van Ausdale / Fergin 2002, S. 96) Diehm und Kuhn haben mit einem ähnlichen Forschungsdesign Daten im Elementarbereich in Deutschland erhoben. Sie kamen zu dem Ergebnis, dass in der Interaktion der Drei- bis Sechsjährigen ethnische Unterscheidungen im Spiel und anderen Handlungszusammenhängen relativ oft beobachtet werden konnten (Diehm / Kuhn 2005). Sie konnten auch beobachten, dass Ethnizität als Ausschlusskriterium oder als Kriterium für Ungleichbehandlung zwischen Kindern untereinander eingesetzt werden kann (vgl. Diehm / Kuhn 2006, S. 148f.). Diehm und Kuhn unterscheiden hier zwischen spielerischen, selbst- und fremddistinktiven und in- / exkludierenden Stoßrichtungen. „Dabei scheint die soziale Bewertung ethnischer Unterscheidungen insbesondere denjenigen Kindern bewusst zu sein, die einen Migrationshintergrund haben und / oder sich phänotypisch nicht zur ‚weißen Mehrheit' zählen (können)." (vgl. Diehm / Kuhn 2005, S. 227)

Ebrahim und Francis kamen zu ähnlichen Ergebnissen bei einer empirischen Studie in Südafrika. Sie erhoben Daten durch teilnehmende Beobachtungen und Interviews mit Kindern. Sie konnten nachweisen, dass Kinder in der Interaktion nicht nur die Einteilung in Schwarz und Weiß vornehmen, sondern dass sie sehr wohl auf die unterschiedlichen Hautfarben achten und sich diesen zuordnen. Dies drücken die Kinder z. B. durch eine Steigerung des Adjektivs aus, so durch black black. Von der Hautfarbe wurde von den Kindern oft auf soziale Verhaltensweisen geschlossen (vgl. Ebrahim / Francis 2008, S. 281).

Kinder wissen sehr wohl, dass die meisten erwachsenen Personen kritisch gegenüber dem Ausschluss von Kindern aus der Spielgruppe reagieren. Das gilt besonders, wenn der Ausschluss von bestimmten Kindern rassistisch oder sexistisch begründet wird. Somit ist es nicht verwunderlich, dass offene rassistische oder sexistische Äußerungen bevorzugt in Situationen gemacht werden, in denen Erwachsene nicht anwesend sind.[15]

Das Betonen bzw. Herstellen von Unterschieden unter Kindern dient nicht nur der Exklusion bzw. Inklusion, sondern ist auch ein Aspekt bei Identitätsbildung von Kindern (vgl. Fergin / Van Ausdale 2002, S. 48f.).

---

15 Zu ähnlichen Ergebnisse kommt auch die Studie von Alsaker, die sich mit Mobbing im Elementarbereich beschäftigt (vgl. Alsaker 2003).

Aber nicht nur die Hautfarbe ist ein Kriterium, welches Kinder für die Einordnung und Bewertung von Menschen nutzen, sondern auch die Einteilung nach dem Geschlecht spielt offensichtlich bei Kindern eine große Rolle. Unterscheidungen und erste Zuschreibungen sind schon in der frühen Kindheit zu erkennen. So verbinden 18 Monate alte Säuglinge z.B. einen Hammer mit Männern. „Kinder im Alter von etwa zwei Jahren beginnen Wörter wie ‚Junge‘, ‚Mädchen‘, ‚Frau‘ und ‚Mann‘ richtig zu verwenden." (Berks 2011, S. 366) Ab diesem Alter fangen Kinder auch an, den Geschlechtskategorien Verhaltensweisen zuzuordnen.

Rohrmann 2008 stellt bei einer Durchsicht der aktuellen Forschung fest, dass bei der Wahl der Spielpartnerinnen und Spielpartner das eigene Geschlecht bei Kindern eine große Rolle spielt (vgl. Rohrmann 2008, S. 266ff.) Kinder nutzen bei der Zuordnung zum Geschlecht primäre äußere Merkmale, so z.B. die Farbe der Kleidung, Haarfrisur etc. (vgl. ebd., S. 270). Kompliziert wird es offensichtlich für Kinder, wenn sie keine eindeutigen Zuordnungen vornehmen können. Ebrahim / Francis stellten fest, dass Abweichungen von stereotypen Geschlechterrollen zu Sanktionen und Ablehnung durch die Kindergruppe führte (vgl. Ebrahim / Francis 2008, S. 284).

Rohrmann kommt zu einem ähnlichen Ergebnis. Er schildert einen Fall, in dem ein fünfjähriges Mädchen sich wie ein Junge kleidete und fast ausschließlich mit Jungen spielen wollte. „Weder Jungen noch Mädchen akzeptierten das Kind als ihnen zugehörig, sein ungewöhnliches Verhalten machte es in der Gruppe der Mädchen, seine körperlichen Merkmale in der Gruppe der Jungen zum Außenseiter." (Rohrmann 2008, S. 65) Auch die pädagogischen Fachkräfte hatten Schwierigkeiten mit dieser Situation kompetent umzugehen.

Eine weitere Differenzlinie, die in dem Diskurs über Intersektionalität eine große Rolle spielt, wird unter dem Begriff soziale Klasse gefasst.

Die Zahlen zur Armut von Kindern zeigen, dass Armut in Deutschland ein immer größer werdendes gesellschaftliches Problem ist. Während 1965 nur etwa jedes 75. Kind auf Sozialhilfe angewiesen war, war es 2006 jedes sechste Kind (vgl. Klug / Stühmeier 2009, S. 10). Es gibt mehrere Dimensionen in der Lebenswelt von Kindern, auf die die finanzielle Situation Auswirkungen hat. Hierzu gehören z.B. die Beeinträchtigung von Bildungschancen, mangelnde soziale Integration, Ausschluss von Aktivitäten der gleichaltrigen Gruppe, Beeinträchtigung des psychosozialen Wohlbefindens und Beeinträchtigung des körperlichen Gesundheitsstatus (vgl. Herringer 2009, S. 1).

Nicht nur die Handlungs- und Entwicklungsräume von Kindern sind von der Armut betroffen. Armut führt auch zu Stigmatisierungen und Zuschreibungen der betroffenen Kinder. Im Englischen wird diese Stigmatisierung mit classism bezeichnet. Auf Deutsch ist dieser Begriff mit dem Wort Klassismus übersetzt worden. „Klassismus ist die systematische, charakteristische Zuschreibung von

Wert und Fähigkeit basierend auf sozialer Klassenzugehörigkeit." (Kemper / Weinbach 2009, S. 17)

Klassismus zeigt sich in einem unterschiedlichen Zugang zu Macht, zu ökonomischen Lebenschancen, gesellschaftlicher Anerkennung und Bildung.[16] Dies wird besonders in der Institution Schule sichtbar. Die Kultur in der Schule ist eine Mittelklassekultur, und die Kultur „der Anderen" wird, daran gemessen, zu einer Defizitkultur (vgl. ebd. S. 19f.).

Eine ähnliche Aussage ließe sich auch über den Kindergarten treffen. Allerdings beschäftigen sich relativ wenige Texte mit der Rolle, die der Kindergarten bei der Herstellung von sozialer Gerechtigkeit einnimmt. Dies ist erstaunlich, da in der Entstehungsgeschichte des Kindergartens die Frage nach sozialer Gerechtigkeit und die Verbesserung der Lebenschancen von Kindern immer auch eine große Rolle spielte (vgl. Kapitel „Geschichte des Kindergartens" dieser Arbeit).

Studien aus dem anglo-amerikanischen Raum zeigen, dass von einer hohen Qualität im Kindergarten besonders Kinder aus sozial benachteiligten Familien profitieren können (vgl. Brandes et al. 2011, S. 26ff.). Bekannt geworden ist in diesem Zusammenhang z.b. das „Perry Preeschool Project", dass in den 60er Jahren in Ypsilanti (USA) durchgeführt wurde. Das Projekt richtete sich an Kinder aus sozial benachteiligten Familien. Die Erzieher-Kinder-Relation betrug eins zu fünf. Das pädagogische Fachpersonal besaß in der Regel einen akademischen Abschluss. Die Kinder besuchten vormittags die Einrichtung und einmal pro Woche gingen die pädagogischen Fachkräfte in die Familien, um die Erziehungskompetenz der Eltern zu stärken. Die Kinder, die an diesem Projekt teilnahmen, wurden bis zu ihrem 40. Lebensjahr begleitet, um die Wirkung des Projekts so zu evaluieren. Die Kinder aus dem Modellprojekt hatten im Vergleich zu einer Kontrollgruppe eine bessere Schullaufbahn, benötigten weniger Sozialhilfe, hatten weniger Konflikte mit dem Gesetz, die Suchtproblematik und sogar die Scheidungsrate waren geringer (vgl. Aktionsrat Bildung 2012, S. 25).[17]

Das „Perry Preeschool Projekt", welches beeindruckende Effekte vorzuweisen hat, ist allerdings mit dem Alltag in Kindergärten in Deutschland nicht zu vergleichen. Deutschland wird eher eine mittelmäßige Qualität im Kindergarten

---

16 Es würde zu kurz greifen von finanzieller Armut automatisch auf eine Benachteiligung im Bildungssystem zu schließen. Dennoch zeigt sich, dass die soziale Klasse Auswirkungen auf die Leistungsbewertung von Kindern hat. So laufen Kinder ohne akademischen familiären Hintergrund mit vergleichbar guten kognitiven Voraussetzungen im Bildungssystem Gefahr, aufgrund von Entscheidungen von Lehrern und Eltern unter ihren Möglichkeiten eingestuft zu werden (vgl. Brandes et al. 2011, S. 17).

17 Der Ökonom und Nobelpreisträger Heckman errechnete, dass durch die geringere Belastung des Sozialsystems die Steuerzahler pro einem in die Frühpädagogik investierten US-Dollar 12 Dollar zurückerhalten (vgl. Aktionsrat Bildung 2012, S. 25).

bescheinigt (vgl. Kapitel „Kindergarten heute"). Es besteht zusätzlich die Gefahr, dass gesellschaftliche Probleme pädagogisiert werden. Es zeigt sich beispielsweise bei einer repräsentativen Erhebung in Sachsen, dass die Rahmenbedingungen von Kindergärten kaum eine individuelle Unterstützung von Kindern zulassen. So gaben 80 Prozent der befragten Erzieher und Erzieherinnen an, dass die Einzelbetreuung von Kindern in ihrer Einrichtung unzureichend ist, da ihnen die zeitlichen Ressourcen fehlen (vgl. Brandes et al. 2011, S. 112). Die Möglichkeiten, die Kindergärten bei der Herstellung von Bildungsgerechtigkeit haben, sind bei weitem noch nicht voll ausgeschöpft. Erst in den letzten Jahren hat die Ungleichheitsforschung das Thema Bildungsgerechtigkeit im Elementarbereich für sich entdeckt.

So weisen Becker und Biedinger nach, dass Bildungsungleichheit schon vor Beginn der Schulzeit sichtbar wird. Dies machen sie an der sprachlichen und allgemeinen Entwicklung von Kindern fest (vgl. Becker / Biedinger 2010, S. 73). Allerdings stellen auch sie fest, dass die Forschungen hierzu im deutschsprachigen Raum eher gering sind. „Die ethnische Ungleichheitsforschung hat sich bisher vor allem auf die Erklärung ethnischer Nachteile auf dem Arbeitsmarkt, sowie ethnischer Bildungsungleichheit konzentriert. Wenig beachtet ist bisher die Tatsache, dass die entscheidende Weichenstellung für die Bildungskarriere von Migrantenkindern und damit auch ihre Chance auf dem Arbeitsmarkt schon vor Schulbeginn gestellt werden. (…) Deshalb ist gerade im Bereich der Erklärung dieser frühen ethnischen Bildungsungleichheit weitere Forschung notwendig." (ebd., S. 75)

Welche Konzepte sozialer Klasse Kinder im Kindergartenalter haben, ist so gut wie gar nicht erforscht worden. Eine der wenigen Datenerhebungen hierzu stammt von Ramsey. Ramsey zeigte Kindern im Kindergartenalter Bilder, auf denen Menschen abgebildet waren, die einem unterschiedlichen sozialökonomischen Status zugeordnet werden konnten. Die Kinder konnten relativ sicher die Einteilung in Arm und Reich vornehmen. Hierbei schnitten die Mädchen etwas besser ab als die Jungen (vgl. Ramsey 2004, S. 178ff.). Bei der Datenerhebung von Ramsey handelt es sich um eine experimentelle Studie. Sie gibt allerdings keinen Aufschluss darüber, wie Kinder die Differenzlinie soziale Klasse im Kindergartenalltag herstellen und welche Zuschreibungen sie anhand dieser Differenzlinie machen.

2.5 Diversitätsbewusste Ansätze im Elementarbereich – die vorurteilsbewusste Bildung und Erziehung

Ein Ansatz, der Dominanzverhältnisse und Ausgrenzung besonders berücksichtigt und gerade für den Elementarbereich eine Vielzahl von Materialien entwickelt hat, ist der Ansatz der vorurteilsbewussten Bildung und Erziehung.[18] Der Ansatz ist durch das Berliner Kinderweltenprojekt bekannt geworden. In unterschiedlichen Projektphasen wurde dieser Ansatz im Elementarbereich und seit 2007 auch in Fachschulen und Fachhochschulen für Sozialpädagogik implementiert.

Dieser Ansatz ist ursprünglich in den 80er Jahren in den USA von Louise Derman-Sparks und ihren Mitarbeiterinnen und Mitarbeiter unter dem Namen Anti-Bias-Approach entwickelt und mittlerweile in Südafrika, Australien und einigen europäischen Staaten übernommen und erweitert worden (vgl. Gramelt 2010, S. 101ff.). Von dem Berliner Kinderweltenprojekt ist Anti-Bias mit vorurteilsbewusster Bildung und Erziehung übersetzt worden.

Der Ansatz beinhaltet viele Elemente, die die vorhandenen Stärken und Fähigkeiten von Kindern berücksichtigen. Deswegen ist die Bezeichnung vorurteilsbewusste Bildung und Erziehung irreführend, da so der Eindruck entsteht, dass sich dieser Ansatz ausschließlich mit Vorurteilen und Ausgrenzungen beschäftigt. Vorurteile wären eher auf der individuellen Ebene (z.b. Einstellungen) anzusiedeln. Es werden aber bei dem Ansatz auch andere Ebenen, wie die gesellschaftlich-strukturelle Ebene (z.b. Gesetze, Richtlinien) und die Diskursebene (z.b. Bilderbücher, Diskussionen), analysiert.

Eine Forderung ist: „Alle Kinder sind gleich. Jedes Kind ist verschieden." Die Aussage: „Alle Kinder sind gleich", zielt auf die gesellschaftliche Ungleichbehandlung und Ausgrenzung von gesellschaftlichen Minoritäten. Es soll dafür eingetreten werden, dass alle Kinder die gleichen Entwicklungsmöglichkeiten und Rechte erhalten. Auf der anderen Seite ist jedes Kind in Bezug auf seine Fähigkeiten, Lebenswelt und die benötigten Voraussetzungen für erfolgreiche Lernprozesse verschieden. Diese Verschiedenheit muss in der pädagogischen Arbeit und Gestaltung des pädagogischen Umfeldes berücksichtigt werden (vgl. Sulzer / Leiprecht 2007, S. 236).

Der Ansatz der vorurteilsbewussten Pädagogik geht auf verschiedene Differenzlinien ein. Die Differenzlinien, die explizit genannt werden, sind Hautfarbe, Herkunft, Sprache, Religion, Geschlecht, sozial-ökonomischer Status, sexuelle Orientierung, Alter und Behinderung / Beeinträchtigungen (vgl. Wagner 2006a, S. 460). Derman-Sparks und Ramsey weisen noch zusätzlich auf die Differenzlinie „weight" hin (vgl. Derman-Sparks 2006, S. 5).

In neueren Texten aus dem Kinderweltenprojekt wird auch auf die Verschränkungen dieser Differenzlinien aufmerksam gemacht. So schreibt Petra Wagner: „Konzepte müssten den Umstand berücksichtigen, dass einzelne Differenzli-

---

18 Auch wenn sicherlich der Ansatz der vorurteilsbewussten Erziehung und Bildung unter den diversitybewussten Ansätzen im Elementarbereich derjenige ist, der die größte Beachtung und Kommerzialisierung erfährt, soll dennoch erwähnt werden, dass es noch weitere Ansätze gibt. Zu nennen wäre hier die Antidiskriminierungspädagogik und das daraus hervorgegangene Fortbildungsprojekt „Fair in Kitas" des ADB Sachsen (vgl. Fritsche et al. 2009).

nien und deren Bewertungen zwar für eine soziologische Analyse auseinandergehalten und getrennt betrachtet werden können, im Leben von Kindern und Familien aber immer zusammen mit all den anderen relevant sind." (Wagner 2008a, S. 57)

Ähnliche Aussagen finden sich auch bei Derman Sparks und Ramsey. Sie arbeiten insbesondere die Verwobenheit der Differenzlinien social class und „race" heraus (vgl. Derman Sparks 2006, S. 44f.). Es lässt sich also sagen, dass in dem Anti-Bias-Approach bzw. in dem Kinderweltenprojekt Theorien über Differenzlinien und Intersektionalität aufgegriffen werden und eine praktische Umsetzung erfahren. Es gibt vier Hauptziele, die in der vorurteilsbewussten Pädagogik verfolgt werden. Bezogen auf die Arbeit im Kindergarten sind die Ziele:

1.) „Jedes Kind muss Anerkennung und Wertschätzung finden, als Individuum und als Mitglied einer bestimmten sozialen Gruppe. (…)

2.) Allen Kindern soll ermöglicht werden, Erfahrungen mit Menschen zu machen, die anders aussehen als sie selbst und sich anders verhalten. " (Wagner 2006a, S. 461)

3.) Kritisches Denken bei Kindern über Vorurteile, Einseitigkeiten und Diskriminierungen anregen.

4.) Kinder sollen ermutigt werden sich aktiv gegen Vorurteile, Einseitigkeiten und Diskriminierungen zu wehren bzw. dagegen vorzugehen (vgl. ebd., S. 461).

Diese vier Ziele sind für die Arbeit mit Kindern in Tagesstätten und Grundschulen formuliert. Eine ähnliche Formulierung dieser Ziele gibt es auch für die Arbeit in Fachschulen und Fachhochschulen für Sozialpädagogik, Leitungskräfte und Erziehern und Erzieherinnen (vgl. Kinderwelten 2008b).[19] Derman Sparks / Ramsey fassen die Ziele eins und zwei zusammen. Sie begründen dies folgendermaßen: „We address these two themes together because children learn about themselves in tandem with learning about the other people in their immediate environment." (Derman Sparks / Ramsey 2006, S. 55) Sie schlagen vor, das Spiel und den alltäglichen Umgang der Kinder miteinander genau zu beobachten, um so Informationen darüber zu sammeln, wie Kinder die Welt sehen in der sie und andere leben, also was für Normalitätsvorstellungen die Kinder haben (vgl. ebd. S. 53f.).

---

19 Im weiteren Verlauf des Textes werde ich mich allerdings auf die Berufsgruppe der Erzieher und Erzieherinnen beschränken.

„Vorurteilsbewusste Arbeit fordert dazu auf, Tabus und blinde Flecken als wichtige Hinweise auf Handlungsfelder zu sehen, in denen möglicherweise Vorurteile, Einseitigkeiten und Diskriminierungen das Wohlbefinden und damit auch das Lernen von Kindern beeinträchtigen." (Wagner 2008, S. 207f.) Es geht nicht nur um eine Sensibilisierung für offensichtliche Diskriminierungen, sondern es geht auch darum, Normalitätsvorstellungen kritisch zu hinterfragen. „Denn häufig wirken Normalitätsvorstellungen als ‚heimliche Lehrpläne', aus Sicht der dominierenden Gruppe funktionieren sie lautlos: Auf diese Weise wirken Ausgrenzungsprozesse in Kindertageseinrichtungen subtil, sie erscheinen ‚normal' und selbstverständlich." (Leiprecht / Sulzer 2007, S. 244) Solche Normalitätsvorstellungen von Kindern können z.b. sein, wie ein Mädchen aussehen und sich verhalten muss, damit es als „normales" Mädchen anerkannt wird.

Ein Augenmerk der vorurteilsbewussten Arbeit liegt in dem Aufbrechen dieser Normalitätsvorstellungen. Sie werden nicht nur von Kindern sozial hergestellt, sondern finden sich auch in pädagogischen Einrichtungen in unterschiedlichen Zusammenhängen wieder, z.B. in Bilderbüchern bzw. auf Bildern. Hier werden oft Familien dargestellt, die in einem eigenen Haus leben und aus Vater, Mutter und zwei Kindern bestehen. Viele Kinder leben aber in anderen Familienformen und Wohnverhältnissen. Durch diese Art von Darstellung erfahren Kinder, die nicht den Normalitätsvorstellungen entsprechen, dass die Art, wie sie leben, nicht „normal" ist.

Eine weitere Aufgabe in der vorurteilsbewussten Bildung und Erziehung besteht darin, folkloristische und klischeehafte Darstellungen zu thematisieren und Material anzubieten, welches die gesellschaftliche Vielfalt widerspiegelt, ohne stereotypisierend zu sein. Es wird versucht, die Kinder und ihre unterschiedlichen Lebenswelten in der Einrichtung sichtbar zu machen. Diese Art der Reflexion wird von dem pädagogischen Personal oft als sehr anregend erlebt. So schreibt Gomolla, die das Kinderweltprojekt evaluierte (Gomolla 2007; Gomolla 2010), in ihrem Zwischenbericht 2007: „Zum Zeitpunkt der Befragung waren *Erkundungen zu Einseitigkeiten und Repräsentation von Vielfalt* in allen Einrichtungen durchgeführt worden. Dieser Arbeitsschritt wurde von allen Interviewpartnerinnen als wichtige, erhellende Erfahrung dargestellt." (Gomolla 2007, S. 27) Erzieher und Erzieherinnen werden zum kritischen Nachdenken über ihre bisherige Praxis angeregt. Dies zeigt folgende Schilderung einer Erzieherin: „Nach unserer Gruppenanalyse haben wir festgestellt, alle Kinder spielen viel in der Puppenecke und wir haben viele Jungen, die Heldenfiguren nachkämpfen. Und dann ist uns doch tatsächlich aufgefallen, wir haben null männlichen Aspekt in unserer Puppenecke drin – also, das war mein Aha-Erlebnis: 20 Jahre Erzieherin und null männlicher Aspekt in der Puppenecke. Die Puppenecke ist so typisch fraulich nach hauswirtschaftlichen Kriterien eingerichtet. Man findet vor allem keine männliche Puppe darin. Jetzt bemühen wir uns, alles abzudecken." (ebd. 2007, S. 28)

Es gibt eine Fülle von Anregungen wie eine Einrichtung Vielfalt sichtbar machen kann. Die Anregungen reichen von Brettspielen, die im Team als Reflexionshilfe genutzt werden sollen,[20] Memorys, Filme, die positive Beispiele für Praxisanregungen geben,[21] über eine Wanderausstellung, in der Aussagen und Arbeiten zum Thema Vielfalt von Grundschülerinnen und Grundschülern ausgestellt werden.

Mit den Kindern soll eine Sprache gefunden werden, durch die Ungerechtigkeiten und Diskriminierungen angesprochen werden kann. Oft verwendete Begriffe sind in diesem Zusammenhang faires bzw. unfaires Verhalten. Kinder sollen angeregt werden, sich mit ihrer Umwelt kritisch auseinanderzusetzen und Ungerechtigkeiten zu benennen. Eine Methode in diesem Zusammenhang sind die sogenannten Persona Dolls (vgl. Kinderwelten 2006). Persona Dolls sind Puppen mit einer eigenen Biografie und Kleidung, die den Kindergarten „besuchen" und den Kindern von Erlebnissen aus ihrer Lebenswelt erzählen (vgl. Enßlin / Henkys 2003, S. 118ff.; Gramelt 2010, S. 111ff.).

Annika Sulzer und Rudolf Leiprecht (2007) beschreiben drei Ebenen, die bei vorurteilsbewusster Bildung und Erziehung eine Rolle spielen.
Sie nennen die Ebene der Kinder. Auf dieser Ebene werden z.b. Unterschiede und Gemeinsamkeiten der einzelnen Kinder thematisiert (Sulzer / Leiprecht 2007, S. 240).
Auf der Ebene der Fachkräfte, sollen sich z.B. Erzieher und Erzieherinnen mit ihrem eigenen „kulturellen Hintergrund" auseinandersetzen und überprüfen, inwieweit dieser die eigenen Erziehungs- und Normalitätsvorstellungen beeinflusst hat (vgl. ebd., S. 242).
Die letzte Ebene ist die Ebene der pädagogischen Einrichtung. Hier ist die oben beschriebene „Spurensuche" und die Überprüfung des verwendeten Materials auf Einseitigkeiten, Ausgrenzungen und Diskriminierungen angesiedelt.
Bei der Durchsicht des Evaluationsberichts (Gomolla 2007) kristallisiert sich eine weitere Ebene heraus. So berichten Erzieher und Erzieherinnen mehrfach von Reibungspunkten, die sie mit den Eltern hatten, weil die Eltern in einigen Einrichtungen mit Widerständen auf die Teilnahme an dem Kinderweltenprojekt reagierten. Dies zeigte sich besonders zum Projektbeginn. Oft zeigt sich, dass im weiteren Projektverlauf die Eltern für das Projekt gewonnen werden konnten. Die Arbeit mit Eltern bekommt in der vorurteilsbewussten Bildung und Erziehung einen wichtigen Stellenwert (vgl. Şıkcan 2008, S. 184ff.). Somit ist es sinnvoll, als weitere Ebene die Ebene der Eltern zu nennen, zumal die

---

20 So wie das Medienpaket „Documentation with families"
21 Z.B. Ein Wiegenlied für Hamza (2004)

Eltern im Erziehungs- und Bildungsprozess bei Kindern im Elementarbereich eine wichtige Rolle spielen.

Bei allen positiven Einflüssen, die der Diskurs über Frühpädagogik durch das Kinderweltenprojekt erhalten hat, gibt es dennoch einige Punkte die nachdenklich stimmen. So schreibt Petra Wagner selbstkritisch über Anti-Diskriminierungsstrategien im Elementarbereich: „(…), dass bisher kaum etwas darüber bekannt ist, was die Strategien bei Kindern bewirken. Kinder als aktive Konstrukteure von Sinn und Bedeutung können sich in der Tat auch einer Anti-Diskriminierungsstrategie widersetzen." (Wagner 2008, S. 28) Ähnliche Tendenzen lassen sich in dem Evaluationsbericht über das Kinderweltenprojekt auf der Ebene der Erzieher und Erzieherinnen herauslesen (vgl. Gomolla 2007, S. 37) Gomolla beschreibt z.b. unter dem Punkt „verkürzte Sichtweise" von vorurteilsbewusster Bildung und Erziehung:

„Beispielsweise überwog in einigen Interviews ein Verständnis von vorurteilsbewusster Bildung als kompensatorischer Handlungsansatz bzw. als spezialisierte Förderstrategie für Kinder mit Migrationshintergrund und aus armen Familien. In anderen Interviews wurde der Wunsch, für ‚andere' Kulturen sensibler zu werden, wie das Ziel, einen ‚Grundstein zu legen', um die Kinder auf das Leben in einer pluralen Gesellschaft vorzubereiten, stärker ins Zentrum gerückt. Hier wurde z.T. die qualitativ neue Stoßrichtung von Kinderwelten gegenüber Konzepten der ‚Kulturbegegnung' und der ‚kulturellen Bereicherung' wenig scharf wahrgenommen. In Verbindung mit beiden Interpretationen war die Reflexion der regulären Arbeitsstrukturen und Praktiken in den Kitas und ihrem Umfeld nur begrenzt ein Thema. In der ersten Lesart richtete sich die Aufmerksamkeit primär auf die ‚Anderen' – als Problem – und Defizitträger. In der zweiten Variante standen die sozialen Beziehungen im Vordergrund – mit dem Risiko, in einem Verständnis von Diskriminierung ausschließlich als individuellem Vorurteil verhaftet zu bleiben, das die institutionellen und strukturellen Ursachen von Diskriminierung und sozialer Ungleichheit verfehlt. In solchen Passagen gaben sich vielfach essentialistische Konzepte von Differenz bzw. Identität zu erkennen." (Gomolla 2007, S. 75)

Nun muss an dieser Stelle angemerkt werden, dass dies kein spezifisches Problem von Fortbildungen des Kinderweltenprojektes und der vorurteilsbewussten Bildung und Erziehung ist, dass Teilnehmerinnen und Teilnehmer Inhalte anders und z.T. gegenteilig interpretieren und verstehen, als dies von den Dozenten und Dozentinnen vorgesehen ist. Vielmehr handelt es sich hierbei um ein „typisches" Problem von Unterricht und Fortbildungen. Dennoch wäre interessant zu erfahren, welche grundlegenden Veränderungen durch die vorurteilsbewusste Bildung und Erziehung in den pädagogischen Einrichtungen wirklich feststellbar sind und zwar nicht nur auf der Ebene des pädagogischen Personals (auf diese Ebene zielt die Evaluation von Gomolla), sondern auch auf der Ebene der Eltern und Kinder.

Die spanischen Rassismusforscher Garcia Martinez und Sáez Carreras (1998) unterscheiden, bezogen auf die Untersuchung von Rassismus, zwischen Einstellungen, Handlungen und Effekten von Handlungen.[22] Eine ähnliche Unterscheidung würde sich auch bei Untersuchungen der pädagogischen Praxis anbieten. Es macht einen großen Unterschied zwischen dem, was pädagogische Fachkräfte über ihre Arbeit berichten, und dem, was als Effekte der Handlungen bei den Kindern und Eltern wirklich ankommt bzw. wie Handlungen interpretiert werden.

Diese Aussage soll am folgenden Beispiel verdeutlicht werden. Es gibt wie oben beschrieben, eine Fülle von praktischen Methoden, die dabei helfen, die vorurteilsbewusste Bildung und Erziehung in die Praxis umzusetzen. Zu nennen sind hier die Familienwände und Fotos von Kindern (an Kleiderhaken, Schlafplatz, Memory der Kindergartengruppe etc.). Kinder und ihre Familien sollen durch diese Fotos in der Einrichtung sichtbar werden und sich angenommen fühlen. Das funktioniert aber nur, wenn die Fotos relativ zeitnah aktualisiert werden. Dies bedeutet, dass Fotos von neu hinzugekommenen Kindern zügig aufgehängt werden müssen. Findet dies nicht statt, vielleicht aufgrund Personal- und Zeitmangels etc., bekommen die entsprechenden Kinder und Familien die Botschaft vermittelt und zwar, dass die anderen Kinder sichtbar schon lange zum Kindergarten gehören, sie aber als neue Kinder noch nicht dazugehören.[23]

2.5.1 Qualitätssicherung

In dem Kinderweltenprojekt sind auch Überlegungen zur Qualitätssicherung angestellt worden. Es wird versucht, auf vier Ebenen die Qualität der Umsetzung der vorurteilsbewussten Bildung und Erziehung zu erfassen. Die Ebenen sind: Lernumgebung, Kinder, Eltern und Team (vgl. Kinderwelten 2008a; Kinderwelten 2009). Dem pädagogischen Team kommt bei der Erfassung der Qualität, bezogen auf den Ansatz der vorurteilsbewussten Bildung und Erziehung, die Schlüsselrolle zu. Anhand der erarbeiteten Qualitätsansprüche sollen die pädagogischen Fachkräfte für sich Überlegungen anstellen, inwieweit das entsprechende Qualitätsmerkmal in ihrer Arbeit berücksichtigt wird. Im ersten Schritt beschäftigen sich die Erzieher und Erzieherinnen mit den Qualitätsansprüchen in Einzelarbeit. Gleichzeitig arbeiten sie ihre Positionierung zu dem Diskurs über Vielfalt im Elementarbereich heraus. In den weiteren Schritten werden die unterschiedlichen Einschätzungen verglichen und diskutiert. In

---

22 Eine vergleichbare Trennung findet sich in dem Modell für die Kompetenzbeschreibung des frühpädagogischen Personals der Robert-Bosch-Stiftung (vgl. Robert-Bosch-Stiftung 2011, S. 40ff.).

23 In einer konkreten Einrichtung, die an dem Kinderweltenprojekt teilnahm, dauerte es über vier Monate, bis die Fotos eines neuen Kindes aufgehängt wurden.

Gruppendiskussionen sollen gemeinsame Ziele und Zeiträume zur Weiterarbeit festgelegt werden. Gleichzeitig wird überlegt, welche Auswirkungen Rahmenbedingungen auf die vorurteilsbewusste Bildung und Erziehung haben können. Es wird empfohlen, interessierte Eltern und TrägervertreterInnen an dem Diskussionsprozess zu beteiligen (vgl. Kinderwelten 2008a; Kinderwelten 2009).

Die einzelnen Qualitätsansprüche sind differenziert dargestellt. Es spiegelt sich das Anliegen wider, einseitige Zuschreibungen, die in der Praxis immer wieder vorkommen, zu vermeiden bzw. durch die Qualitätsansprüche sichtbar und somit reflektierbar zu machen. Beim Aufgreifen der Differenzlinie Herkunft ist z.B. ein Qualitätsanspruch: „Pädagogische Fachkräfte unterscheiden bei der Auseinandersetzung mit der Herkunft des Kindes zwischen Geburtsort der Kinder und dem Geburtsort der Eltern bzw. Großeltern. Sie berücksichtigen bei der Beschreibung der Herkunft der Kinder und ihrer Familien, wo diese ihren Lebensmittelpunkt haben." (Kinderwelten 2008, S. 8)

Die vom Kinderweltenprojekt entwickelten Qualitätsansprüche sind eine umfangreiche Orientierungshilfe für die Ausbildung und die Praxis im Elementarbereich. Allerdings richten sie sich größtenteils an die pädagogischen Fachkräfte und deren Sichtweise auf das Thema Vielfalt in der Einrichtung und weniger an Eltern und Kinder. Interessant sind in diesem Zusammenhang Evaluationsmethoden, die auch die Sichtweise der Kinder und Eltern auf ihren Kindergarten aufgreifen.

2.6 Inklusion im Elementarbereich

Es bestehen Diskursverschränkungen zwischen der vorurteilsbewussten Bildung und Erziehung und der aktuellen Inklusionsdebatte. So sieht Dittrich in der vorurteilsbewussten Bildung und Erziehung einen Ansatz, in dem Forderungen nach Inklusion bereits verankert sind (vgl. Dittrich 2011, S. 210). Die Abschlusstagung des Kinderweltenprojekts 2010 nannte sich z.B. „Bildung konsequent inklusiv". U.a. sprach hier Tony Booth, einer der Mitautoren des Indexes für Inklusion. Außerdem ist eine Expertise des WiFF zum Thema Inklusion in Kindertageseinrichtungen von Petra Wagner und Annika Sulzer verfasst worden (2011). Die beiden Autorinnen haben die theoretische Ausrichtung der vorurteilsbewussten Bildung und Erziehung wesentlich beeinflusst.

In den letzten Jahren gewinnt in der Frühpädagogik inklusives Handeln zunehmend an Bedeutung. Der Begriff der Inklusion ist aus dem frühpädagogischen Diskurs nicht mehr wegzudenken. Er geht eigentlich aus dem sonderpädagogischen Diskurs hervor und kann als Weiterentwicklung des Integrationsbegriffs verstanden werden. Jerg meint, dass der Integrationsbegriff eher von einer Zweigruppentheorie ausgeht (vgl. Jerg 2007, S. 6), wie in diesem Fall von behindert und nichtbehindert, und Menschen in diese Kategorien einteilt. Der Inklusionbegriff hat jedoch ein erweitertes Vielfaltsverständnis. Unter dem Titel Inklusion werden unterschiedliche Differenzlinien erfasst und in einem

pädagogischen Konzept aufgegriffen. Prengel nennt hier die Differenzlinien Schicht / Milieu, Gender, Kultur / Ethnie, Behinderung, sexuelle Orientierung und Religion etc. (vgl. Prengel 2010, S. 6f.).
Inklusive Pädagogik versteht sich also als eine Pädagogik, die von einer heterogenen Gesamtgruppe ausgeht, ohne dass bestimmte Differenzlinien auf Kosten von anderen Differenzlinien ausgeblendet werden.[24] Inklusion bezeichnet weniger ein Ergebnis als einen prozesshaften Vorgang. Inklusion ist nie abgeschlossen. Es gibt keine totale Inklusion, genauso wenig, wie es eine totale Exklusion gibt. „ Jede/r ist unterschiedlich in dem gesellschaftlichen Teilsystem inkludiert." (Jerg 2007, S. 7)

Das Heterogenitätsverständnis und die Prozesshaftigkeit sind die Stärke des Inklusionbegriffs. So geht es darum, zu erfassen wie die Partizipation von Kindern mit unterschiedlichen Lebenslagen und Lebenswelten in Institutionen gesteigert werden kann und wie Barrieren an der Teilhabe verringert werden können (vgl. Booth et al. 2007, S. 10). Es geht um die ständige Reflektion der eigenen Praxis. Treber schreibt: „Inklusive Pädagogik, so können wir feststellen, führt eine spezifische Reflektionsschleife in das elementarpädagogische Nachdenken ein." (Treber 2011, S. 22)

Inklusion besitzt im Elementarbereich eine ähnliche Popularität wie der Diversitybegriff. Das WiFF hat mehrere Expertisen zum Thema Inklusion in Auftrag gegeben, an den Fachhochschulen in Fulda, Berlin und Emden gibt es sogar eigene frühpädagogische Studiengänge mit dem Schwerpunkt Inklusion. Einer der möglichen Gründe, der vielleicht die Popularität des Inklusionbegriffs erklären könnte, kann in der Ratifizierung der UN-Behindertenkonvention liegen. „Artikel 24 der Konvention erkennt das Recht auf Bildung und die Pflicht auf Gewährleistung eines inklusiven Bildungssystems auf allen Ebenen an. Dabei geht es um die Sicherstellung eines diskriminierungsfreien Zugangs zur allgemeinen Kindertageseinrichtungen und zu allgemeinen Schulen im sozialen Nahraum." (Albers 2011, S. 28) Der Kindergarten als Elementarbereich des Bildungssystems bietet sich für die Umsetzung eines inklusiven Leitgedankens besonders an, da hier im Vergleich zu anderen Bildungsinstitutionen eine heterogene Gruppenzusammensetzung als besondere Lernmöglichkeit wahrgenommen wird (vgl. Nagel 2009, S. 19f.). Der Inklusionsgedanke ist in den meisten Bildungs- und Orientierungsplänen für den Elementarbereich und auch in den Lehrplänen der Ausbildung zur Erzieherin / zum Erzieher fest verankert. Bedauerlicherweise überwiegt aber in einigen Lehrplänen der Ausbildung zur Erzieherin / zum Erzieher eine Defizitorientierung (vgl. Kapitel „Diversitäts-

---

24 Allerdings wird bei einer Durchsicht der Literatur deutlich, dass die Differenzlinie Behinderungen / besondere Bedürfnisse eine besondere Gewichtung erfährt.

bewusstes Denken und Handeln in den Lehrplänen von Fachschulen für Sozial-pädagogik").

Prengel schlägt ein Mehrebenenmodell vor, mit dem inklusive Prozesse gefasst werden sollen. Sie nennt hier die institutionelle Ebene, die interpersonelle Ebene, die didaktische Ebene und die professionelle Ebene. Auf der institutionellen Ebene sieht sie die institutionell verankerten Mechanismen, die einer Inklusion im Wege stehen, aber auch die interne Qualität integrativer Prozesse. Auf der interpersonellen Ebene erfasst sie u.a. die Möglichkeiten, die Kinder zur Kontaktaufnahme untereinander haben und wie Erwachsene Interaktionsprozesse moderieren. Auf der didaktischen Ebene verortet sie verschiedene pädagogische Ansätze, in denen ein inklusiver Grundgedanke bereits umgesetzt ist bzw. sich leicht umsetzen lässt. Auf der personalen Ebene sieht sie die Qualifikation des Fachpersonals, aber auch institutionelle Bedingungen wie die Teamarbeit und Supervisionen (vgl. Prengel 2010, S. 29ff).

Die interpersonelle Ebene verdient eine besondere Beachtung, da hier für Kinder Inklusion direkt erfahrbar wird. „Kinder selbst nehmen Inklusion hauptsächlich durch die Auseinandersetzung mit (potenziellen oder tatsächlichen) Spielgefährten wahr. Beim Spielen nehmen Kinder Kontakt mit ihrer Umgebung und anderen Kindern auf, Freundschaften entstehen und werden gepflegt, Beziehungen ausgelotet und Bindung geknüpft. Durch das gemeinsame Spiel entwickeln Kinder einen engen Bezug zu ihren Spielgefährten und ihren verschiedenen Spielumgebungen." (Casey 2011, S. 220) Yutterhus zeigt anhand von ethnographischen Beobachtungen auf, wie wichtig es für Kinder ist, jemanden zu finden, der mit ihnen spielen will, aber auch nach welcher Systematik sich Spielgruppen zusammensetzen und wie Regelverstöße von der Spielgruppe geahndet werden. Darüber hinaus kann sie nachweisen, wie schwierig es für Kinder mit besonderen Bedürfnissen / Behinderungen ist, Spielverläufe partizipativ mitzubestimmen und spezifische Regeln der Spielgruppe nicht zu verletzen (vgl. Ytterhus 2011, S. 112ff.). Damit Inklusion gelingen kann, bedarf es feinfühliger Erwachsener, die die Spielgruppen begleiten und Kinder beim Spiel unterstützen können. Auch ist eine Sensibilität gegenüber dem Inklusionspotenzial von vielleicht aus Erwachsenensicht sinnlosen und störenden Spielen notwendig (vgl. Casey 2011, S. 219ff.).

2.7 Geschichte der institutionellen Kinderbetreuung

Bei der Auseinandersetzung mit dem Arbeitsfeld der Frühpädagogik, fallen bestimmte Themen auf, die in diesem Diskurs ständig wiederkehren, wie z.B. die schlechte Bezahlung von Erziehern und Erzieherinnen. Dieses Thema ist eng mit der Frage der gesellschaftlichen Anerkennung des Erzieher und Erzieherinnenberufs verknüpft. Weitere Fragen sind, wie frühkindliche Bildung gestaltet werden soll, warum es so wenige Männer in dem Beruf gibt und wie eine gute Ausbildung von pädagogischem Fachpersonal aussehen soll? Um den

aktuellen Diskurs über Erzieher- und Erzieherinnenausbildung und Frühpädagogik zu verstehen, ist es wichtig, sich mit der geschichtlichen Entwicklung
dieses Arbeitsfeldes in Deutschland auseinanderzusetzen.[25] Eine besondere
Fragestellung ist im Rahmen meiner Dissertationsarbeit, wie in der geschichtlichen Entwicklung der Frühpädagogik mit den unterschiedlichen Lebenslagen
und Lebenswelten von Kindern umgegangen wurde.

Auf den ersten Blick entsteht der Eindruck, dass die Geschichte der institutionellen Kleinkinderbetreuung hauptsächlich von Männern geprägt wurde. Tatsächlich werden in den Werken, die sich mit der geschichtlichen Entwicklung
der Kleinkindererziehung beschäftigen, wichtige geschichtliche Etappen hauptsächlich mit Männern in Verbindung gebracht (vgl. z.B. Konrad 2004; Reyers
2006). Eine Ausnahme bildet die von Berger verfasste Aufsatzsammlung
„Frauen in der Geschichte des Kindergartens" (vgl. Berger 2000-2009). Eine
Erklärung dafür ist, dass Frauen den gesellschaftlichen Diskurs in der Zeit vor
der Mitte des 19. Jh. nur unter sehr erschwerten Bedingungen mitgestalten
konnten. Eine Ausnahme sind hier die adeligen Frauen, die sich aufgrund ihrer
gesellschaftlichen Stellung Gehör verschaffen konnten. Mit dem Erstarken der
Frauenbewegung Mitte des 19. Jh. änderte sich dies (vgl. Nave-Herz 1997).

2.7.1 Comenius (1592-1670)

Ein bekannter Pädagoge, der sich bereits im 17. Jh. mit der Elementarpädagogik beschäftigte, war Comenius (vgl. Aden-Grossmann 2011; S. 15). In seiner
„Großen Didaktik" widmet er der ersten Stufe des Bildungssystems ein eigenes
Kapitel. Comenius nennt diese erste Bildungsstufe Mutter Schul. Er merkt hier
bereits an, dass ein Curriculum geschrieben werden soll, „damit sie sich (Anmerk: Mütter und Pflegerinnen) über ihre Aufgaben im Klaren sind. Darin
sollte alles einzeln angeführt werden, wozu schon im Kindesalter angeleitet
werden kann, bei welcher Gelegenheit ein jegliches aufzugreifen ist und auf
welche Weise, mit welchen Worten und Gebärden es eingeprägt werden soll."
(Comenius 1659 / 2007 197f.)[26] Comenius geht von einem aufeinander bezoge-
nen Bildungssystem aus. Bildungsinhalte werden in den einzelnen Bildungsinstitutionen (Mutterschule, Muttersprachschule, Lateinschule und Universität)

---

25 In dem folgenden Text gehe ich auf die geschichtliche Entwicklung der Frühpädagogik ein, ohne die Waldorfpädagogik nach Rudolf Steiner und die Montessori-
   Pädagogik. sowie die Reggiopädagogik besonders zu thematisieren. Eine intensive
   Auseinandersetzung mit diesen Konzepten würde den Rahmen dieser Arbeit
   überschreiten.
26 Dieses Buch, welches Comenius in seiner großen Didaktik angekündigt hat, ist schon
   1636 auf Deutsch unter dem Titel „Informatorium Maternum, Mutter Schul" er-
   schienen. Es handelt sich hierbei praktisch um den ersten Bildungsplan für den
   Elementarbereich.

zunehmend komplexer und differenzierter (vgl. ebd. 190ff.). Diese Idee, die Comenius hier bereits vor über 350 Jahren entwickelt hat, findet sich in der heutigen Zeit in abgeschwächter Form in einigen Bildungsplänen für den Elementarbereich wieder, so z.b. in dem bayerischen und dem hessischen Bildungsplan.

Comenius ist aber nicht nur in Bezug auf seine didaktischen Überlegungen sehr fortschrittlich, sondern es lassen sich bei ihm auch Überlegungen zu einer Grundbildung für alle finden. „Nicht nur die Kinder der Reichen und Vornehmen sollen zum Schulbesuch angehalten werden, sondern alle in gleicher Weise, Adlige und Nichtadlige, Reiche und Arme, Knaben und Mädchen aus allen Flecken, Dörfern und Gehöften." (ebd. S. 51f.) Die unterschiedlichen kognitiven Voraussetzungen von Lernern spielen bei Comenius ebenfalls eine Rolle. So schreibt er: „Ganz gleich verhält es sich mit den geistigen Anlagen: einige sind frühreif, erschöpfen sich aber rasch und stumpfen ab, während andere anfangs schwerfällig sind, sich dann aber anregen lassen und gut vorwärts kommen. Zudem möchten wir ja in unseren Gärten nicht nur Bäume haben, die früh Früchte tragen, sondern auch mittlere und späte, denn ein jedes ist zu seiner Zeit vortrefflich." (ebd. S. 53) Es lassen sich in Comenius' großer Didaktik immer wieder Überlegungen finden, wie mit Diversität im Bildungsbereich umgegangen werden kann. Nicht zufällig ist der Untertitel der großen Didaktik: Die vollständige Kunst, **alle** Menschen **alles** zu lehren. Das höchste Ziel ist für Comenius, eine Didaktik zu entwickeln, die allen Menschen unabhängig ihres sozialen Standes, Geschlechts und ihrer kognitiven Voraussetzungen zugute kommt. Mit seinen didaktischen Überlegungen und seinen Ansichten zum Lernen ist Comenius bis heute hoch aktuell und fortschrittlich.

2.7.2 Oberlin (1740-1826)

Die erste Einrichtung für Kinder im Vorschulalter wurde von dem elsässischen Pfarrer Friedrich Oberlin (1740-1826) gegründet. Diese Einrichtung entstand aus der Not heraus. In der Gemeinde, in der Oberlin tätig war, gab es viele arme Familien. Oberlin wollte durch die Gründung seiner Einrichtung den Kindern im Vorschulalter neue Techniken der Einkommenssicherung beibringen. Seine Einrichtung nannte sich „Strickschule". Die Kinder sollten in dieser Einrichtung handwerkliche Fertigkeiten erlernen. Es wurde ihnen aber auch Pflanzenkunde nahegebracht. In der Strickschule von Oberlin wurden didaktische Materialien, die auf Kleinkinder zugeschnitten waren, entwickelt. In den Strickschulen arbeiteten fast nur Frauen. Oberlin war von Rousseau beeinflusst, der forderte, dass in der Kleinkinderziehung nur Frauen tätig sein sollten (vgl. Konrad 2004, S. 28ff.). Erst im weiteren Bildungsverlauf gab es auch Männer in der Erziehung von Kindern, so auch bei Oberlin. Nach dem Besuch der „Strickschulen" für Kleinkinder wurden die älteren Kinder ausschließlich von männlichem Lehrpersonal unterrichtet.

In den Strickschulen war u.a. Louise Scheppler tätig. Sie war erst Dienstmagd in der Familie Oberlin und kam aus sehr ärmlichen Verhältnissen. Sie übernahm für mehrere Jahrzehnte die Leitung der Strickschulen und bekam 1829 von der Akademie der Wissenschaften zu Paris als Anerkennung ihrer Arbeit den Tugendpreis („prix de vertu"). Das Preisgeld spendete sie für den Aufbau weiterer Strickschulen. Sie hat Oberlin und die Strickschulen nachhaltig beeinflusst (vgl. Berger 2000-2009). Louise Scheppler sprach sich dafür aus, dass in den Strickschulen sowohl Mädchen als auch Jungen „Stricken" lernen.

2.7.3 Fürstin Pauline zur Lippe-Detmold (1769-1820)

Anfang des 19. Jh. wurden in Deutschland mehrere Einrichtungen für Kleinkinder gegründet. Die Einrichtungen trugen z.b. die Namen Kleinkindbewahranstalt, Kleinkindschule, Kindergarten etc. Sie entstanden aus ganz unterschiedlichen Beweggründen. So gab es z.b. Kinderschulen, die sich bei bürgerlichen Frauen einer großen Beliebtheit erfreuten, da sie für einige Stunden ihre Kinder außer Haus geben konnten. Andere Kinderbewahranstalten waren als Einrichtungen für notleidende Familien gedacht (vgl. Konrad 2004, S. 45ff.). Besonders tat sich in diesem Zusammenhang die Fürstin Pauline zur Lippe-Detmold (1769-1820) hervor. Sie gründete Kinderbewahranstalten für Kinder aus armen Familien. Die Idee war, dass sich Frauen aus dem Adel und gehobenen Bürgertum für notleidende Kinder einsetzten (vgl. Reyer 2006, S. 48). Die Fürstin machte sich auch Gedanken zur Qualifizierung des in den Kinderbewahranstalten tätigen Personals, den sogenannten Kinderwärterinnen. Interessant ist, dass sich die Fürstin für eine Ausbildung von Frauen aus unterschiedlichen gesellschaftlichen Klassen und mit unterschiedlichem Bildungshintergrund einsetzte. Allerdings waren die Aufgaben und Tätigkeiten des Personals in den Einrichtungen an dessen gesellschaftliche Stellung gebunden (vgl. Konrad 2004, S. 51). Pauline zu Detmold-Lippe beeinflusste durch von ihr verfasste Aufsätze den frühkindlichen Diskurs in Deutschland.[27]

Das Thema Armutsbekämpfung spielte bei der weiteren Entwicklung und Verbreitung der frühkindlichen Einrichtungen eine große Rolle. Die Idee war, dass die Frauen aus Arbeiterfamilien bezahlten Erwerbstätigkeiten nachgehen sollten und sich so die finanzielle Situation der Familie verbessern könnte, wenn die Kinder aus diesen Familien in Einrichtungen betreut würden (vgl. Konrad 2004, S. 58f. / Reyers 2006, S. 58ff.). Auch bei der Ausbildung des in den Einrichtungen tätigen Personals war die Armutsbekämpfung ein Thema. Betrieben wurden Einrichtungen für Kleinkinder hauptsächlich von kirchlichen Trägern oder Privatpersonen.

---

27 Zu ihren Ehren trägt heute noch ein autonomes Jugendzentrum in Detmold den Namen „Alte Pauline".

2.7.4 Robert Owen (1771-1858) und Samuel Wilderspan (1792-1866) und ihr Einfluss auf die Entwicklung in Deutschland

In England wurden etwas später von dem schottischen Baumwollspinnereibesitzer Robert Owen (1771-1858) die sogenannten Infant schools gegründet. In diesen firmeneigenen Schulen konnten die ArbeiterInnen ihre Kinder nach dem ersten Lebensjahr unterbringen. Owen war der Ansicht, dass durch eine „gute" Erziehung die Lage des Proletariats verbessert werden könne. Aktivitäten in den Infant schools waren: Spielen auf dem Spielplatz, Körperhygiene, Tanzen, Musik und Naturkunde. Diese Aktivitäten wurden mit einer Art Stundenplan zeitlich strukturiert. Owens Ziel war, durch Bildung gesellschaftliche Veränderungen zu erreichen. So verwundert es nicht, dass er sein Leben lang bemüht war seine Vision der infant schools publik zu machen (vgl. Konrad 2004, S. 32ff.). Owen bildete eigenes Personal aus. Es arbeiteten dort sowohl Frauen als auch Männer. Owens Ideen einer sozialistischen Erziehung sind für die Entwicklung der Frühpädagogik allerdings weitgehend ohne Einfluss geblieben, vielmehr dominierten die christlich geprägten Ansätze (vgl. Aden-Grossmann 2011, S. 18). Der Engländer Samuel Wilderspan vertrat eine solche christlich geprägte Ausrichtung der Frühpädagogik und beeinflusste den Diskurs in Deutschland maßgeblich. Wilderspan sah die Aufgabe von Institutionen der Kleinkinderziehung vorrangig in drei Funktionen: 1. Sie dienen der Verbrechensverhütung, indem sie der Verwahrlosung vorbeugen. 2. Sie fördern den Schulbesuch älterer Kinder, die nicht mehr der Schule ferngehalten werden, weil sie auf die jüngeren Geschwister aufpassen müssen, und 3. bilden sie den Anfang einer christlichen Erziehung." (vgl. ebd., S. 19) Teilweise wurden in den frühkindlichen Institutionen von Wilderspan ca. 120 Kinder von einem einzigen Erwachsenen beaufsichtigt.

2.7.5 Fliedner (1800-1864) und Julius Fölsing (1818-1882)

Im Bereich der Erzieher- und Erzieherinnenausbildung (damals „Lehrerin für Kleinkinderschulen) tat sich der Theologe Fliedner hervor. Fliedner meinte, dass eine besondere Ausbildung für die Arbeit in Kleinkinderschulen notwendig sei und allein die „gute Gesinnung" nicht ausreiche. Fliedner wollte nur Frauen zu Lehrerinnen für Kleinkinderschulen ausbilden. Die Ausbildung dauerte maximal ein Jahr. Die Aufnahmevoraussetzungen waren Kenntnisse des Lesens und Schreibens, Musikalität und eine christliche Gesinnung. Fliedner setzte sich auch für ein Jahresgehalt und Urlaubsanspruch der Lehrerinnen der Kleinkinderschulen ein. Inhalte der Ausbildung waren z.B. wie man Sprech- und Denkübungen den Kindern nahe bringt, biblische Geschichten bespricht etc. Auch Themen wie die Bedeutung des kindlichen Spiels und des Prinzips der Anschaulichkeit,[28] zwei Themen, die bis heute in der Erzieher- und Erzieherinnenausbildung eine Rolle spielen, wurden in der Ausbildung aufgegriffen. Aus den Arbeiten Fliedners gingen auch die ersten Materialien für die Erzieher- und Erzieherinnenausbildung hervor (vgl. Konrad 2004, S. 63ff.). Ein weiterer Vordenker der Kleinkinderziehung, der etwa zur selben Zeit lebte, war der Theologe Julius Fölsing (1818-1882). Fölsing vertrat ein nach sozialen Klassen getrenntes Erziehungskonzept. In seinen Bewahranstalten ging es hauptsächlich darum, Kinder des Proletariats vor der Verwahrlosung zu schützen, während die Kleinkindschulen dazu dienten, Kinder des Bürgertums für ein bis zwei Stunden gezielt zu fördern (vgl. Aden-Grossmann 2011, S. 20).

2.7.6 Fröbel (1782-1852) und die Zeit vor dem Ersten Weltkrieg

Eine wichtige Persönlichkeit in der Entwicklung der Frühpädagogik war Friedrich Fröbel (1782-1852). Über Fröbel und seine Pädagogik sind zahlreiche Werke veröffentlicht worden. Fröbel war pädagogisch erst in der Heimerziehung tätig. Er war stark von Pestalozzi beeinflusst. Aus der Heimerziehung gingen die ersten Kindergärten hervor, allerdings noch unter einer anderen Bezeichnung (vgl. Konrad 2004, S. 81ff.). Viel Aufmerksamkeit bekamen seine Schriften zum kindlichen Spiel und die pädagogischen Materialien, die er entwickelte (vgl. Jaszus et al. 2008, S. 588). Anlässlich der (gescheiterten) Revolution von 1848 wurden Kindergärten in Preußen, die nach dem fröbelschen Ansatz arbeiteten, verboten. Viele Kindergärtnerinnen wanderten nach England und in die USA aus und verbreiteten dort ihre Ideen.

Fröbels Ideen beeinflussen bis heute die Frühpädagogik. Es lassen sich in fast jedem Kindergarten die Fröbelbauklötze finden. Seine Ideen wurden von der bürgerlichen Frauenbewegung aufgegriffen. Dadurch, dass die anderen Träger stärker christlich geprägt waren, war die fröbelsche Kindergartenbewegung auch für jüdische Frauenrechtlerinnen attraktiv. Zu nennen wäre hier z.B. Lina Morgenstern, die sich in Berlin für die Frauenrechte, aber auch für die Kindergartenbewegung einsetzte (vgl. Berger 2000). Durch die Konfessionslosigkeit der Fröbelkindergärten wurde eine gemeinsame Erziehung von Kindern unterschiedlicher Konfessionen möglich und auch gezielt gefördert (vgl. Reyer 2006, S. 99).[29] Die Kindergärten wurden größtenteils von wohlhabenden Familien genutzt, da die Eltern Beiträge zahlen mussten. Erst durch die Entstehung der sogenannten Volkskindergärten wurde der Besuch für Kinder aus Arbeiterfamilien in Fröbelkindergärten möglich (vgl. ebd., 120f.).

---

28 Das Prinzip der Anschaulichkeit gehört zu den pädagogischen Prinzipien, die in dem Lernfeld Didaktik- Methodik unterrichtet werden (vgl. Ellermann 2004) und wird bereits bei Comenius erwähnt.

29 Möller (2000) weist nach, dass die religiöse Erziehung auch bei Fröbel eine große Rolle spielte (vgl. Möller S. 75 ff.)

Fröbel hat sich auch intensiv mit dem Thema Ausbildung befasst. Dieses Thema wurde von seinen AnhängerInnen aufgegriffen und führte 1860 zu der Gründung einer Ausbildungsstätte für Kindergärtnerinnen in Hamburg. Es waren nur Frauen, die diese Ausbildung machten.[30] Die Fröbelgesellschaft entwickelte die ersten Kriterien für diese Ausbildung. So sollte sie möglichst zwei Jahre dauern. Daran sollte sich ein Jahr Praxisbewährung anschließen und erst dann das Abschlusszeugnis vergeben werden.

Zu der Ausbildung gehörte das Lesen der Werke Fröbels, Singen, Tanzen, Pflanzenkunde, Turnen, Zeichnen, allgemeine Erziehungslehre etc. (vgl. Konrad 2004, S. 102ff.).

Im Kaiserreich wurde die Entwicklung von Kinderschulen, Kinderbewahranstalten und Kindergärten weiter vorangetrieben. Besonders im Ersten Weltkrieg sollten Frauen als Arbeitskräfte zur Verfügung stehen. Ab 1911 wurden staatliche Prüfungen für Kindergärtnerinnen eingeführt. Geprüft wurde neben Erziehungs- und Kindergartenlehre u.a. auch das korrekte Ausschneiden von Materialien (vgl. ebd., S. 109ff.).

2.7.7 Erste Zusammenfassung: Diversität in der Kleinkinderziehung

Zwischen 1861 und 1886 existierten mehr als 2000 frühpädagogische Einrichtungen in den deutschen Staaten. Viele waren davon in Süddeutschland und hier hauptsächlich im städtischen Bereich (vgl. Bamler et al. 2010, S. 32). Ob und wie in diesen Einrichtungen auf kulturelle und soziale Vielfalt eingegangen wurde, ist nicht erfasst. So lassen sich nur sehr ungenaue Aussagen machen. Durch die Literatur, die im Rahmen des deutschen Kolonialismus entstanden ist, lassen sich allerdings einige Vermutungen anstellen.

Gogolin / Krüger-Potratz weisen für die schulische Ausbildung nach, dass die Kolonialerziehung im Unterricht der höheren Schulen einen festen Platz hatte (vgl. Gogolin / Krüger-Potratz 2006, S. 82). So war der kolonialisierte Andere durchaus Thema in der damaligen Schulausbildung. Inwieweit dies auch die Arbeit in Kindergärten beeinflusste ist schwer zu rekonstruieren. Durch eine Vielzahl von Bilder- und Kinderbüchern dieser Zeit, die sich u.a. mit „Eingeborenen" beschäftigten (vgl. Mergener / Häfner 1985), ist zu vermuten, dass die Idee von Höherwertigkeitsvorstellungen gegenüber dem kolonialisierten Anderen auch Kindern im Kindergartenalter nahe gebracht wurde.

Für die deutschen Auswanderer in den Kolonien wurden Schulen und Vereine gegründet, um das „Deutschtum" zu pflegen. In diesem Zusammenhang wurden auch Kindergärten für deutsche Auswandererkinder gegründet. Besonders

---

30 Fröbel wollte anfangs (1839) gezielt Männer für die Kindergärten ausbilden. Er hatte relativ hohe Anforderungen an die Qualifikation dieser Männer. Ein Jahr später war nur noch von Frauen die Rede, die in Kindergärten arbeiten sollten (vgl. Möller 2000, S. 70). Der Grund für diesen plötzlichen Paradigmenwechsel ist mir unbekannt.

tat sich hier der Frauenbund der Deutschen Kolonialgesellschaft hervor (vgl. Bechhaus-Gerst / Leuter 2009, S. 14). Es gab in den Jahren 1905 bis 1912 mehrere Gesetze, die in den Kolonien die „Mischehen" verboten. Kindern aus „Mischehen" wurde der Besuch in der Schule und dem Kindergarten verwehrt (vgl. ebd., S. 93). Kindergärten wurden in den Kolonien oft mit dem Ziel gegründet, deutsche Auswanderinnen familiär so zu entlasten, dass sie als vollwertige Arbeitskräfte zur Verfügung standen (vgl. Dietrich 2007, S. 271). Nicht nur der Umgang mit dem kolonialisierten „Anderen" gibt Aufschluss darüber, wie vermutlich mit Vielfalt umgegangen wurde. Auch Armut spielte in der Frühpädagogik eine Rolle. So richteten sich die Kinderbewahranstalten in Deutschland primär an Kinder aus ärmlichen Verhältnissen. Die Kinderbewahranstalten hatten den Auftrag, Kriminalität und Verbrechen „von Kindern vorzubeugen, ihre Verwahrlosung zu verhindern und sie zu rechtschaffenden Bürgern zu erziehen, die arbeitswillig und arbeitsfähig sind und darüber hinaus über einen festen christlichen Glauben verfügen." (Bamler et al. 2010, S. 28) In der täglichen Arbeit in den Kinderbewahranstalten spielte die Lebenslage der Kinder eine große Rolle. So schreibt Möller, dass durch diese Erkenntnis ein Paradigmenwechsel bei der Ausbildung des Personals für die Kinderbewahranstalten stattfand. Zunehmend wurde erkannt, dass gerade die Kinder aus ärmlichen Verhältnissen mehr brauchten als die bloße Verwahrung. „Sie bedurften der gezielten Förderung ihrer körperlichen und seelischen Kräfte, um schulungs-und gesellschaftsfähig zu werden." (Möller 2000, S. 40) Wirth fordert z.B. 1838, dass zumindest die Leitungen (hier waren männliche Leitungen gemeint, während Frauen das sogenannte Hilfspersonal stellten) eine wissenschaftliche Ausbildung haben und mit den Grundsätzen der Didaktik, Methodik, Erziehung und Disziplin vertraut sein sollten, um für die Arbeit in den Kinderbewahranstalten gerüstet zu sein (vgl. ebd., S. 40f.).

Anders verhielt sich dies bei den Kleinkindschulen. Diese richteten sich besonders an Kinder aus wohlhabenderen Verhältnissen. Die Kinder in Kleinkindschulen sollten, ähnlich wie bei den oben erwähnten Kindergärten, die nach dem Ansatz von Fröbel arbeiteten, gezielt gefördert werden. Diese waren schon in ihrer Gründungsphase besonders für den gehobenen Mittelstand interessant und wurden von diesem genutzt. „Soziale Homogenität stellte sich im 19. Jahrhundert im Bereich der Kleinkinderziehung in den geläufigen Organisationsprinzipien gleichsam natürlich, entsprechend der gesellschaftlichen Ordnung her. Oder anders: Die Organisation der Kleinkinderziehung reproduzierte die bestehende soziale Ordnung." (Diehm 2004, S. 533) Wobei es auch bei den Kindergärten, die nach dem Ansatz von Fröbel arbeiteten, Einrichtungen gab, die auch Kinder aus ärmlichen Verhältnissen betreuten und in denen eine Begegnung von Kindern aus unterschiedlichen sozialen Klassen möglich war.

Bezogen auf religiöse Vielfalt ist das Engagement von jüdischen Frauen aus dem Bürgertum für die Fröbelpädagogik auffällig. Hier waren die schon erwähnte Lina Morgenstern (1830-1909) und Henriette Goldschmidt (1825-1920) besonders aktiv. „Seine Erziehungslehre (Anmerk.: Fröbel) zielte darauf, die Kinder aktiv in ihrer Entfaltung zu fördern und soziale Gegensätze abzubauen, indem ständische und konfessionelle Unterschiede im Kindergarten keine Rolle spielen sollten. Dieses integrative Konzept kam jüdischen Eltern besonders entgegen." (Richarz 1997, S. 93f.)

2.7.8 Weimarer Republik (1818-1933)

In der Weimarer Republik wurden Kindergärten immer weiter ausgebaut. Ziel war es, besonders Kindern aus ärmlichen Verhältnissen einen Kindergartenbesuch zu ermöglichen. Im Reichsjugendwohlfahrtgesetz von 1922 wird der Kindergarten der Jugendfürsorge zugeordnet und nicht dem Schul- bzw. Bildungssektor. In diesem Gesetzeserlass wurde u.a. festgelegt, dass der Kindergartenbesuch freiwillig ist und dass die Ausbildung zur Kindergärtnerin vereinheitlicht werden sollte (vgl. Reyer 2006, S. 128). Diese Entscheidung beeinflusst bis heute noch maßgeblich die Diskussion im Elementarbereich. So gibt es beispielsweise bis heute keine Kindergartenpflicht, auch nicht für das letzte Jahr im Kindergarten.

2.7.9 Kindergärten während der Naziherrschaft (1933-1945)

Zur Zeit des Faschismus in Deutschland wurde mehrfach erwogen, eine Kindergartenpflicht einzuführen, damit der Staat einen größtmöglichen Einfluss auf die Kindererziehung ausüben könne. Dies stand allerdings im Widerspruch zu dem Bild der deutschen Mutter, die für die Pflege und Erziehung ihrer (jungen) Kinder zuständig war (vgl. Konrad 2004, S. 158f.). Somit hatten Kindergärten den Stellenwert einer Notfalleinrichtung, wenn die Mütter die Kindererziehung nicht leisten konnten. Besonders in den letzten Kriegsjahren wurden Frauen als Arbeitskräfte immer wichtiger, was auch zu einem Ausbau der Kindergärten führte.

Die Gleichschaltung der Kindergärten gestaltete sich für die Nationalsozialisten durch die Trägervielfalt als ein schwieriges Unterfangen und gelang bis zum Ende der Naziherrschaft nicht vollständig. Ähnlich war dies mit den Ausbildungsstätten für Kindergärtnerinnen. 1936 gab es ein Gesetz, das „Nicht-Ariern" den gemeinsamen Besuch in Kindergärten mit „Ariern" verbot. Die jüdischen Dozentinnen / Dozenten und Schülerinnen in der Kindergärtnerinnenausbildung mussten die Fachschulen verlassen (vgl. Amthor 2006). Nach der Machtübernahme und dem Ausschluss der jüdischen Schülerinnen und Dozentinnen und Dozenten wurde in Berlin unter großen Schwierigkeiten ein jüdisches Kindergärterinnenseminar gegründet und bis 1939 betrieben (vgl. Amthor 2003, S. 325).

Die Ausbildung zur Erzieherin wurde im Nationalsozialsimus der NS-Ideologie angepasst. So waren Ausbildungskriterien die Zugehörigkeit zum BDM (Bund

Deutscher Mädchen), die sogenannte „deutschblütige Abstammung" und die deutsche Staatsangehörigkeit (vgl. ebd., S. 327).

Als formaler Abschluss reichte ein Volksschulabschluss. Hierdurch fand eine Abwertung der Kindergärtnerinnenausbildung statt (die Frauenbewegung hatte sich jahrelang für eine Aufwertung des Berufs eingesetzt). Neue Fächer waren u.a. Rassenlehre und Rassenhygiene. Von dieser Entwicklung waren auch die konfessionsgebundenen Träger betroffen (vgl. Konrad 2004, S. 166). Die pädagogische Zielsetzung wurde an der Naziideologie ausgerichtet. Berger zeigt anhand einer Analyse verschiedener Ausgaben der Fachzeitschrift *Kindergarten* in den Jahren 1933-1942 wie Wettbewerbs- und Kampfspiele einen immer größeren Raum in der Kindergartenpädagogik einnahmen. Auch Führerkult und Rassismus bekamen einen sehr wichtigen Stellenwert in der frühkindlichen Pädagogik. So sollte der Kindergartentag mit einem gemeinsamen Gespräch über Adolf Hitler beginnen. Es wurden Kinderreime gelernt, in denen andere „Rassen" als minderwertig dargestellt wurden und Adolf Hitler gehuldigt wurde. In den letzten Kriegsjahren war die Zielsetzung, Jungen zu Soldaten und Mädchen zu Müttern heranzuziehen (vgl. Bamler et al. 2010, S. 26). Fröbel wurde kurzerhand als völkischer Pädagoge dargestellt, der Hitlers Ideologie den Weg bereitet hatte. Seine Ideen wurden von den Nazis vereinnahmt.

Berger kommt zu dem Schluss, dass vor der Machtübernahme der Nazis die Zeitung „Kindergarten" dadurch auffiel, dass Facharktikel zu pädagogischen Fragestellungen veröffentlicht wurden. Nachdem die Zeitung von den Nazis übernommen wurde, lässt sich ein starker Niveauverlust zugunsten propagandistischer Artikel beobachten (vgl. Berger 2005).

In den Kindergärten der Nazizeit galt alles, was heute unter Diversität verstanden wird, als schädlich für die „Volksseele" und wurde somit nur in negativer und herabsetzender Form aufgegriffen: „Das Kind stand nun (Anmerk.: Im Nationalsozialismus) nicht mehr im Mittelpunkt erzieherischer Überlegungen und Zielsetzungen, sondern die Förderung der als wertvoll und überlegen erachteten Anlagen. Das alles geschah unter der Verunglimpfung anderer Mitglieder der Gesellschaft, die nicht dem völkischen Wahn entsprachen." (Bamler et al. 2010, S. 35) Ein gutes Beispiel hierfür ist das Kinder- und Jugendbuch „Der Giftpilz", in dem Elemente des christlichen und nationalen Antisemitismus vereint wurden (vgl. Waibt-Stockner 2009, S. 245). Durch dieses Buch sollte der „erkennende Blick" von Kindern und Jugendlichen auf Juden geschärft werden. Dieses rassistische Lehrbuch erschien in einer hohen Auflage im Stürmer-Verlag.

Nach Ende des Zweiten Weltkrieges und im Laufe der Entwicklung der zwei deutschen Staaten BRD und DDR musste sich auch die Frühpädagogik neu orientieren.

2.7.10 Die alte BRD (1945-1990)

Die Elementarpädagogik hatte in den Nachkriegsjahren in der BRD und der DDR unterschiedliche Entwicklungen. In der BRD wurden Kindergärten, ähnlich wie in der NS-Zeit, als Notfalleinrichtungen angesehen. Die Pflege, Erziehung und Betreuung war in der jungen BRD primär die Aufgabe der Mütter (vgl. Konrad 2004, S. 182). Pädagogisch wurde an den Stand der 1920er Jahre angeknüpft. Das Auswendiglernen von Gedichten, die Jahreszeiten, Erstellen von Perlenketten etc. waren wichtige Inhalte der pädagogischen Arbeit. Die Ergebnisse wurden in Form von Bastelarbeiten, die die Kinder mit nach Hause nehmen konnten, für die Eltern dokumentiert. Der Kindergarten wurde in dieser Zeit als Schonraum einer zunehmend technisierten Welt begriffen.

Ein Umdenken fand erst 1967 statt. Die kognitive Förderung von Kindern rückte stärker in den Fokus der pädagogischen Bemühungen. Frühförderung wurde für wenige Jahre zum Topthema im öffentlichen Diskurs. Aber auch sozialkritische Sichtweisen wurden in der Kindergartenpädagogik aufgegriffen (vgl. Reyer 2006, S. 198f.). Besonders die Arbeiten von Basil Bernstein wurden zitiert und auf den Elementarbereich übertragen (vgl. ebd. S. 186). Defizite, und hier besonders sprachliche Defizite, sollten im Kindergarten aufgegriffen werden.[31] Der Kindergarten wurde als Vorschulbereich begriffen. So wurden Curricula für den Kindergarten erstellt, in denen das frühe Lernen im Vordergrund stand, allerdings ohne Lerninhalte der Schule vorwegzunehmen. Es wurde versucht, die Fünfjährigen aus dem Kindergartenbereich auszugliedern und dem Primarbereich zuzuordnen. Nach einer Modellphase wurde diese Idee allerdings wieder verworfen. In diese Zeit fällt auch die Entwicklung des Situationsansatzes (vgl. Jazus et al. 2008, S. 597f.).

Auch die Kinderladenbewegung veränderte die Frühpädagogik. Die Kindergärten wurden von der Studentinnen- und Studentenbewegung als bürgerliche Einrichtungen angesehen, denen eine Erziehung mit anderen pädagogischen Grundsätzen entgegengesetzt werden sollte (vgl. Bamler et al. 2010, S. 39). Die Orientierung an den Bedürfnissen von Kindern waren neben der hohen Beteiligung der Eltern und der Sexualpädagogik wichtige Punkte in der Kinderladenbewegung. In anderen Städten als Berlin wurde sie oft in Elterninitiativen oder Kindergärten umgewandelt. Die Kinderladenbewegung hat die heutige Elementarpädagogik maßgeblich beeinflusst, so z.B. durch die offene Zeitstruktur, offene Einrichtungen und die Gemeinwesenarbeit etc. (vgl. Konrad 2004, S. 189f.).

Ähnlich, wie die Entwicklung in den Kindergärten, orientierte sich auch die Ausbildung zur Kindergärtnerin in den Nachkriegsjahren an der Zeit vor 1933 (vgl. Möller 2000, S. 93ff.).

---

31 Ähnliche Entwicklungen lassen sich auch bei der sogenannten Ausländerpädagogik feststellen.

Konrad schreibt, dass Hamburg das erste Bundesland war, das die Ausbildung zur Hortnerin, Kindergärtnerin und Jugend-Heimerzieherin zu einer Breitbandausbildung zusammenfasste. Einer der Gründe war, den Beruf für männliche Bewerber attraktiver zu machen. Die neu geschaffenen Ausbildungsstätten nannten sich Fachschulen für Sozialpädagogik (vgl. Konrad 2004, S. 201). 1967 übernahm die Kultusministerkonferenz weitestgehend das Hamburger Modell. Die Zugangsvoraussetzungen waren jetzt ein mittlerer Bildungsabschluss und eine einjährige erzieherische Tätigkeit in Form eines Vorpraktikums. Danach folgten eine zweijährige Berufsausbildung und ein einjähriges Anerkennungsjahr. Eine für die BRD einheitliche Regelung zu treffen, scheitert bis heute an dem Föderalismus. In den Anfängen gab es eine Weiterqualifizierung zur Jugendleiterin an einer höheren Fachschule. 1981 wurden aus einigen höheren Fachschulen Fachhochschulen. Die Zugangsvoraussetzung hierfür war die Fachhochschulreife (eine Zugangsvoraussetzung über die viele Erzieher und Erzieherinnen nicht verfügten). Durch diese Veränderung wurde die Erzieher- und Erzieherinnenausbildung einer interessanten Aufstiegsmöglichkeit beraubt (vgl. Konrad 2004. S. 202). Erzieher und Erzieherinnen können allerdings heute in der Ausbildung die Fachhochschulreife erlangen und Teile der Ausbildung (in der Regel zwei Semester) werden bei einem Studium der „Pädagogik der Kindheit" anerkannt.

In der Erzieher- und Erzieherinnenausbildung wurde von 1968 bis 1974 eine sehr hohe Fachlichkeit verlangt. So waren Unterrichtsinhalte z.B. Familiensoziologie, Sozialisationstheorien, Entwicklungs- und Lernpsychologie etc. „Zugleich führten jedoch empirische Forschungsprojekte, die die Wirklichkeit in den Ausbildungseinrichtungen genauer unter die Lupe nahmen, zu der ernüchternden Einsicht, dass sich die meisten Schülerinnen und Schüler durch diese hochgesteckten Erwartungen verunsichert und überfordert fühlten und in ihrer erzieherischen Praxis durch ausgefeilte vorschulische Programme ohnehin weniger zu beeinflussen waren, als dies in der Reformeuphorie angenommen worden war." (Konrad 2004, S. 204) So kehrte man in der Ausbildung zu den klassischen Fächern zurück.

Anfang der 1970er Jahre wurden Vor- und Nachteile unterschiedlicher Altersmischung diskutiert. Es ließen sich im Kindergarten sogenannte ausländerpädagogische und interkulturelle Ansätze feststellen. In den 1980er Jahren wurde die Koedukation von Jungen und Mädchen kritisch hinterfragt. Es gab Bestrebungen der Integration von Kindern mit Behinderung in Regelkindergärten. Ansätze der interreligiösen Erziehung wurden diskutiert (vgl. Wagner 2008, 15ff.).

Besonders im Situationsansatz wurde immer wieder versucht, soziale Fragestellungen aufzugreifen. So gibt es eine Anzahl von Werken, in denen eine Verknüpfung des Situationsansatzes mit interkulturellen Themeninhalten stattgefunden hat (vgl. Zimmer / Akpinar 1984, Preissing 1997). In den letzten Jahren wurde der Situationsansatz auch mit Anregungen aus dem Anti-Bias-Ansatz verbunden (vgl. Preissing 2003; Rosken 2009).

2.7.11 DDR (1945-1990)

In der ehemaligen DDR hatte die Kinderbetreuung einen wichtigen Stellenwert. Die Kindergärten wurden schon in der sowjetischen Besatzungszone, also noch vor der Gründung der DDR, dem Bildungssystem zugeordnet (vgl. Reyer 2006, S. 181). In den folgenden Jahren wurde eine Vielzahl von Kindergartenplätzen geschaffen (1989 besuchten 95 Prozent aller Drei- bis Sechsjährigen den Kindergarten): „In der DDR hatte der Kindergarten zwei Hauptaufgaben: Erstens den Kindern eine allgemeine sozialistische Grundbildung zu vermitteln und sie zur Schulreife zu führen, zweitens den Müttern die Beteiligung am Erwerbsleben und am kulturellen und politischen Leben zu ermöglichen." (ebd., S. 182) Inhaltlich bezogen sich die Kindergärten zwar auf Fröbel, aber die Erziehung zum neuen Menschen war ein wichtiges Anliegen der Frühpädagogik in der DDR. Der Kindergarten war grundsätzlich eine Ganztageseinrichtung. Die organisatorischen und pädagogischen Tätigkeiten im Kindergarten wurden durch eine Reihe von Gesetzen und Erlassen geregelt: „Da auch die Ausstattung der Kindergärten derartigen zentralen Vorgaben folgte, waren die Einrichtungen republikweit mit dem selben standardisierten Möbelsortiment und mit zentral entwickelten Spiel- und Beschäftigungsmitteln ausgestattet, was den Kindergärten eine gewisse Einförmigkeit in der äußeren Erscheinung verlieh." (Konrad 2004, S. 219)

Auch die inhaltliche pädagogische Arbeit wurde durch Pläne und Programme festgelegt, die auch Hinweise zur didaktischen Umsetzung enthielten. Ab 1967 existierte ein Bildungs- und Erziehungsplan für den Kindergarten. Die Erzieher und Erzieherinnen mussten die Umsetzung des Bildungs- und Erziehungsplans in einem Heft (ähnlich einem Klassenbuch) dokumentieren. Die Kindergartengruppen in der DDR waren altershomogen. Der Tagesablauf in den Kindergärten war stark strukturiert und ließ wenig Raum für kindliche Individualität. In den beiden letzten Jahrzehnten der DDR kam eine Militarisierung der frühkindlichen Pädagogik hinzu. So besuchten z.B. Kindergartengruppen die Kasernen oder Soldaten besuchten den Kindergarten (vgl. ebd., S. 225).

Die Ausbildung war nicht, wie in Westdeutschland, eine Breitbandausbildung, sondern speziell auf das Arbeitsfeld Kindergarten zugeschnitten. Die dreijährige Ausbildung fand an Fachschulen statt. Es gab wenige konfessionsgebunde Fachschulen in der DDR. Kindergärtnerin war in der DDR ein angesehener Beruf, was sich letztlich auch in der relativ guten Bezahlung widerspiegelte. In der Ausbildung wurde vielfach auf sowjetische Lehrbücher, die ins Deutsche übersetzt wurden, zurückgegriffen. Die politische Orientierung war ein wichtiger Punkt in der Ausbildung und auch bei dem beruflichen Aufstieg (vgl. Kon-

rad 2004, S. 226ff.; Reyer 2006, S. 188). So gab es in der Ausbildung Fächer wie „Geschichte der revolutionären Arbeiterbewegung".
Nach der Wende wurde der Vorschulbereich der DDR dem westdeutschen System angeglichen. Als Folge ließ sich eine starke Verunsicherung bei den ostdeutschen Erziehern und Erzieherinnen ausmachen. Außerdem wurden in dem Zeitraum 1990-1998 an die 380.000 Kindergartenplätze abgebaut und viele, größtenteils junge Erzieher und Erzieherinnen, entlassen (vgl. Konrad 2004, S. 237). Die Erzieher und Erzieherinnen aus der ehemaligen DDR mussten einen einjährigen Weiterbildungskurs mit Prüfungen absolvieren, um die staatliche Anerkennung im westdeutschen System zu erhalten.
In der DDR galt in der Frühpädagogik die Prämisse, für das Kollektiv zu erziehen. Die Kinder wurden selten als einzelne Individuen gesehen. In Bezug auf die Auseinandersetzung mit Menschen aus anderen Ländern schreibt Petra Wagner: „Die Beschäftigung mit ‚Anderen' war konzeptioneller Teil der Entwicklung von Beziehungen zur Umwelt und verbunden mit einer affirmierend-folkloristischen Darstellungsweise. Sie zielte auf die Pflege des Internationalismus und darauf, den Kindern die Menschen aus den ‚sozialistischen Bruderländern' nahezubringen." (Wagner 2008, S. 14)

2.7.12 Zusammenfassung und Ausblick

Es wurde deutlich, dass die Entwicklungen in der Frühpädagogik immer auch von gesamtgesellschaftlichen Entwicklungen beeinflusst waren. Gesellschaftliche Probleme wie Marginalisierung und Armut wurden in der Frühpädagogik aufgegriffen. Der Kindergarten diente auch zur Armutsbekämpfung. Auch rassistische Ideologien, Nationalismus, Krieg und die Reproduzierung sozialer Ungleichheit waren in der jeweiligen Epoche fester Bestandteil der Frühpädagogik. Die Aufmerksamkeit, die die Frühpädagogik in der jeweiligen Epoche bekam, war durchaus unterschiedlich und durch Ereignisse der jeweiligen Zeit bestimmt.
Der sogenannte „Sputnikschock" in den 1960er Jahren hatte auch Auswirkungen auf die Entwicklung und die Qualität in der Frühpädagogik (vgl. Jasus et al. 2008, S. 597). Ähnlich verhält es sich heute. Das schlechte Abschneiden Deutschlands in der Pisastudie hat dazu geführt, dass der Elementarbereich und die Qualität der Frühpädagogik in den Fokus der öffentlichen Aufmerksamkeit gerückt wurden. Die Diskussion über die Qualität des Elementarbereichs in Deutschland ist eng verknüpft mit der Frage nach der Qualität der Ausbildung und des Studiums des pädagogischen Personals. Deutschland ist eines der wenigen Länder Europas neben Österreich und Malta, dessen Fachpersonal für den Elementarbereich größtenteils nicht an Universitäten ausgebildet wird. Bei der Diskussion wird allerdings oft übersehen, dass sich auch die Teams im frühpädagogischen Bereich in anderen Ländern nicht nur aus akademisch ausgebildetem Fachpersonal zusammensetzen (vgl. Aktionsrat 2011, S. 44ff.).

3. Tageseinrichtungen für Kinder heute

Unter dem Oberbegriff „Tageseinrichtungen für Kinder" sind die außerfamiliären Betreuungformen wie Kinderkrippe, Kindergarten und Hort zusammengefasst. Der Kindergarten als eine dieser Betreuungsformen ist nicht Teil des Bildungssystems wie die Schule, sondern ist im Kinder- und Jugendhilfebereich angesiedelt (vgl. Koch 2010, S. 119). Dies basiert auf dem im vorherigen Kapitel erwähnten Beschluss im Reichswohlfahrtgesetz von 1922.

Der Kindergarten ist ein familienergänzendes Angebot. D.h. die erziehungsberechtigten Personen entscheiden, ob das Kind einen Kindergarten besucht oder nicht.

Die politische Debatte über den Elementarbereich wird aktuell durch den bereits beschlossenen und ab 2013 bestehenden Rechtsanspruch auf einen Krippenplatz dominiert. Dies hat zu einer massiven Veränderung im Arbeitsfeld geführt. So wird z.B. versucht, zusätzliche Betreuungsplätze durch den Ausbau der Tagespflege zu schaffen.

Ein Großteil der Kinder im Alter von zwei bis sechs Jahren besucht in Deutschland den Kindergarten. Dabei gibt es große Unterschiede zwischen den einzelnen Bundesländern. Die unterschiedliche Besuchsquote der Kindergärten in einzelnen Bundesländern wird besonders deutlich, wenn die Zahlen, bezogen auf Kinder mit Migrationshintergrund betrachtet werden. So gehen in Baden-Württemberg 94 Prozent der Kinder mit Migrationshintergrund in den Kindergarten. Bei den Kindern ohne Migrationshintergrund sind es 95 Prozent. In anderen Bundesländern, so zum Beispiel Schleswig-Holstein sind diese Zahlen extrem unterschiedlich. Hier besuchen im Jahr 2009 90,8 Prozent der Kinder ohne Migrationshintergrund, aber nur 68,7 Prozent der Kinder mit Migrationshintergrund den Kindergarten (vgl. Bock-Famulla / Große-Wöhrmann 2010, S. 13). Dies ist insofern von Interesse, weil sich nachweislich ein positiver Effekt durch den Besuch eines qualitativ guten Kindergartens auf den weiteren Bildungsverlauf bis in die Grundschulzeit hinein nachweisen lässt (vgl. Roßbach et al. 2007, Tietze 2010, Aktionsrat Bildung 2012, S. 22ff.).[1]

Inwieweit bereits im Kindergarten soziale Ungleichheit im Bildungssystem hergestellt wird, ist im deutschsprachigen Raum noch nicht ausreichend erfasst worden. Langzeitstudien aus dem anglo-amerikanischen Raum können allerdings nachweisen, dass eine qualitative gute Betreuungsform von Kindern im Vorschulbereich Bildungsbenachteiligung abschwächen kann (vgl. Blau / Curie 2004; Roßbach / Weinert 2007; Brandes et al. 2011, S. 25ff.).

---

1 Es wäre interessant herauszufinden, was Eltern in Schleswig Holstein davon abhält, ihre Kinder in einem Kindergarten anzumelden.

Es gibt sehr unterschiedliche Varianten von Kindergärten. So unterscheiden sich Kindergärten in der Konzeption, dem Träger, der Einrichtungsgröße, des Personalschlüssels, des Tagesablaufs, der Strukturierung, etc. (vgl. Erne-Herrmann 2008, S. 20ff.). Die Unterschiede lassen sich nicht nur zwischen einzelnen Einrichtungen finden, sondern auch darin, wie viel das einzelne Bundesland pro Kind (bis zehn Jahre) in außerschulische Betreuungsformen investiert. Hier ist zum Beispiel Niedersachsen das Bundesland, welches mit 1089 Euro im Jahr pro Kind am wenigsten investiert. Sachsen führt dagegen mit 2404 € pro Kind die bundesdeutsche Spitze an (vgl. Bock-Famulla / Große-Wöhrmann 2010, S. 15).[2]

Für alle Kindergärten verbindlich sind die rechtlichen Rahmenbedingungen, die im SGB VIII formuliert sind. Darüber hinaus gibt es noch viele Rechtsbereiche, die die Arbeit im Kindergarten direkt oder indirekt beeinflussen, so z.B. das Haushaltsrecht (vgl. Rauschenbach / Schilling 2006, S. 45).
Die Paragraphen 22-26 des SGB VIII regeln die wesentlichen Aspekte der Kindertagesbetreuung. Hier steht u.a.: „Tageseinrichtungen für Kinder sollen die Entwicklung eines Kindes zu einer eigenverantwortlichen und gemeinschaftsfähigen Persönlichkeit fördern, die Erziehung und Bildung in der Familie unterstützen und ergänzen, den Eltern dabei helfen, Erwerbstätigkeit und Kindererziehung besser miteinander vereinbaren zu können." (SGB VIII § 22)
Die Vereinbarkeit von Kinderbetreuung und Familie ist ein Punkt, der für öffentliche und private Arbeitgeber oft ausschlaggebend ist, sich in der Kinderbetreuung zu engagieren. Besonders die geringe Anzahl an Krippenplätzen und die Öffnungszeiten der Krippen sind für erwerbstätige Elternteile problematisch (vgl. Bock-Famulla / Große-Wöhrmann 2010, S. 6). So hat z.B. die Daimler AG firmeneigene Kinderkrippen gegründet und bietet eine Betreuung von 7.30 bis 18.00 Uhr an. Ziel ist es, hierdurch mehr Frauen mit Familien für die obere und mittlere Managementebene zu gewinnen. Die privaten und betrieblichen Träger der Tagesstätten für Kinder stellen immer noch einen verschwindend geringen Anteil gegenüber anderen Trägern dar. In Baden-Württemberg waren es nur 1 Prozent der Einrichtungen, die einem privaten Träger gehörten, in Niedersachen sogar nur 0,4 Prozent. Der deutlich größte Anteil der Einrichtungen wird von öffentlichen Trägern (in Baden-Württemberg 41,9 Prozent) und von gemeinnützigen Trägern (in Baden-Württemberg 57,1 Prozent) betrieben (vgl. Bock-Famulla / Große-Wöhrmann 2009, S. 31ff.).
Im Paragraph 22 ist außerdem der Auftrag der Kindergärten festgelegt. Er umfasst die Erziehung, Bildung und Betreuung des Kindes und soll sich auf dessen soziale, emotionale, körperliche und geistige Entwicklung beziehen. „Die Förderung soll sich am Alter und Entwicklungsstand, den sprachlichen und sonsti-

---

2 Die Unterschiede zwischen den einzelnen Bundesländern werden im nächsten Kapitel noch eine Rolle spielen.

gen Fähigkeiten, der Lebenssituation sowie den Interessen und Bedürfnissen des einzelnen Kindes orientieren und seine ethnische Herkunft berücksichtigen." (SGB VIII § 22)

Durch den Hinweis auf die Lebenssituation, die Bedürfnisse und die ethnische Herkunft ist diversitätsbewusstes Denken und Handeln des frühpädagogischen Personals rechtlich vorgeschrieben.

In Paragraph 22a wird festgelegt, dass Kindergärten ihre Arbeit evaluieren sollen, dass eine intensive Zusammenarbeit mit anderen Institutionen, so zum Beispiel der Schule, stattfinden soll, dass Erziehungsberechtigte in die Entscheidung im Kindergarten mit einbezogen werden sollen und dass Kinder mit und ohne Behinderung nach Möglichkeit gemeinsam in einer Einrichtung gefördert werden.

Behrer meint, dass mit diesen Regelungen auf der rechtlichen Ebene einer Reihe von Aspekten Rechnung getragen wurde, die in der Qualitätsdebatte der letzten Jahre thematisiert wurden. Im Jahr 2005 sind gleich zwei Gesetze (KICK, TAG) verabschiedet worden, die sich mit der Förderung der Kinder unter drei Jahren beschäftigen (vgl. Behrer 2006, S. 313f.). 2009 wurde zusätzlich das Kinderförderungsgesetz Kifög verabschiedet, welches auch positive Auswirkungen auf die Qualität im Elementarbereich haben sollte.

Die Qualitätsdebatte über frühkindliche Bildung hat die Kindergärten nachhaltig verändert. Durch unterschiedliche Ansätze ist versucht worden, kindliche Bildungsprozesse zu verstärken bzw. anzuregen. Im Raum Stuttgart ist dies in den Einrichtungen der Stadt und der kirchlichen Trägerschaft durch das Infanskonzept und die Bildungs- und Lerngeschichten des DJIs versucht worden (vgl. Neuß 2007). Beide Ansätze zeichnen sich dadurch aus, dass ein Schwerpunkt in der Beobachtung und Dokumentation von kindlichen Lernprozessen und von kindlichen Stärken und Fähigkeiten liegt. Diese Lernprozesse sollen so dokumentiert werden, dass sie Kolleginnen und Kollegen, Eltern und Kindern zugänglich gemacht werden können.

Der Diskurs über frühkindliche Bildung wird auf einer breiten Ebene geführt. Eine differenzierte Darstellung würde den Rahmen dieser Arbeit sprengen. Einige Eckpunkte dieses Diskurses sollen dennoch aufgezeigt werden.

So ist es mittlerweile Konsens in der Frühpädagogik, dass viele Bildungsprozesse durch Interaktion bei z.B. gemeinsamen Aktivitäten geschehen. Kinder handeln untereinander Wissen aus. Dieser Prozess wird als Ko-Konstruktion bezeichnet (vgl. Leawen 2002, S. 63).[3] Das kindliche Spiel erfährt eine besondere Beachtung. Pramling Samuelsson spricht in diesem Zusammenhang von dem spielend-lernenden Kind (vgl. Pramling Samuelsson 2009). Spielen und Lernen müssen aus ihrer Sicht immer zusammen gedacht werden. Die Bedeu-

---

3 In den Bildungs-und Lerngeschichten lassen sich mehrere Beispiele für Ko-Konstruktion finden (vgl. Leu et al. 2007).

tung des kindlichen Spiels für Lernprozesse wird durch Ergebnisse aus den Neurowissenschaften bestätigt (vgl. Zimpel 2011).

Dies soll aber nicht bedeuten, dass das Kind keine Anleitung durch Erwachsene braucht. Dem Erwachsenen kommt im Gegenteil in diesem Lernverständnis eine wichtige Rolle zu. So sieht Pramling Samuelsson als eines der wichtigsten Qualitätsmerkmale von Lernprozessen bei Kindern im sustained shared thinking. Damit ist gemeint, „dass Pädagoginnen und das Kind / die Kinder den gleichen Gegenstand zum Inhalt der Kommunikation und des Denkens machen." (Pramling Samuelsson 2009, S. 43) Empirisch wurden die positiven Effekte von sustained shared thinking auf den Entwicklungsverlauf von Kindern in der englischen Langzeitstudie EPPE nachgewiesen. Allerdings stellten die Forscher und Forscherinnen auch fest, dass sustained shared thinking in der Praxis selten vorkommt (vgl. Sylva et al. 2010).

Im hessischen Bildungsplan für die Altersgruppe von 0-10 Jahren wird explizit darauf hingewiesen, dass dem gemeinsamen Forschen und Entdecken von Kindern und erwachsenen Bezugspersonen viel Raum eingeräumt werden soll. Kinder sollen ihre Theorien und Sicht auf die Welt gemeinsam mit anderen Kindern und Erwachsenen diskutieren und weiter entwickeln (vgl. Hessisches Ministerium für Arbeit, Familie und Gesundheit 2011, S. 90).

Elmar Drieschner zeigt anhand von unterschiedlichen Studien der Bindungsforschung auf, dass exploratives Verhalten von Kindern auf eine sichere Bindung zu Bezugspersonen angewiesen ist (vgl. Drieschner 2011). Um diese herzustellen, bedarf es der Feinfühligkeit von erwachsenen Bezugspersonen. „Feinfühliges Verhalten gegenüber einem Kleinkind ist die Voraussetzung für den Aufbau einer emotional vertrauensvollen und tragfähigen Beziehung und beinhaltet, die Signale des Kleinkindes wahrzunehmen, richtig zu interpretieren und prompt sowie angemessen darauf zu reagieren." (Becker-Stoll 2009, S. 50)

Das hier aufgezeigte Lernverständnis von Kindern findet sich so oder ähnlich in den unterschiedlichen Bildungs- und Orientierungsplänen der einzelnen Bundesländer wieder. In den Bildungs- und Orientierungsplänen wurde versucht, Erkenntnisse aus dem wissenschaftlichen Diskurs über die Entwicklung und das Lernen von Kindern der Praxis zugänglich zu machen bzw. in der Praxis zu verankern. Dies ist den verschiedenen Bundesländern unterschiedlich gut gelungen. Die Entwicklung der Bildungspläne für den Elementarbereich in der BRD ist durch die Entwicklung in anderen Ländern beeinflusst (vgl. Fthenakis 2006, S. 77). So hat z.B. der neuseeländische Bildungsplan Te Whariki und der schwedische Bildungsplan den baden-württembergischen Orientierungsplan maßgeblich beeinflusst. Die Entwicklung und Implementierung von Bildungs- und Orientierungsplänen in der BRD ist als ein wichtiger Schritt in der qualitativen Verbesserung der Elementarpädagogik anzusehen.

Bildungs- und Orientierungspläne für den Elementarbereich können dabei helfen, „lokale Ungleichheiten in Bezug auf Bildungschancen zu vermeiden. Für die Fachkräfte sind Bildungspläne einerseits eine Orientierungshilfe für das eigene pädagogische Handeln, andererseits eine Verständigungsgrundlage zwischen Familie und Bildungsinstitution hinsichtlich gemeinsamer Bildungs- und Erziehungsziele und deren Umsetzung." (Nagel 2009, S. 13) Bildungs- und Orientierungspläne sind mittlerweile aus der frühpädagogischen Landschaft nicht mehr wegzudenken. Sie beeinflussen die pädagogische Arbeit im Elementarbereich nachhaltig. In einigen Bundesländern ist die Umsetzung des Bildungs- und Orientierungsplans verpflichtend, so zum Beispiel in Bayern. Wenn über die praktische Arbeit im Elementarbereich gesprochen wird, ist dies nicht möglich, ohne sich mit den Bildungs- und Orientierungsplänen des jeweiligen Bundeslandes zu beschäftigen. Umso erstaunlicher ist es, dass eine systematische Untersuchung zur Implementierung der Pläne im Elementarbereich bisher nicht stattfindet.

Nagel meint, dass ein Qualitätsmerkmal der Bildungs- und Orientierungspläne der positive Umgang mit Diversität ist. Unterschiede in Bezug auf Alter, Geschlecht, dem kulturellen und sozialen Hintergrund sowie besondere Bedürfnisse der Kinder werden genutzt, um gemeinsam mehr Lernerfahrungen zu erzielen (vgl. ebd., S. 19). Das vorher skizzierte Lernverständnis lebt von der heterogenen Zusammensetzung von Gruppen und der gleichberechtigten Teilhabe aller Kinder an den Lern- und Bildungsprozessen, denn nur in heterogenen Gruppen lassen sich unterschiedliche und zum Teil widersprüchliche Lernerfahrungen machen.

3.1 Diversität in den Bildungsplänen der einzelnen Bundesländer

Vielfalt wird in den einzelnen Bildungsplänen der Bundesländer unterschiedlich betont. In diesem Kapitel wird exemplarisch anhand einiger Bundesländer aufgezeigt, inwieweit Diversität in den Bildungsplänen für den Elementarbereich berücksichtigt wurde. Die Auswahl der Bildungs- und Orientierungspläne der Bundesländer fand nicht zufällig statt. Persönliche Erfahrungen haben eine Rolle gespielt. In Baden-Württemberg und Niedersachsen habe ich im frühpädagogischen Bereich gearbeitet. Der hessische Bildungsplan findet vielfach an den deutschen Auslandsschulen in Spanien und Portugal Verwendung und war somit Grundlage meiner Arbeit im Elementarbereich in Spanien. Sachsen als einziges ostdeutsches Bundesland wurde von mir gewählt, weil das ADB Sachsen gute Fortbildungsmaterialien für Erzieher und Erzieherinnen im Bereich der Antidiskriminierungspädagogik entwickelt hat (vgl. ADB Sachsen 2010).

3.1.1 Hessen

Eine Besonderheit des hessischen Bildungsplanes ist, dass nicht der Erwerb von Bildungsinhalten im Vordergrund steht, sondern die Entwicklung von Kompetenzen. Hier sind besonders die Basiskompetenzen genannt: individuumsbezogene Kompetenzen und Ressourcen, Kompetenzen zum Handeln im sozialen Kontext, lernmethodische Kompetenzen und ein kompetenter Umgang mit Veränderung und Belastung (Resilienz).

Der hessische Bildungsplan ist in seiner Erprobungsphase. Dies bedeutet, dass seine Umsetzung noch nicht gesetzlich vorgeschrieben ist.

Auf Diversität wird im hessischen Bildungsplan an unterschiedlichen Stellen eingegangen. So wird dort festgestellt, dass die gesellschaftlichen Bedingungen bzw. Veränderungen es notwendig machen, Bildungskonzepte zu entwickeln, „die auf soziale Phänomene wie Armut, soziale Ausgrenzung, Migration und Mobilität angemessen eingehen." (Hessisches Sozialministerium / Hessisches Kultusministerium 2011, S. 25)

Differenzlinien, die genannt werden, sind u.a. Geschlecht, Herkunft, Kultur, Religion und Entwicklungstempo. Diese Unterschiede sollen als Bereicherung für die gesamte Kindergruppe angesehen und uneingeschränkt anerkannt werden (vgl. ebd., S. 37). Der Heterogenität von Gruppen wird ein hoher Lerngewinn für die Gesamtgruppe zugesprochen. „Das Konzept der integrativen Bildung und Erziehung sieht vor, dass alle Kinder, d.h. deutsche Kinder, Kinder mit Migrationshintergrund, Kinder mit Behinderung, Kinder mit erhöhten Entwicklungsrisiken und Kinder mit besonderen Begabungen, nach Möglichkeit dieselbe Bildungseinrichtung besuchen und gemeinsames Leben und Lernen erfahren." (ebd., S. 38)

Darüber hinaus sollen Kinder dabei unterstützt werden, kulturelle Aufgeschlossenheit, Neugier und Fremdheitskompetenz zu entwickeln, damit sie sich in einer zunehmend globalisierenden Welt zurechtfinden können.

Ein weiteres Ziel ist, dass Kinder „Diskriminierung, Fremdenfeindlichkeit oder Rassismus (einschließlich der subtileren Formen) erkennen und bekämpfen lernen." (ebd., S. 54) Hier lassen sich Parallelen zu dem dritten und vierten Ziel des Anti-Bias-Ansatzes erkennen. Im hessischen Bildungsplan werden auch konkrete Vorschläge zum Empowerment von Kindern gemacht.

3.1.2 Baden-Württemberg

Die Entwicklung des Orientierungsplans Baden-Württembergs sollte bis Mitte 2011 abgeschlossen sein. Das Ziel war, einige Inhalte des Orientierungsplans BW verpflichtend festzulegen. Eine Einigung hierüber ist aber bis Herbst 2012 noch nicht erfolgt, da u.a. nicht klar ist, wer die Weiterbildungs- und Fortbildungskosten für das pädagogische Personal in frühpädagogischen Einrichtungen übernehmen soll.

Der Orientierungsplan ist so abgefasst, dass er sich auch an Eltern richtet und Eltern somit die Qualität der Angebote im Elementarbereich überprüfen können.

Es wird betont, dass Partizipation, Inklusion und die wertschätzende Anerkennung von Unterschiedlichkeit zu den Grundprinzipien des Orientierungsplans gehören (vgl. Ministerium für Kulturs, Jugend und Sport Baden-Württemberg 2011, S. 7). Differenzlinien werden im Orientierungsplan unter den Überschriften Jungen und Mädchen, unterschiedliche kulturelle Erfahrungen, Kinder mit besonderem Unterstützungsbedarf und dem Entwicklungs-Bildungsfeld Sinn, Werte und Religion zusammengefasst.

Jungen und Mädchen
Unter der Überschrift „Jungen und Mädchen" wird ein differenzierter Blick auf Jungen und Mädchen vorgenommen. Kinder sollen bei der Entwicklung ihrer eigenen Geschlechtsidentität unterstützt werden (vgl. Ministerium für Kulturs, Jugend und Sport Baden-Württemberg 2011, S. 14). Erzieher und Erzieherinnen werden angehalten ihre eigenen Rollenvorstellungen zu reflektieren.

Unterschiedliche kulturelle Erfahrungen
Unterschiedliche kulturelle Erfahrungen und Lebensbedingungen von Kindern sollen in Tagesstätten für Kinder berücksichtigt und aufgegriffen werden. Vielfalt und Verschiedenheit werden als Herausforderung und Chance für gemeinsames Spielen und Lernen wahrgenommen. Dies erfordert auch, dass sich das pädagogische Fachpersonal mit den eigenen Sichtweisen, Einstellungen, Vorurteilen, Ängsten und Rahmenbedingungen kritisch auseinandersetzt. (vgl. ebd., S. 14)

Kinder mit besonderem Unterstützungsbedarf
Unter Kindern mit besonderem Unterstützungsbedarf werden diejenigen verstanden, die „(...) von sozial benachteiligenden Strukturen wie Armut, Arbeitslosigkeit betroffen sind. Migration ist oftmals auch ein sozial benachteiligender Faktor. Auch Kinder mit Behinderungen, hochbegabte Kinder, Kinder, die an chronischen Erkrankungen leiden, herausfordernde Verhaltensweisen oder sozial-emotionale Probleme entwickelt haben, benötigen in der Regel eine besondere Unterstützung." (vgl. ebd., S. 15)
Das Thema Kinder mit Behinderung / Beeinträchtigungen ist im Orientierungsplan an mehreren Stellen zusätzlich genannt worden. Es bekommt eine besondere Gewichtung und wird als Querschnittsaufgabe verstanden.
Anders verhält es sich bei dem Thema Armut, dieses Thema ist im Vergleich zu anderen Differenzlinien eher randständig behandelt worden.[4]

---

4 Auch in der vorherigen Fassung des Orientierungsplanes von 2006 ist das Thema Armut nur punktuell im Orientierungsplan zu finden.

Weitere Differenzlinien, auf die im Orientierungsplan verwiesen wird, sind der unterschiedliche Entwicklungsstand von Kindern (vgl. ebd. S. 16, S. 44), Mehrsprachigkeit (vgl. ebd., S. 36f.), Religion (vgl. ebd., S. 44ff.) und Hautfarbe (vgl. ebd., S. 31).

Der Orientierungsplan ist so aufgebaut, dass im ersten Teil eine theoretische Auseinandersetzung mit unterschiedlichen Aspekten der Frühpädagogik stattfindet und im zweiten Teil Reflexionsfragen zur eigenen Arbeitspraxis gestellt werden. Während im ersten Teil des Orientierungsplans Diversität einen breiten Fokus bekommt, wird im zweiten Teil diversitätsbewusstes Denken und Handeln nur punktuell berücksichtigt. Dies ist bedauerlich, weil gerade der zweite Teil mit den Reflexionsfragen für die praktische Arbeit von besonderer Bedeutung ist und einen kritischen Blick auf die Handlungspraxis von Erziehern und Erzieherinnen ermöglicht.

3.1.3 Niedersachsen

Die Umsetzung des niedersächsischen Orientierungsplans ist nicht verbindlich festgelegt. Im Vorwort wird ausdrücklich darauf hingewiesen, dass die Umsetzung nur schrittweise und ohne finanzielle Mehrbelastung erfolgen soll (vgl. Niedersächsisches Kultusministerium 2005, S. 4).

In dem Orientierungsplan Niedersachsens werden im ersten Teil die Grundlagen und das Bildungsverständnis erläutert. Im weiteren Verlauf werden die Lern- und Erfahrungsbereiche vorgestellt. Zu jedem Lern- und Erfahrungsbereich gibt es anschließend einige Reflexionsfragen um zu überprüfen, inwieweit der einzelne Lernbereich in der Tagesstätte umgesetzt wurde. Weitere Teile beschäftigen sich mit methodischen Aspekten der Erziehungspartnerschaft, Qualitätskriterien, sowie der Zusammenarbeit mit der Grundschule. Der Orientierungsplan Niedersachsens fällt im Vergleich zu den anderen Orientierungsplänen durch eine relativ geringe Seitenzahl auf, was erst einmal positiv zu bewerten ist. Ein Bildungsplan mit einem umfangreichen Text kann zwar sehr informativ sein, aber bei den Bildungs- und Orientierungsplänen handelt es sich um Curricula für den Elementarbereich und nicht um ein weiteres neues Fachbuch zur Frühpädagogik.

In Tageseinrichtungen für Kinder sollen demokratische Grundwerte, wie Achtung der Menschenwürde, Toleranz, Chancengleichheit und Solidarität erfahrbar werden (vgl. ebd., S. 10). Die Bedeutung von Ko-Konstruktion bei Bildungsprozessen von Kindern wird, wie in anderen Bildungs- und Orientierungsplänen auch, betont.

Verschiedene Differenzlinien, die genannt werden sind: Soziale und nationale Herkunft, Behinderung, „Kinder aus schwierigen sozialen Verhältnissen" (vgl.

Niedersächsisches Kultusministerium 2005, S. 11), Mädchen und Jungen, unterschiedliche Interessen, Mehrsprachigkeit und Alter. Die einzelnen Differenzlinien werden nicht, wie in den anderen vorgestellten Bildungs- und Orientierungsplänen, in einem eigenen Kapitel beschrieben, sondern in den einzelnen Lernbereichen und Erfahrungsfeldern an unterschiedlichen Stellen genannt. Das Thema Mehrsprachigkeit bekommt in dem niedersächsischen Orientierungsplan eine besondere Gewichtung. Es wird die Bedeutung von Sprache und Identität betont (vgl. ebd., S. 17, 20). Gefordert wird, dass Eltern einer anderen Erstsprache aktiv an der Gestaltung des Kindergartenalltags teilnehmen sollen. Die Erzieher und Erzieherinnen sollen den Eltern mit nicht ausreichenden Deutschkenntnissen, alle Informationen und das pädagogische Konzept in der jeweiligen Sprache zugänglich machen (vgl. Niedersächsisches Kultusministerium 2005, S. 43). Der niedersächsische Orientierungsplan weist explizit auf die Förderung von Mehrsprachigkeit durch Regionalsprachen z.B. Plattdeutsch hin (vgl. ebd. S. 20).

Zusammenfassend kann gesagt werden, dass die Differenzlinie mit der größten Gewichtung im niedersächsischen Orientierungsplan die Sprache ist. Hier finden sich progressive Anregungen zum Umgang mit Mehrsprachigkeit. Die anderen Differenzlinien werden, wie z.B. Armut, nur in der Einleitung erwähnt, spielen aber im weiteren Orientierungsplan kaum eine Rolle. Das Thema Junge und Mädchen ist sehr kurz abgehandelt worden. Herkunft, Kultur und Migrationshintergrund werden synonym verwendet. Es finden sich kaum Anregungen für die praktische Arbeit in Bezug auf Herkunft, Kultur und Migrationshintergrund. Interkulturelle Aspekte außerhalb von Sprache werden im Orientierungsplan stark vernachlässigt. Wenn sie aufgegriffen werden, lässt sich eine begegnungsorientierte Perspektive erkennen (vgl. ebd., S. 27).

3.1.4 Sachsen

Der sächsische Bildungsplan richtet sich an unterschiedliche Einrichtungen für Kinder im Alter von 0-10 Jahren. Im sächsischen Bildungsplan werden verschiedene Bildungsbereiche abgehandelt. Die Bildungsbereiche entsprechen dem ganzheitlichen Bildungsverständnis des sächsischen Bildungsplanes. Die Bildungsbereiche sind somatische Bildung, soziale Bildung, kommunikative Bildung, ästhetische Bildung, naturwissenschaftliche Bildung, mathematische Bildung.
Auf den ersten Seiten (Kapitel Grundlagen) wird auf Verständnis von Diversity hingewiesen: „Kinder wachsen heute unter sehr unterschiedlichen Bedingungen auf, Vielfalt und Heterogenität müssen deshalb stärker denn je in den Fokus der Aufmerksamkeit rücken." (Sächsisches Staatsministerium für Soziales 2007, S. 2)

Die Differenzlinien, die im sächsischen Bildungsplan genannt werden, sind Geschlecht, Alter, soziale, religiöse, ethnische und kulturelle Herkunft, psychische und physische Besonderheiten, biografische Erfahrungen (vgl. ebd., S. 5). Im sächsischen Bildungsplan wird nicht nur dafür plädiert, dass eine Begegnung zwischen Kindern aus verschiedenen Lebenswelten ermöglicht werden soll, sondern es werden auch unterschiedliche Möglichkeiten von Kindern zur gesellschaftlichen Teilhabe angesprochen. So sollen pädagogische Angebote von Erziehern und Erzieherinnen so angelegt sein, dass sie für heterogene Lerngruppen geeignet sind (vgl. Sächsisches Staatsministerium für Soziales 2007, S. 8).

Differenzlinien werden nicht als voneinander getrennte Einheiten gedacht, sondern in ihrer Verschränkung wahrgenommen: „Es ist notwendig, das Mädchen oder den Jungen in der gesamten Lebenslage zu sehen: In der Familie, im Wohnumfeld, in der Stellung der Geschwisterreihe oder zu den Großeltern, in einer Stadt oder auf dem Land aufwachsend, sich in einem Land fremd fühlen – also in der Vielgestaltigkeit des sozialen und kulturellen Umfeldes." (vgl. ebd., S. 12)

Die diversitätsbewusste Sichtweise, die in den ersten Seiten des sächsischen Bildungsplanes entworfen wird, kommt in den einzelnen Bildungsbereichen, also in dem Bereich, indem es um die praktische Umsetzung geht, kaum noch zur Geltung. Wenn auf Diversität eingegangen wird, dann oft unter dem Aspekt einer Begegnungsorientierung.[5] Sozialkritische Aspekte lassen sich hier kaum finden. Die einzige Ausnahme lässt sich im Bereich somatische Bildung finden. In diesem Bereich wird auf unterschiedliche Geschlechterrollen, sexuelle Orientierungen und Transsexualität verwiesen (vgl. ebd. S. 5). Der sächsische Bildungsplan ist der einzige der hier dargestellten vier Bildungspläne, der auf die Differenzlinie sexuelle Orientierung eingeht.

3.1.5 Zusammenfassung

In den einzelnen Bildungs- Orientierungsplänen werden verschiedene Differenzlinien genannt und in ihrer Verschränkung gedacht. Besondere Beachtung finden hier die Differenzlinien Kultur, Gender, Herkunft, Sprache, Religion, Behinderungen / Beeinträchtigungen und Armut.

Die Gewichtung der einzelnen Differenzlinien variiert je nach Bundesland. So bekommt Mehrsprachigkeit in dem niedersächsischen Bildungsplan eine besondere Gewichtung (vgl. Niedersächsisches Kultusministerium 2005), während Behinderungen / Beeinträchtigungen in dem baden-württembergischen Orientierungsplan besonders hervorgehoben wurden (vgl. Ministerium für

---

5 Vgl. Bildungsbereich soziale Bildung S. 7; Bildungsbereich kommunikative Bildung S. 6ff.

Kultur, Jugend und Sport Baden-Württemberg 2011). In den Bildungsplänen lassen sich aber auch implizite Normalitätsvorstellungen finden. Abweichungen werden oft erst als Differenz wahrgenommen und hergestellt. Dieses Vorgehen findet sich in unterschiedlicher Ausprägung in den vier Orientierungs- und Bildungsplänen wieder.

Heterogenität wird in allen Bildungsplänen positiv bewertet und es wird betont, dass von heterogen zusammengesetzten Gruppen alle Kinder profitieren können.

3.2 Ausbildung zum Erzieher und zur Erzieherin

Die größte Berufsgruppe, die in dem Arbeitsfeld der Tageseinrichtungen für Kinder und hier besonders im Kindergarten, arbeitet, sind Erzieher und Erzieherinnen. Im Jahr 2010 waren es 71,7 Prozent des in frühpädagogischen Einrichtungen tätigen Personals (vgl. Aktionsrat Bildung 2012, S. 27).[6] Die Entwicklung und die Qualität der Arbeit im Elementarbereich ist eng verknüpft mit der Frage nach der Qualität der Ausbildung des Fachpersonals, welches dort arbeitet. In der Geschichte des Kindergartens spielte die Ausbildung des Fachpersonals oft eine große Rolle und je nach gesellschaftlicher Entwicklung ging es hierbei auch immer wieder um die Frage nach der Art und ausreichenden Qualifizierung für die Arbeit mit jungen Kindern. Daher lohnt es sich, die Ausbildung zur Erzieherin / zum Erzieher genauer zu betrachten.

Die derzeitige Ausbildung zur staatlich anerkannten Erzieherin / zum staatlich anerkannten Erzieher ist nicht einheitlich geregelt, sondern den einzelnen Bundesländern überlassen. Grundlage für die Ausbildung sind die von der Kultusministerkonferenz erlassenen Rahmenvereinbarungen (vgl. KMK 2002). Darin wird z.B. festgelegt, dass die Ausbildung zur Erzieherin / zum Erzieher an Fachschulen erfolgen soll.

Die Zugangsvoraussetzung für die Ausbildung ist normalerweise die Mittlere Reife (aber auch in einigen Fällen Abitur, Fachabitur, Kinderpflegerinnen- und Kinderpflegerausbildung / Ausbildung zur Sozialassistentin und Sozialassistenten etc.).

In Baden-Württemberg müssen die Schülerinnen und Schüler ein einjähriges Berufskolleg, in dem ein ca. viermonatiges Praktikum eingebettet ist, absolvieren. Erst nach einem erfolgreichen Abschluss dieses Berufskollegs (der Durchschnitt der Praxisnote darf nicht schlechter als 3,0 sein) werden die Schüler und Schülerinnen an der Fachschule angenommen (vgl. Ministerium für Kultus, Jugend und Sport BW 2006). Die Ausbildung in der Fachschule dauert dann zwei Jahre und endet nach einem einjährigen Berufspraktikum. In Baden-

---

6 Nur 3,5 Prozent des im Elementarbereich tätigen Personals ist akademisch ausgebildet.

Württemberg findet die Ausbildung zur Erzieherin / zum Erzieher an insgesamt 64 Fachschulen statt.

Anders ist das z.B. in Niedersachsen. Hier müssen die Schülerinnen und Schüler erst eine Ausbildung zur staatlich geprüften Sozialassistentin / Sozialassistenten machen. Nach dieser Ausbildung gehen sie zwei Jahre zur Fachschule. Mit dem Abschluss zur staatlich anerkannten Erzieherin / zum staatlich anerkannten Erzieher erwirbt man in Niedersachsen eine Hochschulzugangsberechtigung für bestimmte Studiengänge. In Niedersachsen gibt es 53 Fachschulen für Sozialpädagogik (vgl. www.weiterbildungsinitiative.de / 2009).

Eine abgeschlossene Ausbildung zur Sozialassistentin / Sozialassistenten oder einen gleichwertigen Abschluss als Zugangsvoraussetzung für die Erzieher- und Erzieherinnenausbildung verlangen auch Hessen und Sachsen. In den Bundesländern Niedersachsen, Hessen und Sachsen dauert die gesamte Ausbildung 4 Jahre. Eine Besonderheit ist, dass Niedersachsen kein Berufspraktikum mehr verlangt, sondern das Berufspraktikum in die Ausbildung integriert ist.

Das einzige Bundesland, welches als Zugangsvoraussetzung für die Erzieher- und Erzieherinnenausbildung einen höheren Schulabschluss verlangt, ist Berlin. Hier müssen Erzieher und Erzieherinnen mindestens eine Fachhochschulreife haben.[7]

Bei der Erzieher- und Erzieherinnenausbildung handelt es sich um eine Breitbandausbildung, also um eine Ausbildung, die die Arbeit in verschiedenen sozialpädagogischen Arbeitsbereichen ermöglicht wie z.B. Kinderkrippen, Kindertagesstätten, Heimen, Horten, Jugendzentren, Aktivspielplätzen, Jugendfarmen etc.

Anzumerken ist, dass die Erzieher- und Erzieherinnenausbildung zwar als eine Breitbandausbildung gedacht ist, Erzieher und Erzieherinnen aber hauptsächlich im Elementarbereich arbeiten. Aus der Wissenschaft werden die Stimmen immer lauter, die fordern, dass die Altersgruppe der 0-6 Jährigen Schwerpunkt in der Ausbildung zum Erzieher und der Erzieherin sein sollten (vgl. Aktionsrat Bildung 2012, S. 71).

3.2.1 Entwicklungen im Arbeitsfeld

Während Fthenakis noch im Jahr 2000 die Erzieher- und Erzieherinnenausbildung als das „vergessene Kind" der Bildungsreform bezeichnete (König / Pasternack 2008, S. 40), kann man heute sagen, dass die Diskussion über die Erzieher- und Erzieherinnenausbildung auf einer breiten gesellschaftlichen Ebene

---

7 Es gibt in Berlin allerdings auch Ausnahmeregelungen. So ersetzt z.B. die Führung eines Haushalts mit pflege- und erziehungsbedürftigen Personen die Fachhochschulreife.

geführt wird.[8] Vielfach wird hier ein defizitäres Bild der Ausbildung und des Erzieher und Erzieherinnenberufs gezeichnet. So äußert sich der Vorsitzende der GEW Nobert Hocke über die Ausbildung an den Fachschulen: „Der handlungsorientierte Ansatz, mit dem Fachschulen die Ausbildung bisher durchführen, wird den Bildungsanforderungen, die an die Kinder und Jugendlichen gestellt werden, nicht mehr gerecht. Wir müssen eine wissenschaftsorientierte Ausbildung für die Zukunft planen." (Hocke 2007)

Die von Hocke geäußerte Kritik an der Erzieher- und Erzieherinnenausbildung verhallt allerdings vor den aktuellen Problemen die es im Arbeitsfeld durch den Rechtsanspruch auf einen Betreuungsplatz für die Kinder unter drei Jahren geben wird. Das gesteckte Ziel hierbei ist, bis 2013 bundesweit für 35 Prozent der unter Dreijährigen Kinder einen Krippenplatz zu schaffen (vgl. Rauschbach / Schelling 2010, S. 8). Es werden in den nächsten Jahren durch den Ausbau der Krippenplätze neue Fachkräfte gebraucht. Je nach Schätzung wird bis 2013 der Personalbedarf die derzeitige Ausbildungskapazität um 21.000 Vollzeitstellen überschreiten (vgl. Aktionsrat Bildung 2012, S. 33).

Die Hochschulen besitzen bei weitem nicht die Kapazitäten so viel pädagogisches Personal auszubilden (vgl. Rauschenbach 2009). Im Jahr 2010 gab es 66 Fachhochschulen und Hochschulen, die Studiengänge im Bereich der Frühpädagogik anbieten (vgl. http://www.fruehpaedagogik-studieren.de/2010). Im Vergleich dazu gibt es 423 Fachschulen für Sozialpädagogik bzw. Ausbildungsgänge zur Erzieherin / zum Erzieher.

Das heißt, dass die Qualifizierung des Personals auch weiterhin an Fachschulen stattfinden wird,[9] auch wenn die Forderungen nach einer Akademisierung der Ausbildung zur Erzieherin / zum Erzieher durchaus berechtigt sind.

Erzieher und Erzieherinnen werden somit auch in den nächsten Jahrzehnten die größte Berufsgruppe im Elementarbereich bleiben. Im Kontext meiner Fragestellung ist es daher wichtig, welche Rollen diversitätsbewusstes Denken und Handeln in der Ausbildung zur staatlich anerkannten Erzieherin / zum staatlich anerkannten Erzieher spielen.

---

8 So fördern Wirtschaftsunternehmen in den letzten Jahren vermehrt Projekte im frühpädagogischen Bereich z.B. WIFF, PIK, Sternchenkrippen etc. Die Robert Bosch Stiftung begründet ihr Engagement im frühpädagogischen Bereich so: „Ziel ist es, durch die Entwicklung neuer Aus- und Weiterbildungsangebote einen Qualitätsschub für das gesamte System der frühkindlichen Betreuung, Bildung und Erziehung zwischen 0 und 10 Jahren zu erreichen." (Robert Bosch Stiftung 2009)

9 Die Jugendministerkonferenz verfasste 2005 ein Positionspapier, in dem u.a. steht: „Die Jugendministerkonferenz geht davon aus, dass die Fachschul- bzw. Fachakademieausbildung noch für viele Jahre vorherrschend sein wird." (Jugendministerkonferenz 2005, S. 2).

3.3 Diversitätsbewusstes Denken und Handeln in den Lehrplänen von Fachschulen für Sozialpädagogik

Um der Frage nachzugehen, welchen Stellenwert diversitätsbewusstes Denken und Handeln in der Ausbildung zur Erzieherin / zum Erzieher hat, sind im Folgenden die Lehrpläne der Bundesländer Hessen, Baden-Württemberg, Niedersachsen und Sachsen nach ihren Aussagen zu Diversität durchsucht worden. Es versteht sich von selbst, dass der Lehrplan eines Bundeslandes nur eine ungefähre Auskunft darüber geben kann, wie die einzelnen Fachschulen mit dem Thema Diversität umgehen. Besonders nichtstaatliche Fachschulen haben bei der Umsetzung des offiziellen Lehrplans in das schulinterne Curriculum Freiheiten. Ausbildungsqualität ist also nicht mit der Qualität des Lehrplans gleichzusetzen. Allerdings bildet der Lehrplan den rechtlichen Rahmen für die Ausbildung und hat somit Einfluss darauf, wie Diversität in der Ausbildung zur Erzieherin / zum Erzieher verankert ist. Darüber hinaus wird sichtbar, welche Konzepte bzw. Vorstellungen von Diversität sich in dem jeweiligen Lehrplan durchgesetzt haben und somit als rechtliche Grundlage für die Ausbildung festgeschrieben wurde.

3.3.1 Hessen

Im hessischen Lehrplan wird in dem Lernbereich: „Sozialpädagogische Theorien und sozialpädagogische Praxis" der Lebensweltbegriff eingeführt. Im Lebensweltbegriff ist immer auch eine Auseinandersetzung mit verschiedenen Differenzlinien enthalten. Allerdings nennt der hessische Lehrplan an dieser Stelle explizit keine Differenzlinien.

Es gibt in Hessen besondere Lehrpläne für die Wahlpflichtfächer. Durch die Wahlpflichtfächer können Schüler und Schülerinnen eigene Schwerpunkte der Ausbildung festlegen, so z.B. den Schwerpunkt „Arbeit mit Menschen mit Behinderungen" oder „interkulturelles Lernen". Ein Ziel in dem Wahlpflichtfach „interkulturelles Lernen" ist z.B., dass sich die Fachschülerinnen und Schüler im Unterricht damit auseinandersetzen, wie sie Kindern Hilfestellung bei der Entwicklung interkultureller Identität geben können. Wie sich dies konkret in der Handlungspraxis von Erziehern und Erzieherinnen zeigen soll, bleibt unklar. Positiv anzumerken ist, dass in dem Lehrplan ein dynamischer Identitätsbegriff verwendet wird. In diesem Wahlpflichtfach wird auch auf Empowerment hingewiesen. Ein Erziehungsziel soll sein: „die Vermittlung der notwendigen Kompetenzen, die einen Menschen befähigen, sich in der dominierenden Kultur selbstsicher zu bewegen." (Hessisches Kultusministerium 2006, S. 2) Auch Asymmetrien von Machtbeziehung werden in diesem Wahlpflichtfach behandelt.

In einem Lernfeld (Unterrichtsthema) aus dem Pflichtunterricht findet eine Auseinandersetzung damit statt, wie Kinder Vorurteile und Stereotype entwickeln und was dies für das pädagogische Handeln im Elementarbereich bedeutet. Es gibt Verschränkung in diesem Lernfeld mit den Differenzlinien Behinderung, sozialökonomischer Status, Religion (vgl. ebd., S. 3ff. / 20). In diesem Lernfeld findet auch eine Berücksichtigung der unterschiedlichen Ebenen (Mehrebenenmodell) statt. So sollen politische Diskurse und rechtlichen Bedingungen im Unterricht behandelt werden.

Überraschend ist, dass sich in dem mir vorliegenden Lehrplan kaum Hinweise darauf finden lassen, wie das Thema Gender in der Ausbildung aufgegriffen wird.

Dort wo Diversität im Lehrplan berücksichtigt wurde, findet dies in einer nicht-determinierenden Weise statt.

Es lässt sich allerdings auch feststellen, dass der Bildungsplan für die Null- bis Zehnjährigen in Hessen sehr viel differenzierter diversitätsbewusstes Denken und Handeln verankert hat, als dies im Lehrplan für die Ausbildung zur Erzieherin / zum Erzieher in Hessen stattfindet. Es gibt hier eindeutige Qualitätsunterschiede. Dies ist nicht unproblematisch, da in der Arbeitspraxis in Tagesstätten für Kinder mehr Kompetenzen und Wissen in Bezug auf diversitätsbewusstes Denken und Handeln von Fachkräften verlangt wird, als diese nach der Ausbildungsordnung für Fachschulen vorgesehen ist.

3.3.2 Baden-Württemberg

In dem Lehrplan für die Erzieher- und Erzieherinnenausbildung in Baden-Württemberg lässt sich in verschiedenen Lernfeldern das Thema Diversität erkennen. Der Lehrplan für die Erzieher- und Erzieherinnenausbildung in Baden-Württemberg hat ein eigenes Handlungsfeld mit dem Titel: „Unterschiedlichkeit und Vielfalt leben". In der Einleitung zu diesem Handlungsfeld ist zu lesen, dass Schülerinnen und Schüler an eine inklusive Pädagogik herangeführt werden sollen. Die Schülerinnen und Schüler sollen erfahren, dass sich erzieherisches Handeln im Spannungsverhältnis zwischen Gleichheit und Differenz bewegt. Gleichheit in Bezug auf gleiche Rechte von Kindern und Differenz in Bezug auf die Einzigartigkeit und Verschiedenheit der Lebens- und Lernwege. Darüber hinaus setzen sich Schüler und Schülerinnen mit den Dimensionen von Vielfalt (Differenzlinien) auseinander und können diese respektvoll beschreiben und kommunizieren (vgl. Ministerium für Kultus, Jugend und Sport Baden-Württemberg 2010, S. 2).

Einzelne Lernfelder dieses Handlungsfelds sind:

- Soziale Konstruktionen der Unterschiede zwischen Menschen erkennen,
- Sozial-ökonomische Differenziertheit beachten,
- Gender-Mainstreaming umsetzen,
- Kulturelle Gemeinsamkeiten und Unterschiede verstehen und wertschätzen,

- Kinder und Jugendliche mit besonderen Bedürfnissen in körperlichen, geistigen und sozial-emotionalen Entwicklungsbereichen begleiten.

Die Stichworte, die sich im Lernplan unter den einzelnen Lernfeldern finden, signalisieren ein differenziertes Verständnis von diversitätsbewusstem Denken und Handeln der Verfasserinnen und Verfasser des Lehrplans. Hier wird z.B. festgeschrieben, dass sich die Schüler und Schülerinnen in ihrer Ausbildung mit dem Konzept des doing gender und dem Anti-bias-Ansatz auseinandersetzen sollen.

Durch die Kombination einerseits sensibilisierender Elemente in Bezug auf soziale Ungleichheit und andererseits pädagogischer Handlungsmöglichkeiten, wie z.b. Empowerment, werden unterschiedliche Aspekte einer Diversitätsthematik in der Ausbildung aufgegriffen. Dies zeigt sich auch in dem Lernfeld Armut von Kindern. Armut von Kindern wird im Zusammenhang mit dem Thema Resilienz und Resilienzförderung diskutiert. Durch ein solches Vorgehen wird die Ressourcenorientierung stärker in den Fokus der Aufmerksamkeit gerückt.

Differenzlinien werden in ihrer Verschränktheit gedacht und nicht als Einzelne voneinander getrennte Elemente. Dies zeigt sich besonders im Lernfeld soziale Konstruktion von Unterschieden.

Trotz der Ansätze im Lehrplan könnten an einigen Stellen noch Ergänzungen gemacht werden. So ist das Thema unterschiedliche sexuelle Orientierung im Lehrplan nicht berücksichtigt worden. Auch das Thema Adultismus, ein für Erzieher und Erzieherinnen sehr wichtiges Thema, fehlt.

Es lassen sich Parallelen zwischen dem im Orientierungsplan verwendeten Diversitätsbegriff und dem im Lehrplan enthaltenen Begriff erkennen. Die Ansprüche, die an Erzieher und Erzieherinnen in Bezug auf Diversitätsbewusstsein im Orientierungsplan gestellt sind, decken sich mit den Ausbildungsinhalten im Lehrplan.

3.3.3 Niedersachsen

In dem Lehrplan für Fachschulen der Sozialpädagogik des Bundeslandes Niedersachsen ist in dem Lernfeld „Mit Kindern und Jugendlichen Lebenswelten strukturieren und mitgestalten", eine Auseinandersetzung mit unterschiedlichen Lebenswelten vorgesehen. Die Schüler und Schülerinnen sollen hier lernen, unterschiedliche Lebenswelten von Kindern und Jugendlichen zu analysieren und in der alltäglichen Arbeit aufzugreifen bzw. zu berücksichtigen. In den Literaturempfehlungen zu diesem Lernfeld finden sich Bücher, die auf die Genderperspektive und interkulturelles Lernen eingehen.

Das Lernfeld „Bildungs- und Entwicklungsprozesse erkennen, anregen und unterstützen"[10] beschäftigt sich hauptsächlich mit dem Thema Sprachförderung. Darüber hinaus wird in dem Lernfeld gefordert, dass Erzieher und Erzieherinnen sich damit auseinandersetzen, wie sie differenzierte Angebote zum interkulturellen Lernen machen können. Dieser Punkt wird allerdings im weiteren Verlauf nicht weiter aufgegriffen. In diesem Lernfeld wird auch auf die Differenzlinie Alter und unterschiedliche Fähigkeiten eingegangen. Etikettierungsprozesse werden problematisiert (vgl. niedersächsisches Kultusministerium 2002, S. 20ff.).

Das Lernfeld, welches sich eigentlich mit diversitätsbewusstem Denken und Handeln beschäftigt, ist das Lernfeld: „Kinder und Jugendliche in besonderen Lebenssituationen erziehen, bilden und betreuen".[11] Bereits in der Einleitung zu diesem Lernfeld wird erläutert, warum dieses Lernfeld wichtig ist: „Erzieherinnen und Erzieher begegnen in unterschiedlichen Arbeitsfeldern Kindern und Jugendlichen, deren Entwicklung durch Beeinträchtigungen oder besondere Lebensumstände erschwert ist." (Niedersächsisches Kultusministerium 2002, S. 28) In diesem Lernfeld sollen zukünftige Erzieher und Erzieherinnen sich mit dem Normenbegriff kritisch auseinandersetzen. Eigene Ängste gegenüber Menschen mit Behinderung sollen abgebaut werden. In der weiteren Erläuterung dieses Lernfeldes wird deutlich, dass auch das Thema Migration diesem Lernfeld zugeordnet ist. „Dabei berücksichtigen sie (Anmerk.: die Fachschülerinnen und Schüler) Fachkenntnisse über Krisen, Auffälligkeiten, Störungsbilder und institutionsspezifische Rahmenbedingungen unterschiedlicher sozialpädagogischer Arbeitsfelder, z. B. in der Heimerziehung oder der Arbeit mit Migrantinnen und Migranten." (ebd., S. 28) In diesem Lernfeld wird auch an einer weiteren Stelle Migration mit Auffälligkeit und Störung gleichgesetzt. So ist unter dem Lerninhalt „Auffälligkeiten und Störungen des Verhaltens und Erlebens von Kindern und Jugendlichen" der erste Unterpunkt, dass sich Fachschülerinnen und Schüler mit den besonderen Lebenssituationen und deren Einfluss auf die Entwicklung von Migrantenfamilien auseinandersetzen sollen. Die weiteren Unterpunkte unter dieser Überschrift sind z.B. ausgewählte „Störungsbilder und Entwicklungsabweichungen" (vgl. ebd., S. 29).
Diese Gleichsetzung von Migration mit Störungsbildern, erinnert an überholte Diskussionen aus der „Ausländerpädagogik" Anfang der 70er und 80er Jahre.
Da der niedersächsische Orientierungsplan für den Elementarbereich Diversität oft nur nennt, aber im Ganzen wenig konkrete Anforderungen formuliert, ist ein Vergleich mit dem Lehrplan für Erzieher und Erzieherinnen in Bezug auf die

---

10 Das Lernfeld soll mit einem relativ hohen Zeitrichtwert unterrichtet werden (240 Stunden) und hat somit in der Ausbildung eine besondere Gewichtung.
11 Dieses Lernfeld hat ebenfalls einen hohen Zeitrichtwert (240 Stunden).

für die Praxis formulierten Anforderungen an Erzieher und Erzieherinnen schwierig.

3.3.4 Sachsen

Im Lehrplan des Freistaates Sachsen für die Erzieher- und Erzieherinnenausbildung wird nur punktuell und sehr untergeordnet auf Diversität eingegangen. In dem Lernfeld: „Berufliche Identität und professionelle Perspektiven entwickeln", wird darauf verwiesen, dass sich angehende Erzieher und Erzieherinnen mit Geschlechterrollen beschäftigen sollen (Sächsisches Staatsministerium für Kultus 2007, S. 1).

In dem Lernfeld „Die Lebenswelten von Kindern und Jugendlichen analysieren, strukturieren und mitgestalten" wird das Thema Armut genannt. (vgl. ebd., S. 19).

Das Lernfeld „Kulturell-kreative Kompetenzen weiterentwickeln und gezielt mit Medien arbeiten" betont, dass unter Geschlechterperspektive differenzierte Angebote gemacht werden sollen. Was dies in der konkreten Umsetzung bedeutet, bleibt unklar. In demselben Lernfeld wird erläutert: „Die Begegnung mit fremden Kulturen erleben die Fachschülerinnen und Fachschüler als Bestandteil und Bereicherung des alltäglichen Lebens und akzeptieren diese anderen Formen. Sie setzen sich aktiv mit den vielfältigen Wurzeln ihrer Kultur und des Brauchtums auseinander und machen diese in der Arbeit mit Kindern, Jugendlichen und Familien erleb- und verstehbar." (ebd., S. 26) Es wird somit ein begegnungsorientierter Ansatz vertreten.

Eigentlich beschäftigt sich nur explizit das Lernfeld 6 mit dem Titel „Kinder und Jugendliche bei der Bewältigung besonderer Lebenssituationen unterstützen" mit Diversität. Dieses Lernfeld zeichnet sich durch sehr viele verschiedene Unterrichtsthemen und eine relativ hohe Stundenzahl aus.[12] So soll in diesem Lernfeld neben Kindeswohlgefährdung, Sucht, psychosomatische Erkrankungen, Tod und Trauer auch auf die Lebenssituation von Migrantinnen und Migranten und Menschen mit Behinderungen eingegangen werden. Anregungen, um sich mit dem Thema Lebensituation von Migrantinnen und Migranten zu beschäftigen, sind u.a. das Leben in anderen Kulturen, aber auch Ursachen für Ausgrenzung, Diskriminierung und Rassismus (vgl. Sächsisches Staatsministerium für Kultus 2007, S. 32).

Diversität spielt allerdings im sächsischen Lehrplan nur eine geringe Rolle. Dort wo explizit auf Diversität eingegangen wird, geschieht dies unter der Prämisse einer problembehafteten Defizitorientierung, ähnlich wie im niedersächsischen Lehrplan. Interessant ist die vertretene Sichtweise auf Diversität. Diversität scheint das zu sein, was das „normale" Leben beeinträchtigt, wie z.B.

---

12 Es sind 340 Unterrichtsstunden für das Lernfeld vorgesehen, was immerhin 13,04 Prozent der gesamten theoretischen Unterrichtszeit entspricht.

Sucht und psychosomatische Erkrankungen. Durch ein solches Vorgehen wird das Thema Lebenssituation von Migrantinnen und Migranten in die Nähe eines „Elendsdiskurses"[13] gerückt.

Genderaspekte kommen in dem Lehrplan eindeutig zu kurz. Es gibt an einigen Stellen zwar Hinweise auf die Reflexion von Geschlechterrollen, aber darüber hinaus spielen Genderaspekte kaum eine Rolle. Begriffe wie geschlechtergerechte oder geschlechtersensible Erziehung und Bildung werden in dem Lehrplan an keiner Stelle genannt.

In Bezug auf Diversität lassen sich durchaus Unterschiede zwischen dem sächsischen Bildungs- Orientierungsplan für den Bereich von 0-10 Jahren, also dem späteren Arbeitsbereich von Erziehern und Erzieherinnen und den in der Ausbildung vorgesehen Inhalten erkennen. Die in dem Bildungs-und Orientierungsplan für den Elementarbereich formulierten Erwartungen in Bezug auf diversitätsbewusstes Denken und Handeln sind höher und erwarten mehr Kompetenzen, als dies durch den Lehrplan in der Ausbildung zur Erzieherin / zum Erzieher verankert ist.

Allerdings ist zu bedenken, dass die Schwächen, die im sächsischen Lehrplan für Erzieher und Erzieherinnen in Bezug auf Diversität erkennbar sind, nicht unbedingt Auswirkungen auf die Ausbildungsqualität von Erziehern und Erzieherinnen in Sachsen haben müssen.[14] Sensibilisierte Fachlehrerinnen und Fachlehrer werden bei der Umsetzung des Lehrplans in ihr hausinternes Curriculum diese Schwächen ausgleichen können. So wäre es z.B. möglich, das Thema Lebenssituation von Migrantinnen und Migranten in Verbindung mit dem Thema Lebenswelten von Kindern und Jugendlichen zu unterrichten.

3.3.5 Zusammenfassung

Die im Kapitel „Differenzlinien und Intersektionalität" formulierten Kritikpunkte lassen sich auch auf die Lehrpläne übertragen. Bei den Lehrplänen gibt es qualitative Unterschiede, wobei der baden-württembergische Lehrplan der Lehrplan ist, der das am weitesten entwickelte Diversitätsverständnis hat.

Das Bild von Diversität, welches sich in den Lehrplänen der einzelnen Bundesländer für die Ausbildung zur Erzieherin / zum Erzieher findet, unterscheidet sich von dem Verständnis von Diversität, das sich in den Orientierungs- und Bildungsplänen für die frühpädagogische Arbeitspraxis finden lässt. Die Orientierungs- und Bildungspläne, also die Richtlinien für die Praxis, verlangen mehr Fähigkeiten und Kompetenzen von dem frühpädagogischen Fachpersonal, als

---

13 Zu dem Begriff des „Elendsdiskurses" in der interkulturellen Pädagogik vgl. Hamburger 2009, S. 92.

14 Das Sächsische Anti-Diskriminierungsbüro hat eine hervorragende Fortbildung im Bereich der Anti-Diskriminierungspädagogik für Erzieher und Erzieherinnen mit dem Titel „Fair in Kitas" entwickelt.

durch die Ausbildung zur Erzieherin / zum Erzieher abgedeckt ist. Auch ist das in den Orientierungs- und Bildungsplänen geäußerte Verständnis von Diversität oft differenzierter und theoretisch fundierter als in den Lehrplänen.

Dies entspricht der oft geäußerten Kritik an der Erzieher und Erzieherinnenausbildung, dass die Anforderungen und Erwartungen im frühpädagogischen Arbeitsfeld höher sind und mehr Fähigkeiten und Kompetenzen verlangen, als in der Ausbildung erworben werden.

Eine Frage ist in diesem Zusammenhang, ob das Studium der Frühpädagogik Diversität aufgreift und wenn ja, welches Bild von Diversität im Studium der Frühpädagogik vermittelt wird.

3.4 Orientierungsrahmen: Frühpädagogik studieren

Im Studium der Frühpädagogik gibt es kein vorgeschriebenes Curriculum für die Hochschulen und Universitäten. Es liegt in der Verantwortung der einzelnen Hochschulen und Universitäten, wie der Studiengang ausgestaltet wird. Es ist allerdings von der Robert-Bosch-Stiftung ein Orientierungsrahmen für frühpädagogische Studiengänge entwickelt worden. Ob die einzelne Fachhochschule oder Universität den Orientierungsrahmen nutzt und inwieweit das Studienangebot durch den Orientierungsrahmen beeinflusst wird, bleibt den einzelnen Institutionen überlassen.

In dem Orientierungsrahmen sind verschiedene Bausteine, die in einem frühpädagogischen Studium enthalten sein sollen, entwickelt worden. Insgesamt befinden sich in dem Orientierungsrahmen Frühpädagogik 28 Bausteine, die auf 178 Seiten beschrieben sind (vgl. Robert-Bosch-Stiftung 2008).

Ein Baustein befasst sich mit dem Thema Diversität. In der Vorbemerkung zu diesem Baustein steht: „Während frühere pädagogische Ansätze teilweise Gefahr liefen, Differenzlinien statisch und damit verfestigend zu betrachten, rücken gegenwärtig Flexibilisierung und Überschneidung der Heterogenitätsdimension ins Zentrum der Aufmerksamkeit." (ebd., S. 85) Es findet also schon in der Einleitung eine kritische Auseinandersetzung mit diversitätsbewusster Pädagogik statt. Auf mögliche Fallstricke einer diversitätsbewussten Pädagogik wird hingewiesen.

Die einzelnen Differenzlinien, die in diesem Baustein thematisiert werden, sind Ability, Gender, Ethnizität / Kultur und sozioökonomischer Status. Zu den Fähigkeiten, die Studenten und Studentinnen in diesem Baustein erwerben sollen, gehören u.a. Sensibilisierung für Ausdrucksformen von Dominanz, Empowerment, Diversity Management in Einrichtungen des Elementarbereichs und Primarbereichs, Auseinandersetzung mit unterschiedlichen Wertvorstellungen und Normen in der Erziehung (vgl. ebd. S. 89). Differenzlinien werden in ihrer Verschränkung gedacht so wird an einer Stelle ausdrücklich auf Intersektionalität hingewiesen (vgl. ebd. S. 88). Diversity wird in diesem Baustein sowohl auf der individuellen als auch auf der Diskursebene und strukturellen

Ebene gedacht. So beinhaltet ein Ziel, dass Studierende sich selbstreflexiv mit dem eigenen kulturellen Orientierungssystem auseinandersetzen. Darüber hinaus sollen die im Elementarbereich verwendeten Materialien kritisch analysiert werden. Ein weiteres Ziel verweist auf die strukturellen Bedingungen in Form von Rahmenbedingungen und Gesetzen.

In diesem Baustein lässt sich im Vergleich zu den im Vorfeld zitierten Lehrplänen ein viel differenzierteres Verständnis von Diversität antreffen. Allerdings ist dieser Baustein noch nicht vollständig. So wäre z.b. eine viel stärkere Gewichtung der sozialen Konstruktion des Anderen (doing difference) in diesem Baustein angebracht gewesen.

Auch fehlt stellenweise der frühpädagogische Bezug, so wäre es sinnvoll sich spezifisch mit Ausgrenzungsprozessen und Diskriminierungen von Kindern durch Kinder zu beschäftigen. Ein Punkt, zu dem im deutschsprachigen Raum noch viel zu wenige Studien vorliegen. Das wichtige Thema für Frühpädagoginnen und Pädagogen, der Umgang mit der eigenen Macht in Erziehungsprozessen (Adultismus), wird auch in diesem Baustein nicht behandelt. Trotz der genannten Schwächen lässt sich zusammenfassend sagen, dass der Baustein Diversity im frühpädagogischen Studium deutlich den in den Bildungs- und Orientierungsplänen formulierten Anforderungen an Fachkräfte entspricht.

4. Empirischer Teil

Nachdem in dem theoretischen Teil meiner Arbeit das Arbeitsfeld und die Ausbildung und verschiedene Aspekte der Diversitätsthematik behandelt wurden, findet in dem empirischen Teil meiner Arbeit eine Auseinandersetzung damit statt:

Wie Erzieher und Erzieherinnen diversitätsbewusst in *Tageseinrichtungen für Kinder* handeln und wie diese Handlungen von Eltern und Kindern wahrgenommen werden. Wie Unterschiede im Kindergarten sozial konstruiert werden und welche Auswirkungen diese Konstruktionen auf den Kindergartenalltag haben (vgl. Kapitel „Doing difference in der frühen Kindheit" und Kapitel „Differenzlinien und Intersektionalität").

Diese Fragestellung beinhaltet eine Auseinandersetzung damit, welche Differenzlinien Erzieher und Erzieherinnen in ihrer Arbeit aufgreifen bzw. wahrnehmen, welche Differenzlinien in der alltäglichen Arbeit eine besondere Gewichtung bekommen und welche subjektiven Begründungen es hierfür gibt (vgl. Kapitel „Managing Diversity"). Es geht also darum, herauszufinden, wie diversitätsbewusstes Denken und Handeln in der Arbeitspraxis von Erziehern und Erzieherinnen aussieht (vgl. Kapitel „Diversitätsbewusste Ansätze im Elementarbereich").

Die Einrichtung, in der die Daten erhoben wurden, ist eine Einrichtung, in welcher das Team schon über Erfahrungen mit diversitätsbewusster Pädagogik verfügt. Die Einrichtung hat u.a. an dem Kinderwelten-Projekt zur vorurteilsbewussten Erziehung und Bildung teilgenommen, welches im Jahr 2010 endete. Ich erhoffte mir, dass die pädagogischen Fachkräfte in dieser Einrichtung besonders sensibilisiert gegenüber Diskriminierungen und Ausgrenzungen waren. Der Kindergarten liegt in einem Stadtteil, in dem viele Familien mit einem unterschiedlichen sozial-ökonomischen Status, unterschiedlicher Herkunft, Sprache, Religion etc. leben. Es gibt hier sowohl Hochhäuser als auch Einfamilienhäuser.

Der Träger ist die Evangelische Kirche. Der Kindergarten wird von ca. 50 Kindern im Alter von zwei bis sechs Jahren besucht. Es gibt zwei Kindergartengruppen und es wird ein offenes Gruppenkonzept vertreten. Das heißt, dass die Kinder zwar bestimmten Kindergartengruppen zugeordnet sind, sich aber auch in den anderen Gruppenräumen bewegen können. Der Kindergarten arbeitet nach Bildungs- und Lerngeschichten (vgl. Kapitel „Kindergarten heute"). Die Bildungs- und Lerngeschichten sind eigentlich eine aus Neuseeland stammende Beobachtungsmethode, die aber auch konzeptionelle Auswirkungen (besonders in Bezug auf das Bild vom Kind) hat. Es arbeiten insgesamt vier Erzieherinnen und eine Anerkennungspraktikantin in der Einrichtung. In der Einrichtung arbeiteten keine Männer, was für den Elementarbereich durchaus nicht ungewöhnlich ist.

Zunächst wurden Daten durch eine teilnehmende Beobachtung gewonnen. Die teilnehmende Beobachtung diente primär dazu, einen Interviewleitfaden, der speziell auf die Einrichtung abgestimmt war, zu entwickeln. Die Kenntnis des Forschungsfeldes erleichtert die Erstellung eines Leitfadens (vgl. Frieberthäuser / Prengel 1997, S. 376; Marotzki 2006, S. 114) und das Verständnis für die gewonnenen Daten. Die teilnehmende Beobachtung fand über einen Zeitraum von einer Woche statt. Die so gewonnen Daten dienten dazu, herauszufinden, wie z.b. Diversität in der Einrichtung sichtbar wird, bzw. sichtbar gemacht wird (z.b. über Familienwände, Fotos, Mehrsprachigkeit etc.) oder wie die didaktisch-methodische Umsetzung von diversitätsbewusster Pädagogik im Alltag aussieht (z.b. dem Stuhlkreis, Rollenspielbereich, Bewegungsbereich etc.) (vgl. Kapitel „Diversitätsbewusste Ansätze im Elementarbereich").
Es wurden darüber hinaus in einer weiteren Phase Leitfadeninterviews mit den Erzieherinnen geführt. Ein weiterer Fokus meiner Fragestellung lag darauf, wie Eltern und Kinder diversitätsbewusstes Handeln der Erzieher und Erzieherinnen wahrnehmen. Hier ging es auch darum, die Perspektive von Eltern und Kindern zu erfassen, da die Handlungsabsichten von Erziehern und Erzieherinnen nicht unbedingt mit der eigentlichen Handlungspraxis übereinstimmen müssen (vgl. Kapitel: „Diversitätsbewusste Ansätze im Elementarbereich").
Um diesen Punkt differenzierter zu betrachten, wurden außerdem Leitfadeninterviews mit Eltern geführt. Hierbei wurde auch gefragt, wie Eltern die Handlungen der Erzieher und Erzieherinnen wahrnehmen und bewerten und ob sie sich mit ihrer Lebenswelt und ihren Bedürfnissen in der Einrichtung wiederfinden (vgl. Kapitel „Diversitätsbewusste Ansätze im Elementarbereich"). Mit den Kindern wurden Interviewstreifzüge durch die Einrichtung und anschließend noch kurze Leitfadeninterviews gemacht.

Zugang zum Feld
Bei dem ersten Feldkontakt ist es wichtig darauf zu achten, keine Fehler zu machen, die nachhaltig den Interviewablauf und die erhobenen Daten beeinflussen können. So können zum Beispiel den Interviewten zu viele Informationen über die Forschungsfrage preisgegeben werden, was dazu führt, dass das Antwortverhalten der Erzählenden hiervon beeinflusst wird (vgl. Przyborski / Wohlrab-Sahr 2010, S. 75).
Die direkte Kontaktaufnahme im Feld ist sicherlich die ergiebigste Form, um Personen für die Interviews zu gewinnen. Przyborski / Wohlrab-Sahr meinen, dass bei der Neuerschließung des Feldes eine so genannte kommunikative Haltung von Vorteil ist. Kommunikative Haltung meint eine Haltung der Forschenden, die die Interessen der Personen im Feld berücksichtigt. Diese kann sich zum Beispiel in der Flexibilität bei der Terminvereinbarung oder auch

durch die Einbeziehung von Vorschlägen der zu interviewenden Personen, zur Erhebungssituation etc. ausdrücken (vgl. Przyborski / Wohlrab-Sahr 2010, S. 70).

Konkretes Vorgehen

Der Kontakt zum Feld wurde so gestaltet, dass ich mich Anfang Januar 2011 mit der Leiterin der Tagesstätte für Kinder traf und wir vorläufig die einzelnen Schritte der Datenerhebung absprachen.[1]
In diesem Treffen konnten die gegenseitigen Erwartungen abgeklärt werden. Dies betraf auch den Umgang mit den Ergebnissen aus den Daten.
Die Eltern wurden durch einen Elternbrief informiert und auch während der Phase der teilnehmenden Beobachtung von mir persönlich angesprochen. Der Elternbrief diente dazu, die Datenerhebung in groben Zügen zu erläutern und Interviewteilnehmerinnen und Teilnehmer zu gewinnen. Zu Beginn der teilnehmenden Beobachtung erklärte ich den Kindern, warum ich in der Einrichtung war. Hierzu nutzte ich den Stuhlkreis. Da die Phase der teilnehmenden Beobachtung in der Faschingszeit lag, waren die Kinder viel mehr daran interessiert mir ihre Kostüme zu zeigen, als daran, warum ich in ihrer Einrichtung war und was ich vorhatte.

---

1 Die Leiterin der Einrichtung und ich kennen uns aus beruflichen Zusammenhängen. So nahmen wir zum Beispiel zusammen an mehreren Veranstaltungen teil, die im Rahmen des Kinderweltprojektes stattgefunden hatten. Darüber hinaus kennen wir uns von sogenannten Anleiterinnen- und Anleitertreffen. Anleiterinnen- und Anleitertreffen sind Arbeitstreffen, die in einer Fachschule für Sozialpädagogik stattfinden und in denen über die Praxisanleitung von Schülerinnen und Schüler aus der Fachschule gesprochen wird (vgl. Kapitel „Ausbildung zur Erzieherin/ zum Erzieher"). Die Leiterin der Einrichtung war bereits allgemein über mein Vorhaben informiert. Auf diese berufliche Verbindung werde ich in dem Kapitel „Rolle der Forschenden" noch genauer eingehen.

Übersichtsplan:

Dienstag, 18.01.2011	**Treffen mit der Leiterin** Allgemeine Vorstellung des Ablaufs der Datenerhebung und der Forschungsfrage.
Dienstag, 25.01.2011	**Teambesprechung** Ich stelle mich in der Einrichtung vor, vorläufige Vorstellung des Ablaufs der Datenerhebung und der Forschungsfrage.
Ende Februar 2011	**Elternbrief** Ich stelle mich im Elternbrief vor, vorläufige Vorstellung des Ablaufs der Datenerhebung und der Forschungsfrage.
März 2011	**Teilnehmende Beobachtung in der Einrichtung** Modifizierung des Interviewleitfadens Erprobung des Leitfadens
März 2011	**Interviews mit Eltern und Erzieherinnen**
April-Juni 2011	**Interviews mit Eltern, Kindern und Erzieherinnen**
Juni 2011-Juni 2012	**Datenauswertung**

4.1 Qualitative Sozialforschung

Die forschungsmethodischen Hintergründe, die im Folgenden beschrieben werden, waren sowohl die Grundlage bei meiner Datenerhebung als auch bei der Datenauswertung.

Das Leitfadeninterview und die teilnehmende Beobachtung sind zwei Erhebungsmethoden, die der qualitativen Forschung zugerechnet werden.
Durch qualitative Methoden können in besonderer Weise die subjektiven Sichtweisen und das Alltagshandeln von Subjekten erforscht werden (vgl. Bohnsack et al. 2011, S. 140). Bestimmte Grundannahmen zeichnen qualitatives Denken aus: „Die Forderung stärkerer subjektbezogener Forschung, die Betonung der Deskription und der Interpretation der Forschungssubjekte, die Forderung, die Subjekte auch in ihrer natürlichen und alltäglichen Umgebung

zu untersuchen und schließlich die Auffassung von der Generalisierung der Ergebnisse als Verallgemeinerungsprozess." (Mayring 2002, S. 19) Qualitative Forschung will die Perspektive der handelnden Subjekte in der Forschung aufgreifen. Es soll zu einem besseren Verständnis von sozialer Wirklichkeit beigetragen werden (vgl. Flick / Kardorff / Steinke 2000, S. 14f.). Da Wirklichkeitskonstruktionen im Alltagshandeln oft keine bewusst vorgenommenen Routinen sind, wird das Wissen über solche habitualisierten Handlungspraxen auch als „implizites Wissen" bezeichnet (vgl. Bohnsack et al. 2011, S. 140). Solche „impliziten Wissensbestände" können insbesondere durch qualitative Methoden erfasst werden.

Die unterschiedlichen und zum Teil widersprüchlichen Perspektiven der Betroffenen sollen in der Datenanalyse berücksichtigt werden. Die Ergebnisse werden nicht isoliert betrachtet, sondern in ihrer Komplexität erfasst. Qualitative Forschung setzt am Einzelfall an und versucht über diesen erst im zweiten Schritt den Einzelfall mit anderen Fällen zu vergleichen (vgl. Flick / Kardorff / Steinke 2000, S 22f.). Flick meint, dass qualitative Methoden sich besonders dafür eignen, neue Sachverhalte aufzudecken (Flick 2010, S. 74). „Dieses Prinzip darf natürlich nicht im Sinne einer Theoriefeindlichkeit interpretiert werden. Theoretische Vorstrukturierung, auch Hypothesen bleiben nach wie vor ein wichtiges Erkenntnismittel. Theoretische Formulierungen bedeuten ja nichts anderes als die Zusammenfassung und Strukturierung allen bisherigen Wissens über den Untersuchungsgegenstand." (Mayring 2002, S. 28)

4.1.1 Gütekriterien qualitativer Sozialforschung

Als Gütekriterien qualitativer Sozialforschung, werden oft Reliabilität und Validität genannt, die eigentlich aus der quantitativen Sozialforschung kommen. Diese beiden Gütekriterien werden deshalb für die qualitative Sozialforschung modifiziert.

Reliabilität wird in der qualitativen Sozialforschung z. B. an der Qualität der Aufzeichnung und Dokumentation von Daten festgemacht oder daran, dass verschiedene Interviewer einer Forscher- und Forscherinnengruppe die gleiche Interviewschulung besucht haben. Es soll in den Daten sichtbar sein, wo die Aussage des jeweiligen Subjekts endet und die Interpretation der Forschenden beginnt. Außerdem soll die Reliabilität durch eine reflexive Dokumentation des Forschungsprozesses erhöht werden (vgl. Flick 2010, S. 491f.). Mac Naughton sieht Reliabilität vor allem darin, dass unterschiedliche Personen zu einer Thematik befragt werden (vgl. Mac Naughton et al. 2011, S. 125).[2] Sie fordert: „(…), look for the voices that are present in your data and those that are absent.

---

2 Dies sind Punkte, die Flick unter dem Stichwort Objektivität zusammengefasst hat (vgl. Flick 2010, S. 499).

In particular, consider the politics of difference and how gender, class race, ethnicity and ability are (and aren't) influencing which voices are present in your data and which ones are absent." (ebd., S. 127)
Reliabilität in der Datenauswertung habe ich dadurch hergestellt, dass verschiedene Akteure im Feld interviewt wurden. Außerdem wurden verschiedene Methoden (Leitfadeninterviews, Interviewstreifzüge und teilnehmende Beobachtung) eingesetzt um Daten zu erheben. Sämtliche Daten wurden transkribiert.

Validität wird daran festgemacht, inwieweit die Interpretationsleistung der Forschenden mit den erhobenen Daten übereinstimmt. Drei Fehlertypen werden in diesem Zusammenhang genannt:
a) Es werden dort Zusammenhänge gesehen, wo es keine gibt.
b) Zusammenhänge, die vorhanden sind, werden übersehen.
c) Es werden die falschen Fragen gestellt.
Es geht also um die Frage, inwieweit die Interpretationen der Forschenden nachvollziehbar und begründet sind. Somit ist die Datenerhebung ein Anhaltspunkt für die Bestimmung der Validität. Ein anderer Punkt ist die Darstellung der Daten und der daraus abgeleiteten Schlüsse (vgl. Flick 2010, S. 493).
Validität wurde in dieser Arbeit dadurch hergestellt, dass die gesamten Interviews mit den entsprechenden Kodierungen in einem Anhang dokumentiert worden sind. Außerdem sind die einzelnen Schritte bei der Datenerhebung und Auswertung genau beschrieben worden. Darüber hinaus wurde das Vorgehen bei der Datenerhebung, die Datenanalyse, die Ergebnisse bzw. Interpretationen an unterschiedlichen Stellen und zu verschiedenen Zeitpunkten diskutiert. Solche Diskussionen fanden u.a. in den Doktorandinnen- und Doktorandenkolloquien in Oldenburg und Tübingen, so wie auf Fachtagungen, auf denen ich mein Dissertationsprojekt vorgestellt habe, und in dem Forschungskolleg „Frühkindliche Bildung" der Robert-Bosch-Stiftung statt.

Eine Methode, um Validität herzustellen, ist die kommunikative Validierung (vgl. ebd., S. 494f.). Kommunikative Validierung fand in den Interviews an verschiedenen Stellen statt. Sie ist z. B. fester Bestandteil des problemzentrierten Interviews (vgl. Witzel 2000, S. 6).

Mayring nennt sechs Gütekriterien der qualitativen Forschung:

a) Die **Verfahrensdokumentation**. Damit ist die Dokumentation der Datenerhebung, die Dokumentation des Forschungsprozesses und die Dokumentation der Datenauswertung gemeint.

b) Unter der **argumentativen Interpretationsabsicherung** wird verstanden, dass die Interpretation der Daten argumentativ begründet wird. „Die Argumentation muss in sich schlüssig sein, dort wo Brüche sind, müssen sie erklärt werden. Schließlich ist besonders wichtig nach Alternativdeutungen zu suchen und sie zu überprüfen. Die Widerlegung von solchen ‚Negativfällen' oder ‚Negativdeutungen' kann ein wichtiges Argument der Geltungsbegründung von Interpretation sein." (Mayring 2002, S. 145)

Um eine argumentative Interpretationsabsicherung in dieser Arbeit zu erreichen, habe ich nach der Interpretation im Datenmaterial nach Stellen gesucht, die meinen Interpretationen widersprechen könnten. In der Darstellung der Daten habe ich solche Widersprüche deutlich gemacht, in dem ich die unterschiedlichen Sichtweisen auf ein Thema gegenübergestellt habe. Besonders deutlich wird dies in dem Kapitel „Soziale Klasse".

c) **Regelgeleitet** bedeutet, dass die Datenerhebung bestimmten Regeln folgt. Auch bei der Auswertung der Daten soll regelgeleitet vorgegangen werden.

Auf Regelgeleitetheit ist in dieser Arbeit geachtet worden, indem für jede Gruppe (Eltern, Kinder und Erzieherinnen) ein eigener Interviewleitfaden entwickelt wurde. Die Datenanalyse erfolgte mithilfe der Software Maxqda. Hier ist die genaue Definition der einzelnen Kategorien in Memos neben den Kodierungen beigefügt worden. Außerdem sind einzelne Arbeitsschritte im Logbuch festgehalten.

d) **Nähe zum Gegenstand** bezeichnet die Gegenstandsangemessenheit der Methoden und die Nähe zur Alltagswelt der Erzählenden. Wichtig ist, eine Interessenübereinstimmung mit den Untersuchten zu erzielen.

Dies habe ich dadurch umgesetzt, dass die Daten in dem sozialen Umfeld der Interviewpartnerinnen und Partner erhoben wurden. Die Forschungsmethoden wurden auf den Elementarbereich abgestimmt und modifiziert.

e) **Kommunikative Validierung** bedeutet, dass die Erzählenden sich in den Interpretationen und Ergebnissen wiederfinden.

Die kommunikative Validierung fand hauptsächlich direkt in den einzelnen Interviews statt, aber auch in Alltagsgesprächen, in denen ich meine Eindrücke mit den Erzieherinnen besprach.

f) **Triangulation** ist immer dann gegeben, wenn über unterschiedliche Lösungswege eine Fragestellung beantwortet werden soll. Dies zeichnet sich u.a. dadurch aus, dass unterschiedliche Methoden bei der Datenerhebung verwendet werden (vgl. Mayring 2002, S. 145ff.). Triangulation habe ich durch die Verwendung unterschiedlicher Methoden der Datenerhebung umgesetzt (unterschiedliche Interviews und teilnehmende Beobachtung).

4.1.2 Methode der teilnehmenden Beobachtung

Bohnsack weist darauf hin, dass Aussagen oft erst in ihrem Setting verstanden werden können (vgl. Bohnsack 2011, S. 44). Ähnliche Anregungen gibt es auch aus der Kindheitsforschung. In der Kindheitsforschung wird betont, dass Kinder und Kindheit in komplexen Institutionszusammenhängen eingebettet sind. „Um Kind sein und Kindheit erforschen zu können, muss man sich wohl in die Institution begeben (bzw. man ist bereits selbst Teil einer Institution)." (Bock 2010, S. 91)

Durch die teilnehmende Beobachtung können Routinen, Handlungsabläufe, institutionelle Gegebenheiten, Raumgestaltung, Interaktionsverhalten zwischen Erzieherinnen, Eltern und Kindern beobachtet werden. Teilnehmende Beobachtung bietet sich im Kindergarten darüber hinaus besonders an, weil durch die teilnehmende Beobachtung auch „Vor-Sprachlichkeit und Vor-Reflexivität sozialer Wirklichkeit" erfasst werden kann (vgl. Thole 2010, S. 30).

An jede Rolle sind bestimmte Erwartungen geknüpft, so auch an die Rolle der Forschenden. Bollig beschreibt die Rolle während des Forschungsprozesses in einem Kindergarten folgendermaßen: „Als praktikabel erwies es sich daher, mit der Zeit doch an die PraktikantInnenrolle in der Einrichtung anzuknüpfen, zumal diese für die Kindertageseinrichtung die einfachste Form der Integration von ‚lernenden Erwachsenen' darstellt." (Bollig 2010, S. 111)

Konkretes Vorgehen

Die Datenerhebung begann mit einer einwöchigen teilnehmenden Beobachtung. Diese Daten wurden zusätzlich zu den Daten aus den Interviews erhoben. Durch die teilnehmende Beobachtung habe ich zusätzliche Informationen gesammelt. Hier waren die Phasen, in denen die Eltern ihre Kinder morgens in den Kindergarten bringen, von Interesse. In der „Bringphase" ließ sich die Interaktion zwischen Erzieherinnen, Kindern und Eltern gut beobachten.

Die wichtigste Phase im Kindergartenalltag zur Datengewinnung war aber das Freispiel. Es gab besonders Aufschluss darüber, wie Kinder untereinander Differenzen herstellen (doing difference) und über die Einschluss- und Ausschlussmechanismen der Kinder in Spielgruppen (vgl. Alsaker 2003; Van Ausdale 2002). Es ging mir bei der teilnehmenden Beobachtung primär darum, Spezifika der Einrichtung, wie z.B. Raumgestaltung, Tagesablauf, Materialausstattung, Interaktion zwischen den einzelnen Beteiligten etc. zu beobachten.

Außerdem trug die teilnehmende Beobachtung dazu bei, Distanzen abzubauen und die Haltung der „Beforschten" einzunehmen. Dieser Prozess wird in der Anthropologie als „doing native" bezeichnet (vgl. Przyborski / Wohlrab-Sahr 2010, S. 59).

Ich wurde von dem Team und den Kindern freundlich aufgenommen, aber es erforderte viel Selbstdisziplin, mich in bestimmten Situationen zurückzuhalten und nicht wie eine pädagogische Fachkraft zu handeln. Ich versuchte für die

Kinder ein Spielpartner zu sein. Was mir auch gelang. Allerdings war ich hierdurch mit Situationen konfrontiert, in denen keine Erzieherin anwesend war und ich den Eindruck hatte, dass ich eingreifen musste. Dies waren z.b. Situationen, in denen ein Streit eskalierte und die Kinder handgreiflich wurden, aber auch, weil Kinder zu mir kamen und sich über erfahrene Ungerechtigkeit von anderen Kindern beklagten und von mir Unterstützung wollten.

4.1.3 Darstellung und Dokumentation der gewonnen Daten durch die teilnehmende Beobachtung

Die „natürlichste" Form der Datendokumentation im Kindergarten ist die des Beobachtungsprotokolls. Da Erzieher und Erzieherinnen angewiesen sind, regelmäßig Kinder zu beobachten, ist eine Person, die Kinder beobachtet und sich Notizen macht, im Kindergartenalltag nichts Ungewöhnliches (vgl. Thiesen 2003; Demandewitz / Strätz 2005). In einigen Einrichtungen gibt es sogar Symbole, die den Kindern signalisieren, dass die Erzieherin / der Erzieher gerade beobachtet und nicht angesprochen werden kann. Diese Methode der Datendokumentation wurde von mir genutzt. Die Beobachtungen, die direkt festgehalten wurden, beschränkten sich auf die sachliche Wiedergabe der Daten.

Cloos schlägt eine Kombination aus den eben beschriebenen Beobachtungsprotokollen, Feldnotizen und dem „erzählenden Protokollieren" vor. Feldnotizen sind für ihn Notizen, in denen u.a. Abläufe von Ereignissen, besondere Erlebnisse etc. festgehalten werden, also kurze Stichworte, die der Konservierung der Erinnerung dienen (vgl. Cloos 2010, S. 187). Als weitere Datendokumentation schlägt er die Methode des „erzählenden Protokollierens" bzw. der Talking field notes vor. „Im direkten Anschluss an die teilnehmende Beobachtung wurden ausführliche Protokolle auf Diktiergerät gesprochen (...). Die Protokolle gehören in diesem Sinne weitgehend der Gattung der ‚Stegreiferzählung' an. Sie enthalten jedoch auch weitere Textformen. Es wurde außerdem auch festgehalten, welche Daten in der folgenden Beobachtung noch erhoben werden müssen und auf welche Situation der Aufmerksamkeitshorizont gerichtet werden soll. Es wurde notiert, welche Fragen an die FeldteilnehmerInnen gestellt werden sollen. Es wurden u.a. auch Überlegungen zu der eigenen Rolle als Feldforscher, zu den Vereinnahmungsstrategien des Feldes, zu der Eröffnung von Zugangsmöglichkeiten, zum Maß der Vertrautheit mit dem Feld und zu dem methodischen Vorgehen bei der Datenerhebung erfasst. Außerdem enthalten die Protokollbeschreibungen die Charakterisierung der FeldteilnehmerInnen und der vorgefundenen räumlichen Bedingungen." (ebd., S. 187) Diese Daten werden anschließend fast wortgetreu transkribiert und danach systematisch nach den sequenziellen Abläufen des Geschehens sortiert und mit Überschriften versehen. Es ist wichtig, dass die Talking field notes möglichst detailgetreu und differenziert die Beobachtung wiedergeben. In den Talking field notes sind z.T. auch widersprüchliche Aussagen der Forscher und Forscherinnen enthalten. So können Forschungslücken nicht nachträglich verdeckt werden. Ein Vorteil ist, dass durch die Talking field notes die subjektive Sichtweise und Interpretation der Forschenden dem Analyseprozess zugänglich gemacht werden. „Auf diese Weise entziehen sich Talking field notes der Illusion, ein Beobachtungsprotokoll könne im Sinne des starken Dokumentierens wertneutral und wahrheitsgetreu die Fakten zur beobachteten Wirklichkeit wiedergeben. Das Konzept der narrativen Beobachtungsprotokolle schlägt auch nicht vor, die Erfahrungen, Urteile, Einschätzungen der Beobachterin aus Feldbeschreibung zu verbannen, in einen gesonderten Platz im Protokoll zuzuweisen oder ins Feldtagebuch zu verschieben." (ebd., S. 189)

Eigenes Vorgehen
Für diese Arbeit wurde zur Datendokumentation eine modifizierte Variante der Talking field notes verwendet. Es stellte sich bei den „Stehgreiferzählungen" über die Beobachtungen heraus, dass es einfacher war, in chronologischer Reihenfolge zu berichten. Die im Feld gemachten Notizen dienten als Gedächtnisstütze bei der Erstellung der Talking field notes.
Die Berichte wurden mit einem Spracherkennungsprogramm unmittelbar in den Computer diktiert. Somit konnten die Beobachtungen gleich visualisiert werden, was vermutlich aber auch Auswirkungen auf das freie Erzählen hatte.[3]
Während des Forschungsprozesses heraus wurde ich von den Kindern durch Spiele etc. schnell in den Kinderartenalltag eingebunden. Ich ließ dies zu, da ich so eine größere Nähe zu den Kindern, Eltern und Erzieherinnen aufbauen konnte und einen differenzierteren Einblick in die Lebenswelt der Kinder erhielt.

4.1.4 Leitfadeninterviews

Für meine Forschungsfrage bot es sich an, die Daten auch mithilfe von Leitfadeninterviews zu erheben.
Interviews als Methode zur Datenerhebung weisen in einigen Punkten Parallelen zur „Alltagskommunikation" auf (vgl. Nohl 2009, S. 7), in anderen Punkten unterscheiden sie sich durchaus von „Alltagsgesprächen"[4].

---

3 Auch bei den Talking field notes ist den Forscherinnen / Forscher bewusst, dass die Daten transkribiert werden, das erfolgt z.T. durch Personen aus der Forscherinnen und Forschergruppe und dies hat vermutlich auch Auswirkungen auf die Erzählungen.
4 So geht der Interviewende, durch das Forschungsinteresse geleitet, strategisch vor, was in der Alltagskommunikation eher selten vorkommt. Auch stellt der Interviewende dem Erzählenden gegenüber seinen eigenen Deutungshorizont in den Hintergrund (vgl. Helfferich 2009, S. 47f.).

Leitfadeninterviews bieten einerseits die notwendige Offenheit um „subjektive Sichtweisen", „latente Sinnstrukturen", „Alltagstheorien" und „Deutungsmuster" der Erzählenden zu erfassen (vgl. Reinders 2005, S. 97; Helfferich 2009, S. 21). Auch Forschungen, die interne Abläufe in Institutionen erfassen wollen oder evaluieren,[5] setzen oft Leitfadeninterviews ein (vgl. Frieberthäuser / Prengele 1997, S. 374; Kuckartz et al. 2008, S. 24ff.). Andererseits geben sie auch die Möglichkeit, die zentrale Forschungsfrage in der Interviewsituation nicht aus dem Blick zu verlieren. Der Leitfaden kann dazu dienen, zu der zentralen Forschungsfrage hinzuleiten. Er ist eine flexible Gedächtnisstütze des Interviewenden und kann dabei helfen das Gespräch im gewissen Sinne zu strukturieren (vgl. Nohl 2009, S. 21).

Eine Voraussetzung zur Erstellung eines Interviewleitfadens ist eine „Feldkompetenz", also ein Wissen über den Forschungsgegenstand. Dies birgt allerdings auch die Gefahr von „blinden Flecken" in der Wahrnehmung, da bestimmte Routinen habitualisiert sind und so nicht mehr hinterfragt werden. Breidenstein (2010) plädiert dafür sogenannte Strategien der Befremdung anzuwenden, um habitualisierte Handlungen einer Reflexion zugänglich zu machen.

Bei einem hohen Vorwissen über die Thematik bietet es sich an, Fragen zu Themenbereichen zu formulieren, die noch unbekannt sind (vgl. Reinders 2005, S. 101). Bei der Ausarbeitung des Interviewleitfadens ist zu beachten, dass die Qualität der Daten (der Erzählung, Text, Äußerungen etc.) und letztlich auch die Auswertungsmöglichkeiten, von der Qualität des Leitfadens und der Erhebungssituation abhängen (vgl. Helfferich 2009, S. 9).

Es gibt etliche unterschiedliche Varianten von Leitfadeninterviews (vgl. Hopf 2000, S. 349ff.). Im Folgenden wird das problemzentrierte Interview nach Witzel (1982) genauer erläutert, da mit dieser Interviewvariante die Daten erhoben wurden.

4.1.5 Problemzentriertes Interview

Das problemzentrierte Interview ist Teil der problemzentrierten Forschungstechnik. Es handelt sich hierbei eigentlich um eine Methodenkombination, in der das problemzentrierte Interview eine spezifische Methode zur Datenerhebung ist (vgl. Lamnek 2005, S. S. 363).

Diese Interviewform bietet die nötige Offenheit, um im Interview neue Themenaspekte und Erkenntnisse zu gewinnen. Darüber hinaus können auch sensible Themenbereiche angesprochen werden. Melter nutzt es z.B. um Rassismuserfahrungen von Jugendlichen zu erfassen (vgl. Melter 2006). Bei dieser

---

5 Meine Fragestellung weist durchaus Parallelen zur Evaluationsforschung auf (vgl. Kuckartz et al. 2008).

Interviewform wird in der Erhebungsphase und Auswertungsphase ein induktives-deduktives Wechselverhältnis hergestellt (vgl. Witzel 2000, S. 2).

Es lassen sich drei Grundprinzipien des problemzentrierten Interviews herausarbeiten:

a) **Die Problemzentrierung**: Diese meint, eine Orientierung an einer gesellschaftlichen Problemstellung (vgl. Witzel 2000, S. 2). Damit diese Orientierung erreicht wird, muss im Vorfeld eine intensive Literaturrecherche zum Forschungsgegenstand und eine Erkundung des Forschungsfelds stattfinden. Dies habe ich bei meiner Dissertationsarbeit dadurch umgesetzt, dass ich mich im Vorfeld der Datenerhebung intensiv mit dem theoretischen Aspekt der Thematik beschäftigt habe. Ein Problem welches ich bei diesem Vorgehen sehe, ist die Voreingenommenheit der Forschenden in Bezug auf den Forschungsgegenstand.

Zugleich soll die Fragestellung und der Forschungsgegenstand auf einen zu bewältigen Umfang eingegrenzt werden (vgl. Schmidt-Grunert 2004, S. 42). Die Problemsicht und die damit verbundene Handlungskonsequenz, wie auch widersprüchliche Sichtweisen der Befragten, sollen durch die Methode aufgedeckt werden (vgl. Witzel 1982, S. 69).

b) Die **Gegenstandsorientierung** wird im problemzentrierten Interview dadurch erreicht, dass verschiedene Personen mit unterschiedlichen Funktionen und Rollen zu einem Sachverhalt befragt werden. Witzel verweist auf Forschungen zur Jugendarbeitslosigkeit, in denen nicht nur Jugendliche befragt wurden, sondern auch deren Eltern und Geschwister (vgl. ebd., S. 70f.). Gegenstandsorientierung meint aber auch, unvoreingenommen an das Untersuchungsfeld heranzugehen (vgl. Schmidt-Grunert 2004, S. 42). Auch durch eine flexible Handhabung der Interviewtechnik, die sich an den Befragten orientiert, soll die Gegenstandsorientierung erlangt werden (vgl. Witzel 2000, S. 3). Diesen Anspruch habe ich dadurch berücksichtigt, dass Erzieherinnen, Eltern und Kinder interviewt wurden.

c) **Prozessorientierung** wird dadurch hergestellt, dass der Erzählende die Möglichkeit erhält, Sachverhalte zu korrigieren. Der Forschungsverlauf soll durch neu aufkommende Forschungsfragen beeinflusst werden (vgl. Witzel 1982, S. 71). Dies fand während des ganzen Forschungsprozesses statt.

Das problemzentrierte Interview besteht aus vier unterschiedlichen Erhebungsinstrumenten:

Der Kurzfragebogen enthält eine Reihe von offenen biographischen Fragen, die den Gesprächseinstieg erleichtern sollen. So war es bei Witzel z.B. die Frage nach dem Berufswunsch. Es können für die Forschung wichtige biogra-

phische Daten erfragt werden, ohne das dies im Interview durch ein enges Frage- und Antwortschema geschieht (vgl. Witzel 1982, S. 90).
Der **Gesprächsleitfaden** soll das Hintergundwissen der Forschenden thematisch organisieren. Verschiedene Themenbereiche finden sind im Leitfaden in Form von Forschungsfragen wieder (auch wenn die Fragen vermutlich in der Interviewsituation anders formuliert werden). In dem Leitfaden ist auch eine vorformulierte Einstiegsfrage enthalten (vgl. Witzel 2000, S. 4). Der Leitfaden hilft u.a., wenn das Interview „stockend" verläuft, den Gesprächsfluss erneut durch das Einbringen von anderen Themenaspekten anzuregen. Eine Schwierigkeit besteht darin, Entscheidungen darüber zu treffen, wann Nachfragen im Interviewverlauf gestellt werden sollen (vgl. Witzel 1982, S. 90).
Im **Postskriptum** werden nach dem Interview die Eindrücke, Beobachtungen, eigene Zweifel bei Nachfragen, Situationseinschätzungen, Rahmenbedingungen etc. notiert. Hier werden auch nicht aufgezeichnete Daten festgehalten (vgl. Witzel 1982, S. 92; Schmidt-Grunert 2004, S. 43).
Die Interviews sollen mit einem Aufnahmegerät **aufgezeichnet** werden.

Im problemzentrierten Interview wird zwischen verschiedenen **Interviewphasen** unterschieden. Die Gestaltung des **Gesprächsanfangs** ist ein sehr wichtiges Element. Witzel schlägt vor, sich dieses wie ein „weißes Blatt", welches gefüllt werden soll, vorzustellen. Dies kann durch die Ergänzung an die Frage X mit „Erzählen Sie doch bitte mal!" erreicht werden (vgl. Witzel 1982, S. 96). Schmidt-Grunert plädiert dafür, einen Interviewraum zu wählen, der einerseits ein ungestörtes Interview möglich macht und andererseits eine „gemütliche" Atmosphäre bietet.[6] Auch soll ein „situativ angemessenes Gespräch" vor dem eigentlichen Interviewbeginn stattfinden, um so eine „lockere" Atmosphäre zu schaffen (vgl. Schmidt-Grunert 2004, S. 49).
In der Phase der **allgemeinen Sondierung** geht es um die Spezifizierung einzelner Sachverhalte und Zusammenhänge. Als erzählgeneriert gelten hier insbesondere Erfahrungsbeispiele der Erzählenden. Diese geben auch Aufschluss über den Erfahrungskontext der interviewten Person. Es gibt etliche Fragen, die zu einer Detaillierung beitragen können, wie z.B.: Was passierte da im Einzelnen? Woran denken Sie insbesondere? Woher wissen Sie das?
Ad-hoc-Fragen sind solche Fragen, die auf im Interview bisher nicht angesprochene Problembereiche eingehen (vgl. ebd. S. 106).
Bei der **spezifischen Sondierung** geht es darum, Erzählsequenzen etc. nachvollziehen zu können. Unklarheiten können geklärt oder in andere Zusammen-

---

6 Girtler bringt dies auf den Punkt, indem er sich dafür ausspricht Erzählpersonen in ihrem „natürlichen" Umfeld zu interviewen und zu dem Schluss kommt, dass das Kaffeehaus dem Forschungsinstitut als Interviewort vorzuziehen ist (vgl. Girtler 1992, S. 151 zitiert nach Helfferich 2009, S. 42). Die meisten Interviews fanden in dem Büro der Einrichtung statt. Ein Interview konnte bei einem Interviewpartner im Schrebergarten geführt werden.

hänge gestellt werden. Die Methoden hierfür sind Zurückspiegelung, Verständnisfragen und Konfrontationen. Die Zurückspiegelung ist eine Zusammenfassung bestimmter Interviewsequenzen und enthält auch schon Vorinterpretationen der Forschenden zu Themenabschnitten und Detailproblemen. Sie geben den Befragten so Korrekturmöglichkeiten der Sicht der Forschenden (vgl. Lamnek 2005, S. 365f.). Witzel spricht in diesem Zusammenhang von kommunikativer Validierung (vgl. Witzel 2000, S. 6). Verständnisfragen und Konfrontationen beziehen sich auf vorhandene Widersprüche und Unklarheiten in der Erzählung. Die Konfrontation mit Widersprüchen sollen so formuliert werden, dass sie das Interesse der Forschenden an dem Gesagten zeigen (vgl. Witzel 1982, S. 100f.).

Konkretes Vorgehen

Bei der Führung der Interviews nach der von Witzel vorgeschlagenen Methode stellte sich sehr schnell heraus, dass die einzelnen Interviewphasen zwar in dem Interview vorhanden sind, sich aber eine bewusste Trennung der einzelnen Phasen schwierig gestaltete. Ich setzte während des Interviews verschiedene Fragetypen ein und versuchte nicht, bestimmte Interviewphasen und damit verbundene Fragetypen zu initiieren. Auch der von Witzel vorgeschlagene Fragebogen, den die interviewten Personen vor Interviewbeginn ausfüllen sollten, führte eher zu Irritationen, als dass er für den Interviewverlauf hilfreich war. Ich löste dies auf, indem ich den Fragebogen zusammen mit den Interviewpartnerinnen und Partnern ausfüllte. Dies hatte positive Auswirkungen auf den Interviewverlauf, da durch das gemeinsame Ausfüllen (bei dem noch kein Aufzeichnungsgerät lief) Raum für informelle Gespräche gegeben war. Es entstand so eine Art „Aufwärmphase" vor dem eigentlichen Interview und führte keineswegs zu dem von Witzel befürchteten Frage-Antwortschema während des Interviews.

Insgesamt wurden mit fünf pädagogischen Fachkräften der Einrichtung, fünf Kindern und sechs Eltern Interviews geführt. Der Interviewort mit den erwachsenen Interviewpartnerinnen und Interviewpartnern war, bis auf einen Fall, das Büro der Einrichtung. Das Interview, das außerhalb der Einrichtung geführt wurde, fand in einem Schrebergarten des Gesprächsteilnehmers statt. Die interviewten Familien wurden danach ausgewählt, dass eine Vielzahl an unterschiedlichen Familienstrukturen und Lebenswelten bei den Interviews vertreten waren. Ein weiterer Grund war, dass Interesse auf Seiten der Eltern bestand an dem Interview teilzunehmen.

Die Interviews mit den Erwachsenen dauerten etwa 30 Min bis ca. anderthalb Stunden, je nachdem, wie viel die Interviewpartnerin oder der Interwiepartner erzählen wollte oder konnte. Es herrschte größtenteils eine angenehme und offene Gesprächsatmosphäre.

Die Eltern führten die Interviews mit großer Ernsthaftigkeit. So kam bei einem Interview die Tochter mit, um im „Notfall" zu übersetzen. Gelegentlich wurden die Interviews von Kindern gestört, denen es nicht passte, dass ihre Eltern mir ein Interview gaben. In keinem Fall führten diese Störungen aber zum Abbruch der Interviews.

4.1.6 Besonderheiten von Interviews mit Kindern im Elementarbereich

Es gibt in der deutschsprachigen Literatur wenige Arbeiten, die sich mit qualitativen Interviews von Kindern im Vorschulalter befassen (vgl. Roux 2002, S. 57ff). Der Grund hierfür wird oft darin gesehen, dass „(…) innerhalb der Kindheitsforschung weitestgehend Konsens darüber (herrscht), dass Kinder, insbesondere jüngere, nicht über die narrative Kompetenz verfügen, die notwendig wäre, um ausführlich und detailliert über Sachverhalte zu berichten und um ihre Antworten als Erzählungen im Sinne der Erwachsenen zu organisieren." (Mey 2011)

So ist bei Trautmann zu lesen, dass bei Vorschulkindern die Differenzierungsfähigkeit noch nicht so weit entwickelt ist, dass sie zwischen dem eigenen Erlebten und den Erfahrungen von anderen unterscheiden können (vgl. Trautmann 2010, S. 60). Trautmann beschäftigt sich deswegen hauptsächlich mit Interviews von Kindern im Grundschulalter und lässt die Kinder im Kindergartenalltag unberücksichtigt.

Es gibt aber einige Forschungen im Elementarbereich, die doch versuchen, die Perspektive von Vorschulkindern zu bestimmten Sachverhalten zu erfassen. So werden auch qualitative Interviews als Methode der Datenerhebung eingesetzt. Oft wird das Interview durch andere Hilfsmittel unterstützt und strukturiert.

Roux befragte zum Beispiel Kindergartenkinder zu der Qualität ihres Kindergartens. Sie hatte diese Gespräche mithilfe von Bildkarten strukturiert und den Ergebnissen Aussagen von Eltern und Erziehern / Erzieherinnen gegenübergestellt. Allerdings mussten die Kinder im Vorfeld einen Test machen, damit sichergestellt wurde, dass die Kinder die Fragen im Interview verstanden (vgl. Roux 2002, S. 111).

Margarete Blank-Mathieu, die die Wahl von gleichgeschlechtlichen Spielpartnerinnen und Spielpartnern untersuchte, entwickelte nach der Erprobung von unterschiedlichen Interviewtechniken eine eigene Methode zur Datenerhebung. Sie fotografierte die Kinder in unterschiedlichen Spielsituationen im Kindergarten und nahm die Fotos als Strukturierungshilfe für die Interviews (vgl. Blank-Mathieu 2002). Beide Forscherinnen kamen zu aussagekräftigen Ergebnissen.

Für meine Datenerhebung wählte ich sogenannte „Interviewstreifzüge" (vgl. Mey 2011). Darunter wird verstanden, dass die Kinder die Forschenden durch die Einrichtung führen und für sie bedeutsame „Gegenstände" und Bereiche auswählen und erläutern. Diese Form der Interviewtechnik kann mit anderen Interviewformen kombiniert werden: „Interviews with children consisted of

‚formal' interviews, informal conversations and guided tours of the classroom, informal conversations occurred throughout the year in relevant situations and elicited children's meanings of those situations." (Assuncao Folque 2010, S. 245). Ein solches Vorgehen entspricht auch der im Elementarbereich viel beachteten Tätigkeitstheorie, in der davon ausgegangen wird, dass Tätigkeiten von Kindern „das wichtigste ‚Mittelglied' für die Zusammenführung äußerer Umwelteinflüsse und innerer Entwicklungsvoraussetzungen (sind). Indem das Kind mit ‚Menschen, Orten und Dingen', also eingebettet in das tägliche Leben der anderen Menschen, tätig wird, konstruiert es sich seine eigene individuelle Struktur der äußeren Welt." (Flämig / Musketa / Leu, S. 10). D.h., dass die in der Einrichtung anzutreffenden Gegenstände für die Kinder Bedeutungen bzw. einen Sinn haben, der sich je nach „Entwicklungsstand" (dominierende Tätigkeiten) und Lebenslage / -umwelt der Kinder anders ausdrückt. Deswegen ist es sinnvoll, sich bei meiner Fragestellung von den Kindern durch die Einrichtung führen zu lassen und sich von den Kindern die Einrichtung aus ihrer subjektiven Perspektive mit ihrer ganz besonderen „Sinngebung" erklären zu lassen.

Konkretes Vorgehen
Während dieser Interviewstreifzüge bekamen die Kinder von mir eine Digitalkamera. Die Kinder wurden aufgefordert, Fotos von ihren Lieblingsspielorten und Spielsachen im Kindergarten zu machen oder auch Orte zu fotografieren, an denen Bilder und Fotos von ihnen in der Einrichtung hängen. Ausgangspunkt für diese Interviewstreifzüge war meistens die Familienwand der einzelnen Kinder. Auf den Familienwänden sind die Familien der einzelnen Kinder abgebildet. Ich wählte diesen Startpunkt, weil die Beschreibung der Familienwände der Kinder eine ähnliche Funktion hatte wie der Kurzfragebogen bei den Interviews mit den erwachsenen Interviewpartnerinnen und Partnern. Die Kinder berichteten vor den Familienwänden von für sie wichtigen biografischen Ereignissen und ihrer Sichtweise auf ihre Familien. Sie verglichen punktuell ihre Familie mit den anderen Familien.
Ich begleitete die Kinder mit dem Aufnahmegerät, um die Äußerungen der Kinder aufzuzeichnen.
Die von den Kindern bei diesen Interviewstreifzügen gemachten Fotos wurden in einem anschließenden (kurzen) Leitfadeninterview gemeinsam betrachtet und dienten als Strukturierungshilfe für dieses Interview. In dem Leitfadeninterview wurde u.a. gefragt, mit wem sie dort spielen und ob es auch andere Kinder gibt, die dort spielen, ob es zu Streit kommt, ob es Kinder gibt, die sie dort nicht spielen lassen. Was sie machen, wenn andere Kinder sie ärgern. Was die Erzieherin in so einem Fall macht.

Dieses Vorgehen war deswegen hilfreich, weil die Kinder durch die Fotos teilweise die Struktur des Interviews selbst bestimmen konnten und ich so sicher war, dass für die Kinder relevante Spielbereiche und Spielsachen im Interview wirklich behandelt wurden. Die Nutzung von Spielorten und Spielsachen sind Ressourcen die im Kindergarten ungleich verteilt sind und somit war es nicht verwunderlich, dass die Nutzung von Spielorten und Spielsachen oft eine Ursache für Konflikte war, bei denen es auch um Fragen nach Macht und Anerkennung ging. Bei den Interviews konnte ich feststellen, dass es Spielorte gab, die sowohl von Jungen als auch von Mädchen gerne genutzt wurden und „umkämpft" waren. Ein Beispiel für einen solchen Spielort war das Schiff, das in den Interviews der Kinder eine große Rolle spielte. Alle Daten wurden transkribiert. Die Fotos den einzelnen Kindern zugeordnet.

Dieses Vorgehen bei der Datenerhebung erwies sich als sehr erfolgreich. Es war nicht schwierig, Kinder für Interviews zu motivieren, da ihnen das Fotografieren offensichtlich viel Spaß machte. Sie waren stolz auf ihre Fotos und zeigten diese anderen Kindern. Auch waren sie von meinem Aufnahmegerät fasziniert.

Ich ließ die Kinder im Vorfeld mit dem Aufnahmegerät spielen. Sie konnten sich ihre Aufnahmen anhören und spielten diese anderen Kindern vor. Das Gerät ist nicht größer als ein Handy. Leider war das Mikrophon nicht empfindlich genug, was dazu führte, dass die während eines Interviewstreifzugs gemachten Aufnahmen stellenweise unverständlich waren.

Für die Befragung hatte ich im Vorfeld insgesamt nicht mehr als 20 Minuten eingeplant, da die Konzentration bei Kindern im Vorschulalter relativ schnell erschöpft ist. Tatsächlich dauerten die Interviews z.T. nicht länger als zehn Minuten. Ausnahmen waren die Interviews, in denen zwei Kinder anwesend waren.

4.1.7 Ethische Aspekte in der Kindheitsforschung

Ein Punkt, der bei Interviews mit sehr jungen Kindern beachtet werden muss, ist, dass die Beziehung zwischen einem erwachsenen Forscher und den Kindern von unterschiedlichen Machtpositionen geprägt ist. Dass es im Interview unterschiedliche Machtpositionen gibt, ist in der empirischen Forschung allgemein bekannt. Bei Interviews mit Kindern sind diese Machtpositionen allerdings besonders gravierend. „Problems with power relationships within an interview between adults and children are sometimes due to the ways in which the dialogue is framed, promoting more uneven interactions." (Assuncao Folque 2010, S. 242)

Die freiwillige Teilnahme und Partizipation von Kindern am Forschungsprozess ist eine andere als bei Erwachsenen. Oft wird durch die Einwilligung der Eltern davon ausgegangen, dass die Kinder ebenfalls damit einverstanden sind, dass sie zum Gegenstand der Forschung werden (vgl. ebd., S. 239). Coady bezeichnet Kinder in diesem Zusammenhang als „victims of research" (vgl. Coady 2010, S. 73).

Um die unterschiedlichen Machtpositionen zu berücksichtigen und zu vermeiden, dass die Kinder unfreiwillig zu „Forschungsobjekten" wurden, habe ich zwar im Vorfeld die Erlaubnis der Eltern eingeholt, aber auch die Kinder in der jeweiligen Situation gefragt, ob sie teilnehmen wollen. So kam es durchaus vor, dass mir zwar die Eltern die Erlaubnis erteilten, die Kinder aber keine Lust hatten am Interview teilzunehmen.

Bei den eigentlichen Interviews wurde darauf geachtet, dass keine Fragen gestellt wurden, die die interviewten Kinder und andere Kinder bloß stellten oder verletzten. So hatte z.b. das Thema doing gender eine große Bedeutung für die Kinder, weil sie dieses Thema immer wieder in die Interviews eingebracht haben. Andere Themen wie z.b. sozial ökonomischer Status und Ethnie wurden von den Kindern nicht direkt angesprochen und somit die Kinder dazu nicht befragt.

Darüber hinaus wurden die Interviews abgebrochen, wenn die Kinder keine Lust mehr hatten bzw. spielen wollten.

Konkretes Vorgehen

Während es für Interviews mit anderen Altersgruppen (Erwachsene, Schulkinder etc.) Literatur darüber gibt, was konkret bei Interviews beachtet werden muss und welche Fragen welche Wirkungen haben (vgl. z.b. Helfferich 2009; Trautmann 2010), gibt es kaum Arbeiten, die sich mit der Interviewführung mit Kindern im Kindergartenalter beschäftigen. Allerdings gibt es einige Arbeiten, die sich speziell damit beschäftigen, wie Erzieher und Erzieherinnen Interaktionsprozesse mit Kindern anregen können. Anke König listet eine Reihe von Fragetypen auf und zeigt exemplarisch, wie sich bestimmte Fragen auf das Interaktionsverhalten zwischen Erzieherin / Erzieher und Kindern auswirken (vgl. König 2010). Diese Fragetypen waren mir bei der Erstellung des Interviewleitfadens für die Kinder hilfreich.

4.1.8 Interviewleitfaden

Leitfaden Erzieherinnen

Leitfrage	Check	Mögliche Fragen	Aufrechterhaltung
Der Kindergarten X arbeitet nach dem Ansatz der vorurteilsbewussten Bildung und Erziehung. Wie hat sich hierdurch Ihre Ar-	-Materialien: Bilderbücher, Spielsachen, Puppen, Fotos, Portfolios -Erziehungspartnerschaft -Umgang mit den	Ein Ziel dieses Ansatzes ist es, dass sich Eltern und Familien in der Einrichtung mit Ihrer Familienkultur angenommen fühlen und sichtbar werden. Wie ist dieses Ziel in	Nonverbal Aktives Zuhören Können Sie noch mehr dazu erzählen? Was passierte da genau?

beit und Einstellung verändert?	Kindern -Interaktion der Kinder untereinander -Sichtbar machen von Kindern und Familie -Strukturelle Ebene	Ihrer Einrichtung umgesetzt worden? Was würden Sie verbessern oder anders machen? Was behindert Sie in Ihrer/ vorurteilsbewussten Arbeit? Womit sind Sie nicht zufrieden? Wo kommen Sie an Grenzen?	
Das Kinderwelten-projekt hat einige Materialien empfohlen, wie z.B. das Memoryspiel. Wie werden diese Materialien von den Kindern genutzt?	-Materialien: Bilderbücher, Spielsachen, Puppen, Fotos, Portfolios (Diskursebene) -Erziehungspartnerschaft -Umgang mit den Kindern -Interaktion der Kinder untereinander -Vorlieben der Kinder	Welche Materialien bevorzugen die Kinder? Welche Bilderbücher sind besonders beliebt?	Nonverbal Aktives Zuhören Können Sie noch mehr dazu erzählen? Was passierte da genau?
Was für Aspekte/Dimensionen von Vielfalt spielen im Kinder-gartenalltag zwischen Kindern, Eltern und Erzieherinnen eine Rolle?	-Ebene der Eltern -Ebene der Kinder -Ebene der Erzieherinnen	Wo stimmen Eltern mit Erziehungszielen/Werten im Kindergarten überein? Wo nicht? Was würden Sie sich wünschen, dass dies im Kindergarten eine stärkere Beachtung findet?	Nonverbal Aktives Zuhören Können Sie noch mehr dazu erzählen? Was passierte da genau?
Welche Konflikte im Kindergarten sind Ihnen besonders in Erinnerung geblieben?	-Ebene der Eltern -Ebene der Kinder -Ebene der Erzieherinnen	Wie werden die Konflikte gelöst?	Nonverbal Aktives Zuhören Können Sie noch mehr dazu erzählen? Was passierte da genau?

In den USA haben Forscher festgestellt, dass Kinder im Kindergarten aufgrund ihrer Hautfarbe, sozialen Herkunft, Sprache und Geschlecht geärgert wurden. Haben Sie schon einmal etwas Ähnliches im Kindergarten erlebt bzw. gehört?		Wie wurde hiermit umgegangen? Erzählen Sie doch mal!	Nonverbal Aktives Zuhören Können Sie noch mehr dazu erzählen? Was passierte da genau?

Leitfadeninterview Eltern

Leitfrage	Check	Mögliche Fragen	Aufrechterhaltung
Im Kindergarten X wird versucht kulturelle und soziale Vielfalt besonders im Kindergarten zu berücksichtigen. Woran wird dies für Sie sichtbar/ spürbar?	-Materialien: Bilderbücher, Spielsachen, Puppen, Fotos (Diskurs-ebene) -Erziehungs-partnerschaft -Umgang mit den Kindern -Interaktion der Kinder unterei-nander	Was würden Sie verbessern oder anders machen? Was würden Sie sich noch wünschen? Womit sind Sie nicht zufrieden?	Nonverbal Aktives Zuhören Können Sie noch mehr dazu erzählen? Was passierte da genau?
Wie wird Ihre Tochter/Sohn in der Einrichtung mit ihren/seinen spezifischen Bedürfnissen berücksichtigt?	-Materialien: Bilderbücher, Spielsachen, Puppen, Fotos (Diskurs-ebene) -Erziehungs-partnerschaft -Umgang mit den Kindern -Interaktion der Kinder unterei-nander -Spiel-vorlieben -Portfolio (Bil-dungs-Lerngeschich-ten) - ...	Was unterscheidet Ihre Familie von anderen Familien im Kindergarten? Was sind besondere Bedürfnisse und Vorlieben Ihrer eigenen Kinder? Was ist für Ihre Kinder wichtig? Welche Möglichkei-ten hat Ihr Kind diese Bedürfnisse, Fähigkeiten und Vorlieben im Kiga auszuleben? Hat Ihr Kind X Ihnen schon das eigene Portfolio gezeigt. Hilft Ihnen das Portfolio nach-zuvollziehen, welche Stärken Ihr Kind hat? Hilft Ihnen das Portfolio sich besser über Lernfortschritte Ihres Kindes auszu-	Nonverbal Aktives Zuhören Können Sie noch mehr dazu erzählen? Was passierte da genau?

		tauschen?	
In den USA haben Forscher festgestellt, dass Kinder im Kindergarten aufgrund Ihrer Hautfarbe, sozialen Herkunft, Sprache und Geschlecht geärgert wurden. Haben Sie schon einmal etwas Ähnliches im Kindergarten erlebt bzw. gehört?	-Ausschluss von Aktivitäten -Erzählungen zuhause -Äußerungen über andere Kinder?	Wie wurde hiermit umgegangen? Erzählen Sie doch mal. Äußerungen des eigenen Kindes über andere Kinder, die überraschend waren?	Nonverbal Aktives Zuhören Können Sie noch mehr dazu erzählen? Was passierte da genau?
Wo stimmen Eltern mit Erziehungszielen/Werten im Kindergarten überein? Wo nicht?	-Unterschiedliche Erziehungsvorstellungen -Welche Möglichkeiten bestehen sich hierüber mit den Erzieherinnen auszutauschen.	Was würden Sie sich wünschen, dass dies im Kindergarten eine stärkere Beachtung findet? Was war für Sie neu? An welchen Stellen sind Sie unzufrieden? Was finden Sie gut?	Nonverbal Aktives Zuhören Können Sie noch mehr dazu erzählen? Was passierte da genau?

Leitfadeninterview Kinder

Leitfrage	Check	Mögliche Frage	Aufrecht-erhaltung	Handlung
Zeigst du mir bitte Fotos von dir, die ich im Kindergarten an verschiedenen Stellen finden kann?	-Fotos auf Familienwänden -Portfolios -Namenwände -Zahnputzbecher -Mobiles	Welches Fotos von dir gefällt Dir? Welches Foto nicht so? Welche Kinder sehen Dir ähnlich? Welche Kinder sehen anders aus als Du?	Aktives Zuhören Zugewandte Körperhaltung Gegebenenfalls in die Hocke gehen.	Kinder wählen selbst die Route durch den Kindergarten.
Wo spielst Du am liebsten? (Foto machen)	-Puppenhaus -Memory (Kinderwelten) -Hautfarbenmalstifte -Puppen	Womit spielst Du am liebsten? Wer spielt dort noch? Wer darf dort mitspielen? Gibt es Spielsachen oder Spielbereiche in denen dich die Kinder nicht mitspielen lassen?	Wo noch? Zeigt doch mal!	Kinder wählen selbst die Route durch den Kindergarten. Kinder fotografieren den Gegenstand und Ort

Was findest Du unfair im Kindergarten?	-Spiele -Spielbereiche -Andere Kinder die ärgern -Verhalten von Erzieherinnen -Verhalten von Eltern	Was findest Du unfair von anderen Kindern? Was findest Du unfair von der Erzieherin? Was magst Du am Kindergarten nicht? Was magst Du sehr gerne?	Aktives Zuhören Zugewandte Körperhaltung	Die Fotos werden zur Strukturierung genutzt

4.1.9 Rolle der Forschenden

Dadurch, dass ich mehrere Jahre als Erzieher in Tageseinrichtungen für Kinder gearbeitet habe, bin ich mit dem Arbeitsfeld gut vertraut. Dies hat Vorteile, aber auch einige Nachteile. So ist zum Beispiel ein Nachteil, dass bestimmte Routinen (habituelles Handeln) von mir nicht mehr hinterfragt werden, weil sie von mir als selbstverständlich angesehen werden (vgl. Nohl 2009, S. 10), wie z.B. Sinn und Zweck des Freispiels.

Einige der Erzieherinnen der Einrichtung, in der die Daten erhoben wurden, kenne ich durch meine berufliche Tätigkeit als Dozent. Stellenweise entstand während der Erhebungssituation eine große Nähe zu den Erzieherinnen, die auch Auswirkungen auf die Interviewsituationen, aber auch auf die Datenauswertung hatte. Ich merkte, dass es mir gelegentlich schwer fiel, eine kritische Haltung gegenüber den Handlungen der Erzieherinnen in der Einrichtung einzunehmen. Hier waren die Doktorandenkolloquien eine große Hilfe, um die nötige Distanz beizubehalten.

Ein weiterer Punkt, der mich beeinflusst hat, ist sicherlich, dass ich selbst Vater von zwei zweisprachig aufwachsenden Töchtern bin, die beide im Kindergartenalter sind bzw. waren. Diese Tatsache hat auch meine Wahrnehmung und mein Verhalten, sowohl im Umgang mit den Kindern als auch bei den Interviews mit den Erwachsenen beeinflusst.

Es könnte auch sein, dass Eltern, die, oder deren Kinder von Diskriminierung und Ausgrenzungserfahrungen betroffen sind, diese Erfahrung einem Angehörigen der Mehrheitsgesellschaft nicht mitteilen wollen.

Bei den Interviews mit den Kindern habe ich den Eindruck gewonnen, dass besonders die Tatsache, dass ich ein Mann bin, Einfluss auf die Interviewsituation hatte. Dies betraf besonders die Interviews mit den Jungen. Dort gab es gelegentlich Schilderungen, die einem ständigen „Kampf" im Kindergarten glichen und ich habe den Eindruck, dass es ihnen hierbei auch darum ging, mir als Mann in besonderem Maße deutlich zu machen, wie sich die Jungen als Jungen definieren.

4.2 Auswertung der Daten

Witzel schlägt ein eigenes Auswertungsverfahren für problemzentrierte Interviews vor, das sowohl induktives als auch deduktives Vorgehen berücksichtigt. Leider gibt es sehr wenige Publikationen zu der von Witzel entworfenen Auswertungsmethode. Somit sind die einzelnen Auswertungsschritte wenig differenziert beschrieben (vgl. Witzel 2000).

Da ich mich mit dem theoretischen Teil meiner Arbeit schon länger beschäftige, halte ich es für schwierig, meine theoretischen Vorüberlegungen aus der Materialanalyse auszuschließen. Deswegen habe ich mich für eine Auswertungsmethode entschieden, die von vornherein die theoretischen Vorüberlegungen stark offenlegt.

4.2.1 Qualitative Inhaltsanalyse

Die qualitative Inhaltsanalyse ist ein Verfahren, in dem systematisch Informationen aus dem Text entnommen werden. Der Text wird mithilfe eines Analyserasters nach relevanten Informationen durchsucht. Die so entnommenen Informationen werden den Kodes des Analyserasters zugeordnet und relativ unabhängig vom Text weiterverarbeitet. Dieser Schritt findet schon zu einem sehr frühen Zeitpunkt statt: „Der Bezug zum Text bleibt zwar über eine Quellenangabe erhalten, die weiteren Analyseschritte werden aber, mit den aus dem Text entnommenen Informationen, durchgeführt." (Gläser & Laudel 2010, S. 46) Ein Vorteil ist, dass die Analyse theoriegeleitet vorgeht. Dies ist aber auch gleichzeitig eine Schwäche, da wichtige in den Daten enthaltene Informationen und Erkenntnisse, die von der Forschungsfrage und den theoretischen Vorüberlegungen abweichen, schwer zu erfassen sind.

Mayring schlägt deshalb vor, 10 bis 50 Prozent des Materials durchzuarbeiten und dabei Kategorien zu entwickeln (Induktion) bzw. zu überprüfen und diese gegebenenfalls zu verändern. Erst nach diesem Schritt soll dann das gesamte Material analysiert werden (vgl. Mayring 2008, S. 12). Trotz dieser „Öffnung" gegenüber dem Material ist die von Mayring entwickelte qualitative Inhaltsanalyse noch stark den theoretischen Vorüberlegungen verhaftet. Die Gefahr, das Material den theoretischen Vorüberlegungen anzupassen und nicht umgekehrt, ist bei einem solchen Vorgehen gegeben. Hierauf weisen auch Gläser und Laudel hin: „Dieser Ansatz ist aus unserer Sicht aus mehreren Gründen problematisch. Er setzt zunächst voraus, dass nach der Bildung eines Kategoriensystems im Material keine Informationen mehr gefunden werden können, die nicht auf das Kategoriensystem passen. (…) Viel schwerer wiegt aber, dass das mayringsche Verfahren letztlich Häufigkeiten analysiert, anstatt Informationen zu extrahieren." (Gläser & Laudel 2010, S. 199) Gläser & Laudel haben die qualitative Inhaltsanalyse modifiziert, um die Extraktion komplexer Informationen aus dem Text zu ermöglichen und während des gesamten Analyseprozesses offen auf neue, unvorhergesehene Informationen eingehen zu können. Das Kategoriensystem, welches sie verwenden, baut auf den im Vorfeld gemachten theoretischen Vorüberlegungen auf. So wird sichergestellt, dass die theoretischen Vorüberlegungen die Extraktion beeinflussen. Das Kategoriensystem ist aber zugleich offen. Es kann während des Prozesses der gesamten Extraktion verändert werden. Hiervon sind die Dimensionen einzelner Kategorien betroffen. Es können aber auch während des gesamten Extraktionsprozesses neue Kategorien entstehen. Kategorien, zu denen keine Aussagen im Text gefunden wurden, werden bis zum Ende der Analyse beibehalten (vgl. ebd. 199ff.). Während der gesamten Analyse ist ein sowohl induktives als auch deduktives Vorgehen gewährleistet.

Degele & Winker sprechen sich – bereits konzentriert auf ein spezifisches Thema – dafür aus, dass Forschungen, die sich mit Differenzlinien und Intersektionalität beschäftigen, ein induktives und deduktives Vorgehen verbinden sollten: „Die Verbindung zahlenmäßig begrenzter Strukturkategorien mit anzahloffener Identitäts- und Repräsentationskategorien lässt sich als Wechselspiel deduktiver (theoriegeleiteter) und induktiver (überraschungsoffener) Vorgehensweisen rekonstruieren. Durch theoriegeleitete Vorgaben wird es möglich, unbenannte (weil selbstverständliche und deshalb nicht thematisierte) Positionen auf die hierarchisch oben positionierte Seite wie männlich, heterosexuell, nichtbehindert oder weiß aufzuspüren. Gleichzeitig können auf der Identitäts- und Repräsentationsebene immer auch zusätzliche Differenzierungskategorien auftauchen, die es bei der Auswertung des empirischen Materials zu berücksichtigen gilt." (Degele & Winker 2009, S. 69)

Die von Gläser und Laudel vorgeschlagene Modifizierung der qualitativen Inhaltsanalyse ist von der Grundidee tatsächlich ein sehr offenes Verfahren, das induktiv und deduktiv vorgeht. Außerdem sind einzelne Arbeitsschritte anschaulich beschrieben und somit gut nachvollziehbar. Allerdings ist das Verfahren in der Vorbereitung der Datenanalyse aufwändig und so sehr strukturiert, dass viel von der propagierten Offenheit gegenüber dem Material verloren geht. Bei der Datenanalyse habe ich mich stellenweise auf die von Gläser und Laudel vorgeschlagenen Arbeitstechniken bezogen, diese allerdings verändert. Der Aufbau und die einzelnen Analyseschritte orientieren sich zudem an dem von Mayring und Gahleitner beschriebenem Vorgehen (vgl. Mayring und Gahleitner 2010, S. 295). In diesen Analyseverfahren wird das Kategoriensystem entweder induktiv aus dem Material entwickelt oder deduktiv an das Material herangetragen. Die Zuordnung von Kategorien zu Textstellen soll möglichst genau, intersubjektiv und anhand von überprüfbaren Regeln gemacht werden. Die Analysetechniken sind die Zusammenfassung, die Explikation und die Strukturierung. Sie können einzeln oder kombiniert angewendet werden. Mayring entwickelte ein Ablaufmodell der qualitativen Inhaltsanalyse, das ich zur Orientierung meiner Arbeitsschritte nehme.

a) Festlegung des Materials
b) Analyse der Entstehungssituation
c) Formale Charakteristika des Materials
d) Richtung der Analyse
e) Theoretische Differenzierung der Fragestellung
f) Bestimmung der Analysetechnik und Festlegung des konkreten Ablaufmodells
g) Definition der Analyseeinheit
h) Analyseschritte mittels des Kategoriensystems Zusammenfassung – Explikation – Strukturierung
i) Rücküberprüfung des Kategoriensystems an Theorie und Material
j) Interpretation der Ergebnisse in Richtung der Hauptfragestellung
k) Anwendung der inhaltsanalytischen Gütekriterien (vgl. Mayring 2010, S. 60).

Nach dem Arbeitsschritt i) sollen die Arbeitsschritte e) und f) wiederholt werden.

4.2.2 Analysetechnik und Ablaufmodell der Datenanalyse

Bei der Datenanalyse dieser Arbeit war der erste Arbeitsschritt die vollständige Transkription der Interviews und teilnehmende Beobachtungen. Als Transkriptionsform wurde eine einfache Form der Transkriptionen gewählt, die sich an wissenschaftlichen Standards orientiert (Dittmar 2009, S. 52ff.) und auch Dialekte berücksichtigt. Die Ankerbeispiele, die sich in der Dissertationsarbeit befinden, sind allerdings sprachlich „geglättet" worden.

Danach wurden Entscheidungen darüber getroffen, welches Material wie in dem Analyseprozess behandelt wird (vgl. Mayring 2010, S. 49). Bezogen auf die hier vorliegende Arbeit hieß dies, zu überlegen, mit welchem Interview bei der Analyse begonnen wird und wie die Kategorien, die aus diesem Texten induktiv entwickelt werden, im weiteren Forschungsverlauf gewichtet werden.

Die von Mayring in dem „Ablaufmodell der qualitativen Inhaltsanalyse" genannten ersten fünf Schritte: Festlegung des Materials, Analyse der Entstehungssituation, formale Charakteristika des Materials, Richtung der Analyse und die theoretische Differenzierung der Fragestellung, sind in den vorherigen

Kapiteln an unterschiedlichen Stellen ausgiebig behandelt worden. So kann hier sofort mit der Erläuterung des Ablaufs der Datenanalyse und der Analysetechnik begonnen werden. Das zu analysierende Material besteht aus vier teilnehmenden Beobachtungen, die in Form von Talking field notes dokumentiert wurden, fünf Interviews mit Erzieherinnen (dem gesamten pädagogischen Personal der Einrichtung), sechs Interviews mit Eltern und fünf Interviews mit Kindern.[7] Mit Ausnahme von einem Interview sind alle Interviews vormittags in der Einrichtung geführt worden.

Eine Vorüberlegung war, dass es sowohl durch die Erzieherinnen, als auch durch die Eltern und die Kinder unterschiedliche strukturelle Positionierungen und damit verbundene Einflussmöglichkeiten auf die Gestaltung des Kindergartenalltags gibt. So ist die Gruppe der Kinder die machtloseste Gruppe bei der Gestaltung des Kindergartenalltags. In der Datenanalyse können diese strukturellen und diskursiven Machtverhältnisse insofern dekonstruiert werden, als Aussagen von z.B. einem Kind Aussagen einer Erzieherin gegenübergestellt werden und diese gleichwertig behandelt werden.

Die transkribierten Texte wurden mithilfe von Maxqda kodiert. Die Software wurde auch zum anschließen Text-Retrival genutzt (vgl. Kuckartz 2010, S. 108 ff.). Auch wenn propagiert wird, dass sich mit Maxqda nach der qualitativen Inhaltsanalyse Material gut analysieren lässt (vgl. ebd., S. 92 ff.), habe ich die letzten Analyseschritte in einem normalen Word Dokument vorgenommen.

Konkretes Vorgehen

Vor der Datenerhebung sind bereits theoriegeleitet Kategorien entstanden, die aber im ersten Arbeitsschritt am Material nicht berücksichtigt werden.

Der erste Analyseschritt bestand darin, aus zwei Interviews induktiv Kodes zu bilden. Hinzu habe ich die Interviews Mathilda (ein Mädchen aus dem Kindergarten) und das Interview mit der Erzieherin Ulrica ausgewählt. Die Auswahl dieser Interviews hing damit zusammen, dass ich Mathilda als ein zurückhaltendes und nachdenkliches Mädchen wahrgenommen habe, die zwar Freundinnen hat, aber auch von anderen Kindern aus Spielen ausgeschlossen wird. Ich erhoffte mir durch dieses Vorgehen eine kritische Sichtweise auf die Machtstrukturen innerhalb der Kindgruppe. Die Erzieherin Ulrica wurde deswegen ausgewählt, weil sie erst seit zwei Monaten in der Einrichtung arbeitete und dadurch habitualisierte Regeln und Handlungen der anderen Erzieherinnen, die zum Teil schon seit über zehn Jahren in der Einrichtung arbeiten, in ihrem Interview kritisch hinterfragte. Dieser Schritt ist vergleichbar mit dem offenen Kodieren in der Grounded Theory (vgl. Mayring / Gahleitner 2010, S. 297). Ursprünglich war vorgesehen, noch ein weiteres Interview mit einer Mutter (Frau A.) für die induktive Kategoriebildung zu verwenden und erst danach die

---

7 Die Aufzählung entspricht auch der zeitlichen Abfolge, in der das Material erhoben wurde.

Kodes zusammenzufassen bzw. die deduktiv gebildeten Kodes einzuarbeiten. Aber aufgrund der großen Fülle der Kodes, die durch die Kodierung der ersten beiden Interviews entstanden, war es notwendig nach den ersten beiden Interviews zuerst den Kodierleitfaden zu überarbeiten und zusammenzufassen. Die deduktiv gebildeten Kodes[8], die auch schon bei der Entwicklung des Interviewleitfadens eine Rolle spielten, wurden in diesen Kodierleitfaden integriert. So wurde zum Beispiel die deduktiv gebildete Kategorie „Normalitätsvorstellungen" in den Kodierleitfaden aufgenommen. Die deduktiv gebildete Kategorie „rechtliche Rahmenbedingungen" wurde aufgeteilt in die Kodes „strukturelle Ebene" und „Orientierungsplan". Die einzelnen Kodes wurden definiert. Durch diesen Arbeitsschritt entstand ein Kodierleitfaden.

Dieser Kodierleitfaden wurde an dem Interview mit Frau A. ausprobiert und anschließend überarbeitet. Nach dieser Phase wurde das gesamte Material neu kodiert. Während des gesamten Kodiervorgangs wurden neue Kategorien induktiv aus dem Material herausgebildet und auch die Definition der Kategorie überarbeitet. Dieser Schritt entspricht in gewisser Weise dem von Gläser und Laudel entwickelten Verfahren (vgl. Gläser / Laudel 2010, S. 200). Die genaue Definition der einzelnen Kodes wurde in Maxqda über die Funktion „Memos einfügen" in dem Kodebaum direkt neben die Kategorie (Kode) gestellt.

Einige Textpassagen mussten zwei, in einigen wenigen Ausnahmen sogar drei Kodes zugeordnet werden.

Nachdem in diesem ersten Durchlauf das Material komplett kodiert worden ist und ich mit der Interpretation beginnen wollte, stellte sich heraus, dass in meinem Material insgesamt 513 Textstellen kodiert waren. Somit musste die Zahl der Textstellen, die in die Analyse einbezogen werden sollten, reduziert bzw. zusammengefasst werden. Im nächsten Arbeitsschritt wurde überprüft, welche Kodierungen sich direkt auf meine Hauptfragestellung bezogen. In diesem Analyseschritt wurden unterschiedlich kodierte Textstellen zusammengeführt und miteinander verglichen. Dies fand z. T. mit spezifischen Funktionen von Maxqda statt, so z.B. mit der Funktion des Text-Retrieval, die es erlaubt, Überlappungen von unterschiedlichen Kodes anzuzeigen. Außerdem wurden farbige Dokumentenportraits der gesamten Texte erstellt, um Strukturen bzw. bestimmte Kodeabfolgen im Text zu erkennen.

In dieser Phase der Datenauswertung wurde deutlich, dass die Äußerungen der Erzieherinnen, der Kinder und Eltern vor dem Hintergrund der aktuellen Ereignisse interpretiert werden mussten. Die Handlungen der Erzieherinnen ließen sich nicht losgelöst von den Differenzlinien, auf die sich diese Handlungen bezogen, auswerten. Natürlich ließen sich in den Textstellen auch Differenzli-

---

8 Die deduktiv gebildeten Kategorien waren: Machthierarchien, Adultismus, Diversity als Top-down Prozess, Diversity im Team, Determinierung auf Differenzlinien, strukturelle-gesellschaftliche Perspektive, Othering, Normalitätsvorstellungen, Methoden, Kulturalisierung, Diskriminierung, rechtliche Rahmenbedingungen.

nienverschränkungen finden. Allerdings wurden in unterschiedlichen Interviewpassagen auch unterschiedliche Differenzlinien besonders betont und die Interviewpartnerinnen und Partner ordneten ihre Handlungen einzelnen Differenzlinien zu. Diese in den Interviews hergestellte Korrelation zwischen Handlung und Differenzlinie habe ich bei der Darstellung der Ergebnisse beibehalten.

Kodierte Textstellen wurden nach der „Zusammenfassenden Inhaltsanalyse" in Paraphrasen beschrieben (vgl. Mayring 2010, S. 67ff.). Gegebenenfalls wurde auf Fachliteratur etc. zurückgegriffen, um die Interviewsequenzen verständlicher zu machen bzw. Verbindungen zum Fachdiskurs herzustellen. Dieser Schritt wird von Mayring als Explikation bezeichnet (vgl. ebd., S. 85 ff.).

Beispiel der zusammenfassenden Inhaltsanalyse der kodierten Textstellen Bildungs- und Lerngeschichten:

Fundstelle	Text	Paraphrase
Talking field notes\Talking field notes4	Ich schlug ihr vor, dass sie mir ihr Portfolio zeigen könne. Bettina fand dies gut und holte ihr Portfolio hervor. Sie erklärte mir, wann sie welches Bild gemalt hat und was sich in dem Portfolio befindet. Auch war ihr Karnevalskostüm auf einem Foto abgebildet. Sie hatte sich auf dem Bild als Cowgirl verkleidet. Besonders wichtig für sie war eine Seite, auf der festgehalten war, wen aus der Einrichtung sie zu ihrem Kindergeburtstag, den sie in der Einrichtung gefeiert hat, eingeladen hat. Es waren ca. zwölf Kinder. Bettina erklärte mir, dass dies alles ihre Freunde und Freundinnen seien. Zu dieser Gruppe gehörten sowohl kleinere als auch größere Kinder, Kinder unterschiedlicher Herkunft und, dies überraschte mich, auch Kinder unterschiedlichen Geschlechts.	In dem Portfolio befinden sich Bilder von unterschiedlichen Ereignissen im Kindergarten (Karneval, Geburtstag). Bei den Aktivitäten wird die Diversität in der Einrichtung sichtbar. Bettina kann die Ereignisse in ihrem Portfolio erläutern.

| Talking field notes\Talking field notes4 | Als erstes zeigte uns Samara ihr Portfolio, danach Laura. Lauras Portfolio war umfangreicher, dies hängt damit zusammen, dass Laura im letzten Kindergartenjahr ist und dieses Jahr in die Grundschule gehen wird. Samara und Laura zeigten ein Foto von einem Jungen, der auf Lauras Geburtstag eingeladen war (es gibt in den Portfolios eine extra Geburtstagsseite). | In dem Portfolio befinden sich Bilder von unterschiedlichen Ereignissen im Kindergarten (Karneval, Geburtstag). Kinder erläutern die Ereignisse. |

5. Ergebnisse

Im folgenden Teil werden die ausgewerteten Daten dargestellt. Wie im vorherigen Kapitel beschrieben wurde, bezogen sich die Handlungen der Erzieherinnen, Kinder und Eltern oft auf einzelne Differenzlinien bzw. einzelne Differenzlinien wurden von den SprecherInnen besonders hervorgehoben. Bei genauem Lesen fällt allerdings auf, dass die einzelnen Differenzlinien immer auch in der Verschränkung mit anderen Differenzlinien gedacht werden müssen.

5.1 Sprache

Gogolin spricht von einem monolingualen Habitus in dem System Schule. Im Vergleich zur Schule bietet der Elementarbereich allerdings viele Möglichkeiten, die multilingualen Kompetenzen der Kinder anzuerkennen. So ist Anerkennung von Mehrsprachigkeit in einigen Bildungsplänen explizit genannt (vgl. Kapitel „Bildungspläne"). Im hessischen Bildungsplan sind formulierte Ziele: „Die Mehrsprachigkeit als Bereicherung verstehen (…), die deutsche Sprache erlernen und situationsangemessen anwenden können, bei gleichzeitiger Wertschätzung der Herkunftssprache." (Hessischer Bildungsplan 2011, S. 49)
In der Einrichtung, in der ich die Daten erhoben habe, sind von fünf Erzieherinnen drei mehrsprachig. Mehrsprachigkeit spielt an verschiedenen Interviewstellen eine Rolle.
Besonders Kinder, die neu in den Kindergarten kommen und deren Erstsprache nicht Deutsch ist, erleben den deutschsprachigen Kindergarten als belastend. Frau FC. (türkischsprachig) berichtet, dass ihr Sohn Aslan (4 Jahre) anfänglich nicht in den Kindergarten wollte. Die Familie ist neu nach Deutschland gezogen. Es dauerte zwei Monate bis Frau FC. Aslan allein im Kindergarten lassen konnte. Ein Argument, das Aslan nannte, warum er nicht in den Kindergarten wollte, war, dass er nicht Deutsch sprechen wollte.

FRAU FC.: Nein, nein. Warum sind wir hier? Warum gehen wir nicht in die Türkei? Warum muss ich Deutsch reden? Für Kinder ist es immer schwer (lachen). (Frau FC. 36)

Aslan, so wird an einer anderen Stelle im Interview von Frau FC. berichtet, kann sich auf Türkisch gut ausdrücken und konnte dies auch schon sehr früh. Im Kindergarten konnte er seine türkischen Sprachkenntnisse kaum zur Verständigung nutzen.

Im Kindergarten müssen sich die Kinder an einen neuen und anstrengenden Tagesablauf gewöhnen, die Trennung von den Eltern bewältigen und sich gleichzeitig in einer neuen Umgebung zurechtfinden. Dass es als besonders belastend für die Kinder gelten kann, wenn sie all diese Prozesse in einer Sprache bewältigen müssen, die für sie fremd ist bzw. in der sie Schwierigkeiten haben sich auszudrücken, ist gut nachvollziehbar. So wie sich Aslan in dem hier beschriebenen Beispiel fühlt, fühlen sich viele Kinder.

Die Praktikantin Anna berichtet, wie ihre russische Sprachkompetenz einem russischsprachigen Kind den Transitionsprozess vom Elternhaus in den Kindergarten erleichtern konnte.

ANNA: Ja, im September ist zum Beispiel ein neues Kind gekommen. Das ist ein russisches Kind und er hat schon auf Deutsch verstanden, aber er zu der Mutter gesagt, ich will nicht auf Deutsch sprechen. Und ähm auch diese Trennung, Trennungszeit von der Mutter. Sie ist dann gegangen und dann habe ich mit ihm auch auf Russisch gesprochen, dass er sich ein bisschen, ja, dass er sich ein bisschen zuhause fühlt, dass nicht alles so fremd für ihn, weil die Sprache ist ja gleich und so fühlte sich dann ein bisschen wie zuhause, dieses Gefühl halt geben. Ja, ich hab dann immer mit ihm auf Russisch gesprochen, also jetzt mittlerweile ist er gut angekommen, aber spricht immer noch nichts, aber mit mir auf Russisch schon. Das ist schon dieses Gefühl, ich kann irgendwo auch mit meiner Sprache helfen, dass sich das Kind wohlfühlt und dann kommt es auch, dass er auf Deutsch spricht. Aber er versteht schon auf Deutsch alles (Anna 31-34).

Anna berichtet, wie sie ihre russischen Sprachkenntnisse in der Arbeit einsetzen konnte als ein neues Kind in den Kindergarten kam, das russischsprachig war. Der Junge wollte nicht gern in den Kindergarten. Damit dieser Übergang erleichtert wurde, sprach Anna mit ihm Russisch. Dies hat dem Jungen den Übergang vom Elternhaus in den Kindergarten erleichtert. Mittlerweile versteht der Junge auch mehr Deutsch. Anna begreift ihre russische Sprache als Ressource, mit der sie Kindern helfen kann.

Wie hier deutlich wird, ist es neben dem Aspekt der Anerkennung von Mehrsprachigkeit und dem Wertschätzen der Kompetenzen von Kindern wichtig, Mehrsprachigkeit besonders bei Transitionsprozessen zu berücksichtigen.
Darüber hinaus ist eine Grundvoraussetzung für Bildungsprozesse, dass sich Kinder in ihrer Umgebung sicher und anerkannt fühlen. Elmar Drieschner weist auf die Bedeutung einer guten Bindung für Lernprozesse im Elementarbereich hin (vgl. Drieschner 2010).
Die Überlegung, dem russischsprachigen Jungen durch das Ansprechen auf Russisch ein Gefühl von Sicherheit zu geben, um so das Deutschlernen des Kindes zu unterstützen, sind handlungsleitend für die Praktikantin Anna. Sie erwähnt in dem Interview auch die Fortschritte, die sie bei dem Jungen in Bezug auf die Erweiterung seiner Deutschkompetenz beobachten konnte.

Von weiteren Beispielen, wie in der Einrichtung mit Mehrsprachigkeit umgegangen wird, berichtet die Erzieherin Beata in ihrem Interview.

BEATA: Die Raupe Nimmersatt. Das gibt es zum Beispiel auch auf Türkisch und wir haben das Buch zum Beispiel angeschafft, weil das Kind sieht, das Buch ist in meiner eigenen Sprache hier und neben der deutschen Sprache. Und es gibt auch eine Liste, wie das Glas, was der Tisch usw. auf unterschiedlichen Sprachen bedeutet und wie spricht man das aus. Auch wenn wir nachfragen, das Kind wird gehört und es wird nachgefragt, sagt mir bitte, wie ist auf Türkisch das Glas und das baut beim Kind etwas, ach ich weiß etwas, das die Erzieherin nicht weiß. (Beata 10)

Die Anerkennung der Sprachkompetenz der Kinder findet durch das Interesse der Erzieherinnen an den Sprachen der Kinder statt. Beata schildert hier Situationen, die sich im Alltag in der Tageseinrichtung ergeben haben.

Eine Liste, auf der sich Begriffe aus unterschiedlichen Sprachen befinden, erleichtert darüber hinaus Erzieherinnen und Kindern während der Eingewöhnungsphase die Verständigung. Grundbegriffe werden hier im Vorfeld bei dem Aufnahmegespräch festgehalten. Dieses Vorgehen signalisiert Eltern zu Beginn, dass sie mit ihrer jeweiligen Familiensprache in der Einrichtung willkommen sind und Anerkennung erfahren.

Die Anerkennung und Förderung der Mehrsprachigkeit im Kindergarten stößt allerdings nicht bei allen Eltern auf eine positive Resonanz. So waren es gerade die türkischsprachigen Eltern, die sich in den Interviews kritisch hierzu äußerten. Das folgende Interview wurde mit Herrn M., einem türkischsprachigen Vater von vier Jungen, die alle den Kindergarten besucht haben, geführt.[1] Zur Zeit geht der jüngste Sohn Erkan noch in den Kindergarten.

HERR M: Sie (Anmerk.: Die türkischsprachigen Kinder) sind mehr mit türkischen Kindern untereinander. Dass die (Anmerk.: Erzieherinnen) vielleicht irgendwie versuchen, das zu teilen. Das die nur noch Deutsch reden und nicht Türkisch.
INTERVIEWER:: Aber ich meine, das kann ja auch sehr schön sein, dass die Kinder auch Türkisch reden können im Kindergarten.
(Frau M. spricht auf Türkisch. Herr M. übersetzt z.T. simultan)
HERR M: Schön ja, aber dass es nachher in der Schule nicht ein Problem wird. (Herr M. 107-110)

---

1 Frau M., die erst später zu der Interviewsituation hinzu kommt (das Interview fand im Schrebergarten der Familie M. statt), äußert sich zu den Bildungserwartungen, die sie an den Kindergarten hat. Frau M. spricht auf Türkisch und Herr M. übersetzt die Aussagen seiner Frau.

Herr und Frau M. bemängeln, dass viele türkischsprachige Kinder nur mit türkischsprachigen Kindern spielen. Sie würden sich wünschen, dass die Erzieherinnen diese sprachlich homogenen Spielgruppen teilen, damit die Kinder mehr Deutsch sprechen. Ich merke daraufhin an, dass es auch sehr schön sein kann, dass die Kinder im Kindergarten ihre Erstsprache sprechen können. Frau M. entgegnet, dass es zwar schön ist, aber in der Schule zum Problem werden könnte, da hier Deutsch die Umgangs- und Unterrichtssprache ist.

Die Aussagen von Frau M. und Herrn M. müssen auch vor dem Hintergrund interpretiert werden, dass Erkans Bruder auf Empfehlung des Kindergartens eingeschult wurde und in der ersten Klasse so große Schwierigkeiten hat, dass er eventuell die erste Klasse wiederholen muss. Diese Schwierigkeiten werden von der Lehrerin mit seiner geringen deutschen Sprachkompetenz begründet. Darüber hinaus darf auch nicht die Wirkung der gesellschaftlichen Diskurse über die Schulleistungen von muslimischen Kindern vergessen werden.[2]
Die Familie M. erwartet vom Kindergarten, dass er als Bildungseinrichtung ihren Kindern die nötige Sprachkompetenz vermittelt, damit einem erfolgreichen Schulbesuch nichts entgegensteht. Türkischsprachige Spielgruppen im Kindergarten sehen sie sehr kritisch. Ihre Befürchtung ist, dass die Kinder zu wenig Deutsch lernen. Die Befürchtungen der Eltern sind berechtigt, aber Spielgruppen mit der gleichen Erstsprache zu trennen, ist eine schwer umzusetzende und auch pädagogisch kaum zu vertretende Forderung. Die Kinder sollen im Kindergarten nicht nur Deutsch lernen, sondern auch gerne in die Einrichtung kommen und dort Anerkennung erfahren. Auf der anderen Seite ist es nicht hinnehmbar, dass Kinder drei Jahre den Kindergarten besuchen und nach dieser Zeit ihre deutsche Sprachkompetenz für einen Grundschulbesuch nicht ausreicht.
Insofern ist die Forderung der Eltern nach einem „deutschsprachigen Sprachbad" nachvollziehbar und gerechtfertigt.

Das Lernpotenzial in Bezug auf eine elaborierte deutsche Sprache in solchen Spielgruppen sollte allerdings nicht überschätzt werden. Die Kinder sind ausgesprochen erfinderisch, um sich untereinander zu verständigen und eine „korrekte" Sprache ist für das gemeinsame Spiel nicht unbedingt notwendig. Das wird in der folgenden Beobachtung sichtbar.

Talking field notes 1:
Die Kinder bauten Legosteine zusammen. Dabei fiel mir auf, dass alle drei Kinder sich miteinander unterhielten, aber dies in einem sehr ‚rudimentären' Deutsch stattfand. Dies hatte offensichtlich auf den Spielablauf und die Spielin-

---

2 Zu dem Zeitpunkt des Interviews wurde das Buch „Deutschland schafft sich ab" von Sarrazin besonders in den Medien diskutiert.

halte, sowie die Spielabsprachen keine Einflüsse. Die Kinder konnten ihr Spiel selbst organisieren. Stellenweise war für mich unklar, wie sie miteinander Absprachen trafen, da die vorausgegangenen Absprachen für mich unverständlich waren, aber dies für die Kinder offensichtlich nicht der Fall war. (Talking field notes 1,4)

Die Kinder in dieser Situation haben eine Form der Kommunikation entwickelt, die weitgehend ohne Sprache auskommt. Die Organisationen des Spiels funktioniert trotzdem.

Die Kinder in diesem Beispiel verfügen über eine hohe Kommunikationskompetenz, die ihnen in mehrsprachigen Kontexten zugutekommen könnte und die auch in ihrer Bedeutung nicht unterschätzt werden sollte. Allerdings zeigt dieses Beispiel, dass es zur Sprachförderung mehr braucht als nur deutschsprachige Kinder in der Gruppe. Vielmehr bedarf es Personen, die neue Sprachimpulse einbringen und so die Kinder anregen ihre Sprachkompetenz zu erweitern.

Nicht alle Kinder organisieren ihr Spiel in mehrsprachigen Spielgruppen, wie in dem oben genannten Beispiel. Die Erzieherin Beata macht in ihrem Interview deutlich, dass Sprache auch als Mittel zur Exklusion unter den Kindern verwendet werden kann.

BEATA: Oder wenn ich sehr umgekehrt. Es gibt nicht nur deutsche Kinder, die das gesagt haben, es gibt auch türkische Kinder die gesagt haben, ich solle nur mit dem türkischen Freund spielen. Ja. Und dann reden die nur Türkisch. Und ich sage, kannst du mir das bitte übersetzen, was du gesagt hast? Nein. Ich habe gesagt: „Ich kann auch Polnisch reden und du verstehst mich nicht, soll ich das tun?". (Beata 55).

Ein solches ausgrenzendes Verhalten zeigen nicht nur die Kinder, die der Mehrheitsgesellschaft angehören, sondern auch Kinder der gesellschaftlichen Minderheiten. Das Sprechen in einer Sprache, die von den anderen Mitspielern nicht verstanden wird, kann exkludierend sein. Beata bittet in einer solchen Spielgruppe um die Übersetzung des Gesagten. Die Kinder verweigern dies, daraufhin spricht sie mit Kindern auf Polnisch und macht hieran deutlich, dass eine gemeinsame Kommunikation im Kindergarten nicht möglich ist, wenn jeder auf seiner Erstsprache spricht.

Die Erzieherin Beata zeigt hier ein komplexes Problem auf. Einerseits geht es im Gegensatz zum monolingualen Habitus um Anerkennung und Würdigung von Mehrsprachigkeit. Andererseits besteht die Gefahr, dass bei Spielgruppen, die nicht mehrsprachig zusammengesetzt, sondern sprachlich homogen sind, die Kinder, die diese Sprache nicht sprechen an den Spielgruppen nicht uneingeschränkt oder gar nicht teilnehmen können. Die Erzieherin Beata versucht die

Kinder auf die exkludierende Wirkung hinzuweisen, wenn sie sich in einer Sprache unterhalten, die die anderen nicht verstehen. Das Ziel dieser Handlung ist, dass die Kinder Deutsch als gemeinsame Kommunikationssprache benutzen. Ihre Handlungen unterscheiden sich von der reflexartigen Regel „bei uns sprechen wir nur Deutsch" die bedauerlicherweise in noch vielen Kindergärten gilt. Beata erkennt Mehrsprachigkeit als Ressource an, was auch in anderen Interviewsequenzen deutlich wird. Darüber hinaus zeigt sie den Kindern, dass auch sie mehrsprachig ist und ihre Sprache im Kindergarten mit anderen Kindern sprechen könnte, dies aber nicht tut, da sonst ein gemeinsames Spiel nicht möglich wäre. Durch dieses Vorgehen wird für die Kinder diese Aussage erfahrbar und den Kindern werden neue Lernmöglichkeiten eröffnet. Es zeigt sich in dieser Interviewsequenz, wie wichtig es ist, dass Erzieherinnen Spielgruppen begleiten und wie sie dabei neue Lernmöglichkeiten für die Kinder eröffnen. Darüber hinaus zeigt sich, wie wichtig es für Kinder ist Bezugspersonen zu haben, die auch mehrsprachig sind.

5.1.1 Übung: Der Name der Kinder

Eine Auseinandersetzung mit der mehrsprachigen Situation im Kindergarten findet nicht nur auf der Ebene der Kinder und Erzieherinnen statt, sondern auch auf der Ebene der Eltern.

In der Einrichtung wurde ein besonderer Elternabend veranstaltet, bei dem sich die Eltern damit beschäftigten, welche Bedeutung der Name ihrer Kinder hat und welche Beweggründe sie hatten, ihren Kindern diesen Namen zu geben. Die Eltern bekamen ein Blatt, auf dem sie die Ergebnisse festhielten. Anschließend wurde die Bedeutung des Namens der eigenen Kinder und die Beweggründe für die Namensvergabe anderen Eltern vorgestellt. Die so entstandenen „Namensblätter" mit den Ergebnissen wurden im Kindergarten ausgestellt. In vier Interviews mit Eltern und drei Interviews mit den Erzieherinnen wurde Bezug auf diesen Elternabend genommen und von allen Beteiligten positiv bewertet.

Die unterschiedlichen Namen der Kinder sind mit dem Thema Mehrsprachigkeit verbunden.

BEATA: Und die Namen, die aus anderen Ländern und andere Sprache kommen, manchmal verstehen wir die einfach nicht. Das ist nur, nur ein Wort und nichts mehr und dann verstehen wir auch besser die Familie und das Kind. (Beata 12).

Viele Namen haben eine Bedeutung, die die Erzieherinnen nicht verstehen, weil sie die entsprechende Sprache nicht können. Durch eine solche Aktivität bekommen sie einen tieferen Einblick in die Lebenswelt der Kinder.

Bei diesem Elternabend konnten die Beweggründe der Eltern für die Namensgebung und die Bedeutung der Namen, Unterschiede und Gemeinsamkeiten
thematisiert werden. Eine Gemeinsamkeit war z.b., dass viele Namen eine
religiöse Bedeutung haben.

SILKE: Die Eltern haben sich miteinander unterhalten, wie der Name entstan-
den ist, von ihrem Kind und haben das im Stuhlkreis dann im kleineren Kreis
vorgestellt und das war sehr interessant. Aktiv waren die Eltern und da hat
man richtig gemerkt, da ist einem manchmal die Gänsehaut gekommen, wie gut
das eigentlich tut. (Silke 15)

Die Erzieherin Silke beschreibt in ihrem Interview, dass sie die Gespräche der
Eltern über die Namen der Kinder als sehr bewegend wahrnahm. Die Erzieherinnen bekommen an diesem Elternabend die Gelegenheit, die Eltern anders
wahrzunehmen und zu erleben, als dies im normalen Kindergartenalltag möglich ist. Dadurch, dass die Erzieherinnen etwas über die Lebenswelt der Kinder
und ihrer Familien erfahren, haben sie auch die Möglichkeit, den Kindern und
ihren Familien anders zu begegnen. Aber nicht nur die Erzieherinnen verändern
ihre Sichtweise auf Kinder und Familien, sondern auch die Eltern.

FRAU A.: Und ein Junge ist mir sehr negativ aufgefallen am Anfang und wo
ich dann seine Geschichte erfahren habe und da hat sich mein Blick auf das
Kind natürlich verändert. Und da wusste ich dann auch, warum er sich so
verhalten hat und (...) das fand ich sehr positiv. Mittlerweile hab ich den Jun-
gen sehr gerne. Mein Sohn spielt sehr viel mit ihm. (lacht) Ich weiß auch an-
ders mit ihm umzugehen, weil ich einfach auch jetzt weiß, warum. (Frau A. 14).

Frau A. beschreibt, dass sich auch ihre Sichtweise auf bestimmte Kinder durch
diesen Elternabend verändert hat. Dies kam dadurch, dass sie etwas über die
Lebenswelt des Jungen erfuhr und sich so das Verhalten des Jungen besser
erklären konnte. Ihr Sohn ist mittlerweile mit dem Jungen befreundet und sie
weiß, wie sie auf den Jungen eingehen muss. Die Aussage von Frau A. lässt
darauf schließen, dass zwischen ihrem Sohn und dem anderen Jungen eine
Freundschaft möglich ist, die sie ohne diesen Elternabend vermutlich nicht
unterstützt, eventuell sogar unterbunden hätte.

Dieser Elternabend ist ein gutes Beispiel dafür, wie Diversität im Elementarbereich thematisiert werden kann und Eltern für die Thematik gewonnen werden
können. Diese Thematisierung von Vielfalt setzt an den eigenen Erfahrungen
und Sichtweisen der beteiligten Personen an, ohne hierbei anklagend zu sein,
wie dies zum Teil andere Anti-Diskriminierungsansätze tun. Für alle Eltern ist
der Name ihrer Kinder ein wichtiges Thema und oft ist die Namensvergabe mit
vielen Überlegungen und Zweifeln verbunden. Hier ist ein gemeinsamer Be-

zugspunkt für die Eltern, unabhängig davon, welcher Sprachgemeinschaft und Religion sie angehören. Dieser gemeinsame Bezugspunkt wird zum Ausgang genommen, um die unterschiedlichen Beweggründe bei der Namensgebung und die Namen, die vertreten sind, kennenzulernen.

5.2 Familienkulturen

Die Differenzlinie Kultur erfährt in dem Diskurs über Diversität eine besondere Beachtung. Deutlich wird dies u.a. auch dadurch, dass von inter*kultureller* Pädagogik gesprochen wird. In der Bezeichnung interkulturell spielt der Kulturbegriff eine besondere Rolle (vgl. Leiprecht 2004; Hormel / Scherr 2004; Engin 2009). Es hat sich inzwischen ein prozesshafter, flexibler Kulturbegriff in der interkulturellen Pädagogik durchgesetzt. Kultur wird hier als ein Repertoire von Bedeutungsmustern und Zeichensystemen, Werten, Normen und Bräuchen etc. gesehen, über das Gruppen verfügen. „Dieses Repertoire hat Orientierungsfunktion. Es macht das gesellschaftliche Leben verstehbar und verleiht ihm zugleich eine besondere Bedeutung. Da dies so ist, können Kulturen auch als besondere Lebensweisen unterschieden werden." (Leiprecht 2004, S. 11) Kultur ist somit eine Orientierungshilfe für das gesellschaftliche Leben. Ereignisse und Erlebnisse werden vor dem kulturellen Hintergrund interpretiert bzw. gedeutet. Die Komplexität und Widersprüchlichkeit des Kulturbegriffs ist schwer zu fassen und würde den Rahmen der Arbeit überschreiten.[3]

In den Interviews wurde auch nach kulturellen Unterschieden gefragt. Der Kategorie Kultur wurden solche Aussagen zugeordnet, die sich mit Wert- und Normenkonflikten im Kindergarten beschäftigten. Ein solcher Wertkonflikt wurde von Frau B., der Mutter von Maria (5 Jahre alt), geschildert. Während eines Kindergartenfestes zieht Maria sich mit einer Freundin nackt aus.

FRAU B.: Das waren zwei, also ihre Freundin und sie (...). Also es wurde schon misstrauisch beäugt, ich weiß es aber nicht mehr, ob es angesprochen worden ist oder nicht, aber es lag so in der Luft. Es waren nicht mehr viele da, so zum Schluss, so die Aufräumsituation, ob die (...) aber es war klar, dass das nicht für alle in Ordnung ist. (Frau B. 29).

In der Situation, die Frau B. beschreibt, hat niemand beanstandet, dass sich ihre Tochter Maria nackt ausgezogen hat, sondern sie hat „gespürt", dass einige hieran Anstoß nahmen. Unterschiedliche Werte und Normen zeigen sich in unterschiedlichen Erziehungsvorstellungen von Erwachsenen, also dadurch,

---

3 Ich orientiere mich bei dem hier verwendeten Kulturbegriff an den Arbeiten von Stuart Hall.

welches Verhalten der Kinder von Erwachsenen toleriert, sanktioniert, gefördert wird oder als Ziel von Erziehungsprozessen erreicht werden soll.
In der Interviewsequenz wird ein Spannungsfeld sichtbar, in dem unterschiedliche Wertvorstellungen aufeinandertreffen.

Interessant ist, dass diese Interviewstelle eine der wenigen darstellt, in der sich explizit kulturelle Unterschiede (und hiermit ist Kultur in Bezug auf Erziehung und Wertvorstellungen innerhalb von Familien gemeint) finden ließen. Kulturelle Unterschiede und mit ihnen verbundene Werte und Normenkonflikte spielen in den Aussagen der Eltern, Kinder und Erzieherinnen eine geringere Rolle als ich dies im Vorfeld angenommen habe und dies obwohl unterschiedliche Erziehungsvorstellungen von den Kindern durchaus wahrgenommen werden. Wie Marwin (4 Jahre) in der folgenden Szene deutlich macht.

Ich frage Marwin, während er die anderen Familienwände betrachtet, worin er Unterschiede zwischen sich und den anderen Kindern sieht. Er erklärt, dass die Mutter von Rocko nicht die Zähne nach dem Zähneputzen kontrolliert, seine Mutter dies aber tut. (Marwin 1)

Auf die Frage nach den Unterschieden, die Marwin bei der Betrachtung der Familienwände einfallen, nennt er die unterschiedlichen Umgangsweisen seiner Mutter und Rockos Mutter bei der Zahnhygiene. Unterschiedliche Umgangsweisen und Erziehungsvorstellungen werden von den Kindern wahrgenommen und diskutiert (sonst hätte Marwin nicht gewusst, wie die Regeln der Zahnhygiene bei Rocko zuhause umgesetzt werden). Diese Unterschiede treffen meist in der Verschränkung mit anderen Differenzlinien auf, so z.B. in der Verschränkung mit der Differenzlinie Religion, aber auch mit Sprache und sexueller Orientierung etc.

Auch wenn die Aussagen zu kulturellen Unterschieden in den Interviews geringer als erwartet waren, ist es in der praktischen pädagogischen Arbeit sinnvoll, sich mit unterschiedlichen Wert- und Orientierungssystemen innerhalb von Familien zu beschäftigen. Das Kinderweltenprojekt hat in diesem Zusammenhang den Begriff der Familienkulturen eingeführt. Durch die Einführung dieses Begriffes wird deutlich gemacht, dass Kultur nicht an Nationen gebunden ist, sondern sich in den unterschiedlichen Lebensweisen von Menschen zeigt. Familien können sich in ihren Lebensweisen, Werten und Normen sehr unterscheiden, obwohl sie der Großgruppe Deutsch, Türkisch etc. zugeordnet werden. Dieses Vorgehen ist zwar eine grobe Vereinfachung, die der Komplexität des sozialwissenschaftlichen Diskurses über den Kulturbegriff nicht gerecht wird, entspricht aber einem pragmatischen Vorgehen, welches sich leicht in der Praxis im Elementarbereich umsetzen lässt. Eine solche Umsetzung in die Praxis im Elementarbereich findet z.B. durch die Familienwände, auf denen die unterschiedlichen Lebenswelten von Familien abgebildet sind, statt.

5.2.1 Familienwände

Familienwände sind Wände, auf denen jedes Kind seine eigene Familie mit ausgewählten Fotos dokumentiert hat, auf denen also die unterschiedlichen Lebenswelten von Familien sichtbar gemacht werden und mit deren Hilfe auch unterschiedliche Werte- und Orientierungssysteme thematisiert werden können. Im Idealfall suchen die Kinder die Fotos, die sie auf ihrer Familienwand haben wollen, selbst aus. Im Ansatz der vorurteilsbewussten Bildung und Erziehung entsprechen die Familienwände den ersten beiden Zielen: „Jedes Kind muss Anerkennung und Wertschätzung finden als Individuum und als Mitglied einer bestimmten sozialen Gruppe (…). Allen Kindern soll ermöglicht werden, Erfahrungen mit Menschen zu machen, die anders aussehen als sie selbst und sich anders verhalten." (Wagner 2006, S. 461)

In der Einrichtung, in der ich meine Daten erhoben habe, sind die Familienwände über den Kleiderhaken in der Garderobe angebracht, also auf der Augenhöhe von Erwachsenen.

Frau C., die Mutter von Moritz, betont in ihrem Interview den identitätsstiftenden Aspekt der Familienwände.

FRAU C.: Es war sehr wichtig für die Kinder, also es ist sehr wichtig. Oft gehen sie hin und zeigen auch den anderen Kindern, das ist meine Oma, das ist mein Opa, das ist meine Familie, das ist den Kindern sehr sehr wichtig, also zu zeigen, wo sie herkommen und wer zu ihrer Familie gehört. (Frau C. 7-8)

Frau C. beschreibt, wie die Kinder die Familienwände nutzen. Einige Kinder zeigen anderen Kindern aus dem Kindergarten, wer auf der Familienwand abgebildet ist und wie ihr Verwandtschaftsverhältnis ist. Sie erzählen auch wo bzw. wie ihre Verwandten wohnen. Kinder erklären ihre Familienwände und müssen versuchen die Erklärungen anderer Kinder zu verstehen. Somit sind die Familienwände auch ein Mittel zur alltagsintegrierten Sprachförderung, da sie Sprachanlässe geben.

Die Fotos der Familienangehörigen geben den Kindern darüber hinaus Sicherheit und zeigen ihnen, dass sie Teil der Einrichtung sind. Die Erzieherin Silke nutzt z.B. die Familienwände und die Bilder gezielt, wenn Kinder ihre Eltern vermissen.

SILKE: Oder dass die Kinder ne Sicherheit haben, wenn die Mama jetzt mal weg ist. Ich kann immer zu dem Bild hingehen und gucken, die Mama ist ja da. (Erzieherin Silke 15)

Silke meint, dass die Familienwände den Kindern helfen, sich in der Einrichtung zurechtzufinden und die Trennung von ihren Eltern leichter zu verarbeiten. Allerdings lassen sich auch Aussagen dazu finden, dass dies nicht bei allen Kindern so ist, so in dem Interview mit der Erzieherin Ulrica.

ULRICA: Oder wir haben ein Kind, das ist drei und immer wenn sie ihr Bild sieht, dann habe ich schon überlegt, eigentlich tut es ihr nicht so gut, ihre Familie da hängen zu sehen (lacht), weil jedes Mal, wenn sie das sieht, fängt sie an zu weinen und man kann sie kaum beruhigen, so (spricht mit veränderter Stimme): „Ane, Ane" und man kann sie kaum beruhigen, weil sie das ständig daran erinnert, dass die Mama sie hier abgegeben hat. (Erzieherin Ulrica 70)

Ulrica berichtet hier von einem Mädchen, das, wenn es das Bild seiner Mutter erblickt, anfängt zu weinen. Die Erzieherinnen haben anschließend Schwierigkeiten, das Mädchen zu beruhigen.

Das heißt, dass für einige Kinder die Familienwand dazu beiträgt, leichter Abschied zu nehmen, während die Familienwand bei anderen Kindern genau den gegenteiligen Effekt hat. Es wird deutlich, welche unterschiedliche Wirkung ein und dieselbe Methode auf die Kinder haben kann.

Die Familienwände haben neben dem identitätsstiftenden Aspekt auch das Ziel, die Heterogenität in der Gruppe sichtbar zu machen. So sollen Kinder auch etwas über andere Lebenswelten und unterschiedliche Familienkulturen erfahren.

Dieses methodische Vorgehen entspricht dem, was Liegle als „indirekte Erziehung" im Elementarbereich bezeichnet (vgl. Liegle 2010, S. 19ff.), also eine anregende, von Erwachsenen gestaltete Lernumgebung, die Kinder für Bildungsprozesse selbstständig nutzen können.

Nicht nur die Kinder nutzen die Familienwände, um sich mit der Heterogenität der Kindergruppe auseinanderzusetzen, sondern auch die Eltern. Frau A. beschreibt, wie sie sich mit anderen Eltern anhand der Familienwände über die Lebenswelt der anderen Familien austauscht.

FRAU A.: Bei einer Mama, der Junge ist jetzt auch weg, da war wirklich nur sie und das Kind drauf auf dem ganzen meine Familie und da hat man sich auch natürlich aber mit anderen Eltern drüber unterhalten und bis man dann dahinter gekommen ist, wir können sie ja mal selber fragen (lacht), ob sie nicht vielleicht Kontakt sucht oder ob sie ganz alleine ist. (Frau A. 18)
Eine Familienwand, auf der nur die Mutter mit ihrem Sohn zu sehen war, war nach Aussage von Frau A. für einige Eltern und sie ein Anlass für ein Gespräch über die Lebenswelt dieser Familie.

Die Familien geben durch die Familienwände viel über ihr Privatleben preis. Sicherlich haben die Eltern auch durch die Auswahl der Fotos Einfluss darauf, welche Informationen sie über ihre Lebenswelt geben wollen. Dennoch sind es immer auch intime Einblicke in das Privatleben der Einzelnen. Diese Einblicke werden, wie in der Interviewsequenz deutlich wurde, von anderen Eltern kommentiert und bewertet. Es werden Gespräche über Familien geführt, ohne dass die betroffenen Familien an diesen Gesprächen teilnehmen können. Ein Vorteil in der von mir untersuchten Einrichtung war sicherlich, dass es den Eltern frei gestellt war, ob sie Familienwände anfertigten.

Zusammenfassend kann festgehalten werden, dass die Familienwände von Erzieherinnen und Eltern positiv bewertet werden.

Das in den Interviews geäußerte Interesse an der Lebenswelt anderer Familien kann von sachlichem Interesse geprägt sein. Es lassen sich aber auch Momente des „reden über" andere Familien erkennen.

Wenn die Familienwände verstärkt von Kindern dazu genutzt werden sollen, gesellschaftliches Lernen zugänglich zu machen, bedarf es erwachsener Bezugspersonen, die diese Bildungsprozesse nicht dem Zufall überlassen, sondern die mit den Kindern zusammen die Familienwände betrachten und gemeinsam über die Unterschiede und Gemeinsamkeiten und unterschiedlichen Werte und Orientierungssysteme mit den Kindern nachdenken. Nicht zu unterschätzen ist auch der sprachfördernde Effekt der Familienwände, der natürlich verstärkt angeregt wird, wenn die Familienwände auf Augenhöhe der Kinder hängen.

5.3 Religion

Es lassen sich einige Aussagen zum Thema Religion in den Interviews finden. Hier werden in besonderer Weise unterschiedliche Orientierungssysteme und Vorstellungen sichtbar. Dies hat sicherlich auch damit zu tun, dass es sich bei dem Kindergarten um einen konfessionell gebundenen Kindergarten handelt, in dem Religion eine große Rolle spielt. Den Kode Religion habe ich induktiv aus dem Datenmaterial gebildet.

5.3.1 Interreligiöses Lernen

Aslans Mutter (Aslan ist 4 Jahre alt), Frau FC., berichtet in ihrem Interview von Fragen zu Religion, die Aslan stellt, seit er in den Kindergarten geht.

FRAU FC.: Ich muss immer erzählen, zum Beispiel er hat uns immer alles gefragt, warum tragen die kein Kopftuch? (INTERVIEWER: Hier im Kindergarten?) Ja, sie ist eine Dame und trägt kein Kopftuch. Er hat sich da vorher nichts dabei gedacht, aber wenn er von außen kommt, oder er hat vorher nicht aufgepasst und bestimmt er hat es gesehen, so ohne Kopftuch. Aber wenn er in den Kindergarten kommt und Kontakt gehabt hat. Ich habe immer erzählt, wir sind muslimisch. Die sind von einer anderen Religion, die brauchen das nicht machen. (Frau FC. 51)

Auf Aslans Frage erklärt seine Mutter ihm, dass dies daran liegt, dass es nicht-muslimische Frauen sind und sie deswegen kein Kopftuch tragen müssen. Dieses Wissen überträgt Aslan allerdings auch auf andere Situationen, was für Frau FC. zu Teil peinlich ist. Aslan nutzt äußerliche Merkmale (in diesem Fall das Kopftuch), um Menschen bestimmten Religionen zuzuordnen.

FRAU FC.: Ja, wie zum Beispiel Kopftuch. Sie tragen Kopftuch, warum die nicht? Und eine Dame war in der Moschee, die trägt kein Kopftuch. Er sagt, du bist nicht muslimisch, warum trägst du kein Kopftuch? Ich habe gesagt, nein Aslan, die ist Muslimin, aber die trägt kein Kopftuch. Das ist immer schwer, dieses schwarz oder weiß (lachen). Ich habe zu der Dame gesagt: „Entschuldigen sie, aber er hat mich das vorher im Kindergarten gefragt und ich habe ihm das so erklärt". (Frau FC. 130)

Aslan versucht sein erworbenes Wissen aus dem Kindergarten, dass eine Frau mit Kopftuch muslimisch ist und eine Frau ohne Kopftuch christlich, auf eine andere Situation zu übertragen. Dies führt dazu, dass er sich muslimische Frauen nur mit Kopftuch vorstellt. Diese Situation ist der Mutter unangenehm. Es wird hier deutlich, wie sich Kinder in unterschiedlichen und zum Teil widersprüchlichen Orientierungssystemen zurechtfinden müssen.

Aslans Schwester, Frau SC, die bei dem Interview anwesend ist und Frau FC. unterstützt, berichtet, wie Aslan Verbindungen zwischen dem Islam und dem Christentum herstellt und hier Parallelen entdeckt. Dass Ostern Ostereier gesucht werden und die Ostereier oft aus Schokolade sind, verleitet Aslan zu folgender Einordnung des Osterfestes:

FRAU SC.: Wir haben einen Bayram, dann hat er halt gesagt, das ist der Bayram halt von Deutschen. (Lachen). (Frau FC.121).

„Deutsch" wird in dem Interview von Frau SC. mit christlich gleichgesetzt. Da es Süßigkeiten gibt, vermutet Aslan, dass es der Bayram der Deutschen ist. Aber nicht nur Aslan ist derjenige, der Neues über das Christentum erfährt. Seine Familie ist auch in diesem Lernprozess einbezogen. Aslan verblüfft seine Eltern mit seinen Aussagen. Die Eltern machen sich wiederum Gedanken darüber, welche seiner Aussagen zum Christentum falsch oder richtig sind.

FRAU FC.: Er hat gesagt, Gottes Sohn ist Jesus. Mein Mann hat gesagt, nein, das gibt es nicht. Ich habe gesagt, du musst ihn erst fragen, er sagt das, er etwas gehört hat (Lachen). Ich habe gefragt, er hat gesagt, im Kindergarten habe ich das gehört, Jesus ist Gottes Sohn. Ich habe gesagt, ja, die glauben das so, aber wir glauben dass er nur ein Prophet ist und nicht Gottes Sohn. (Frau FC. 123-125)

Aslans Mutter berichtet, dass Aslan erzählt hat, dass Jesus Gottes Sohn ist. Dies löste zuhause Diskussionen aus. Sein Vater hat gesagt, dass dies nicht sein könne. Die Mutter antwortet daraufhin, dass Aslan dies vermutlich im Kindergarten gehört hat. Sie hat ihm erklärt, dass im muslimischen Glauben Jesus nur ein Prophet und nicht Gottes Sohn ist. Sie betont, wie schwierig es für Aslan ist, diese unterschiedlichen Glaubensvorstellungen in Einklang zu bringen.

Aslans Weltwissen, und hier besonders über Religion, wird erweitert. Aslan versucht unterschiedliches Wissen miteinander zu kombinieren, um so die Welt, in der er lebt, besser zu verstehen. So ist für ihn Ostern eine Art „Bayram für die Christen", weil es hier Süßigkeiten in Form von Schokoladeneiern und Schokohasen gibt. Aslan interpretiert den christlichen Glauben vor der Hintergrundfolie des religiösen Wissens, welches er aus dem Islam hat. Das Wissen, welches er über den christlichen Glauben im Kindergarten erworben hat, bringt er nach Hause und regt dort Gespräche an. So sorgt seine Aussage, dass Jesus Gottes Sohn ist, für eine Auseinandersetzung mit christlichen Glaubensvorstellungen auch innerhalb seiner Familie. In diesem Lernprozess, in dem sich Aslan befindet, ist Aslans Familie eingebunden.

In dem folgenden Beispiel beschreibt Aslans Mutter wie Aslan unterschiedliche Gebetspraktiken ausprobiert. In dem Kindergarten wird vor dem Essen gebetet. Aslans Mutter hat in dem Interview auf die Gebete vor dem Essen hingewiesen.

FRAU FC: Aber die Worte finde ich sehr schön, was sie vorher sagt. Jedes Kind betet so, wie es will. Mein Sohn sagt, ich bete so, Mama (faltet die Hände wie bei einem christlichen Gebet). Ich sage, liebes Kind, aber wir machen das anders, aber die Christen machen das so. Ist egal mache ich auch so, sagt er (lachen). Er versteht dies nicht, er ist klein, o.k., das lernt man nachher. Ich habe gesehen, die Kinder Islam machen so, die anderen Kinder machen so. Ja, ich habe gesehen, jeder macht, was er will. Aber das ist ein Dankeschön für Gott und ist für alle gleich. Was sie gesagt hat, ist sehr schön, ist egal ob so oder so. (Frau FC 168)

Das Gebet, welches die Erzieherin spricht, gefällt der Mutter sehr gut. Bei dem Gebet kann jedes Kind so beten, wie es möchte. Aslan probiert hier seinen persönlichen „Gebetsstil" aus. Er entscheidet sich für gefaltete Hände. Seine Mutter weist ihn darauf hin, dass Muslime aber anders beten. Daraufhin meint er, dass er aber trotzdem mit gefalteten Händen beten möchte. Die Mutter sieht das humorvoll und meint, er würde das noch lernen. Sie betont am Ende, dass das Gebet ein Dankeschön für Gott ist und dass dies bei allen Religionen gleich ist.

Diese Aussage der Mutter zeigt Interesse an interreligiösen Lernprozessen. In der Einrichtung herrscht eine Offenheit gegenüber unterschiedlichen Religionen, wie dies an den unterschiedlichen Gebetsformen sichtbar wird. Die Momente des interreligiösen Lernens, die im Interview geschildert werden, sind unübersehbar. Über dieses praktizierte interreligiöse Lernen hinaus müssen allerdings die strukturellen Bedingungen, unter denen evangelische Einrichtungen arbeiten, beachtet werden.

Während es einen breiten Diskurs über interkulturelles Lernen gibt, wird interreligiöses Lernen eher den konfessionellen Einrichtungen überlassen, was nicht unproblematisch ist. So stellen z.B. konfessionelle Einrichtungen fast ausschließlich Personal ein, dessen Konfession der des Trägers entspricht (obwohl die Einrichtungen größtenteils aus öffentlichen Geldern finanziert werden). Das heißt in der Praxis, dass muslimische Erzieherinnen und Erzieher nicht in evangelischen Einrichtungen arbeiten dürfen. Während Forderungen nach interkultureller Öffnung ganz selbstverständlich geworden sind, hat eine interreligiöse Öffnung von konfessionsgebundenen Einrichtungen noch nicht stattgefunden. Dies ist vor dem Hintergrund meiner Datenerhebung umso erstaunlicher, da es dort wenige Aussagen zum interkulturellen Lernen gab, aber viele zum interreligiösen Lernen. Gerade muslimische Eltern, die ihre Kinder in konfessionsgebundenen Einrichtungen angemeldet haben, bringen oft eine große Bereitschaft mit, sich auf interreligiöse Lernprozesse einzulassen, wie dies in der Interviewsequenz deutlich wurde. Leider wird dies von konfessionsgebundenen Einrichtungen viel zu wenig genutzt.

5.3.2 Wie die Ostergeschichte schlaflose Nächte verursachen kann – oder interreligiöses Lernen Teil 2

Dass die christliche Botschaft im Kindergarten den Kindern auch Angst machen und schlaflose Nächte zur Folge haben kann, berichtet Frau A., Marwins Mutter (Marwin ist 4 Jahre alt).

FRAU A: Wobei mein Sohn manche Sachen überhaupt nicht mag und abends auch Probleme hat mit'm Einschlafen, wo ich dann das bearbeiten muss, was hier geredet worden ist, grad mit Jesu Kreuzigung und mit Dornenkrone auf, da hat er nachts Albträume gehabt. Ehm, mein Sohn kennt Jesus nicht, erst seit er hier ist. (lacht) Aber ansonsten, ja, kann er sich hier frei ausleben. (Frau A. 20)

Bei Marvin haben die Schilderungen von Jesu Kreuzigung nachts solche Albträume erzeugt, dass die Mutter hier intervenieren musste. Marvin hatte vor dem Kindergarten keinen Kontakt zur christlichen Lehre. Er hat die Geschichten von Jesus erst im Kindergarten kennen gelernt.

Ähnlich äußert sich Marias Mutter, Frau B. über die drastischen Schilderungen der Ostergeschichte im Kindergarten (Maria ist 4 Jahre alt).

FRAU B.: Wo ich manchmal ein bissel Probleme hab, ist eher so diese ausführliche (...) jetzt grad mit Ostern oder Karfreitag (...) ob man das im Detail so besprechen muss, wo ich dann denke (...), bei den Kindern könnte man nen bisschen Abstriche machen. Ich finde schon gut, wenn Kinder das mitkriegen und wir sind ja ne christlich geprägte Gesellschaft und einfach auch so die Feste und warum sie gefeiert werden, aber so Detailbeschreibungen, mit Dornenkrone draufdrücken, das finde ich dann ein bisschen viel. Das hat sie auch beschäftigt, so mit dem ans Kreuz nageln. (Frau B. 123)

Marias Mutter beschreibt, dass sie ein *bissel Probleme* damit hat, wie genau die Kreuzigung Jesus in allen Details im Kindergarten geschildert wurde. Sie meint, dass für die Kinder eine weniger detailgetreue Beschreibung besser gewesen wäre. Ihre Tochter hat die Kreuzigungsgeschichte nachhaltig beschäftigt, allerdings hat sie, anders als in dem oben geschilderten Beispiel, keine schlaflosen Nächte davon bekommen.

Die christliche Botschaft ist aus den konfessionsgebundenen Kindergärten nicht wegzudenken. Die Eltern haben keine ablehnende Haltung gegenüber dem Christentum. Im Gegenteil, die Eltern äußern sich an anderen Stellen im Interview positiv über die christliche Botschaft im Kindergarten. Allerdings hat die detailgetreue Schilderung der Kreuzigung einige Kinder überfordert und dies stört einige Eltern. Auch hier werden unterschiedliche religiöse Weltbilder sichtbar. Die Differenzen verlaufen hier nicht zwischen Christentum und Islam, sondern es handelt sich hier um die Frage, welche Geschichten aus der Bibel für Kinder in welchem Ausmaß geeignet sind. Dadurch, dass die Folterung und der Tod von Jesu besonders betont wurden, wurden Kinder und Eltern eher verschreckt, als dass ihnen das christliche Weltbild näher gebracht wurde. Die Ostergeschichte ist eigentlich eine Geschichte, in der die Auferstehung und das ewige Leben eine große Rolle spielen. Dieser Teil der Ostergeschichte ist für Kinder nicht bedrohlich, sondern spendet eher Zuversicht. Es handelt sich bei der Ostergeschichte eigentlich um eine mutmachende Geschichte für Kinder.

5.4 Alter und Fähigkeiten

Das Alter, so wird oft angenommen, ist neben Gender eines der wichtigsten Kriterien bei der Wahl von Spielpartnerinnen und Spielpartnern bei Kindern (vgl. Blank. Mathieu 2001; Rohrmann 2008). Das Alter spielt auch bei Ritz eine Rolle, sie setzt sich damit auseinander, wie jüngere Kinder von älteren Kinder ausgegrenzt und herabgesetzt werden. Sie bezeichnet diese Form der Diskriminierung als Adultismus (vgl. Ritz 2008). Alter wird in der Lebenswelt von Kindern oft synonym mit entwickelten Fähigkeiten verwendet. Kinder werden z.b. in einem bestimmten Alter eingeschult. Es wird davon ausgegangen, dass sich mit einem bestimmten Alter bestimmte Fähigkeiten und Kompetenzen, die für einen Schulbesuch notwendig sind, bei dem Kind entwickelt haben. So verwundert es auch nicht, wenn Kinder untereinander Alter und Fähigkeiten oft synonym verwenden.

Die folgende Situation habe ich während meiner teilnehmenden Beobachtung festhalten können.

Eine weitere Situation ergab sich, als ein Mädchen an einer Turnstange turnte. Es gibt in dem Kindergarten zwei Turnstangen, die nebeneinander stehen und unterschiedliche Höhen haben. Ein Junge, der drei Jahre alt war, sagte zu einem größeren Mädchen: „Diese ist für Kinder. Du musst auf die andere gehen." Das Mädchen (eigentlich schon ein Schulkind, das an dem Tag zu Besuch war) erwiderte: „Wieso ich bin noch ein Kind." Der Junge sagte: „Du musst auf die Stange, (zeigte auf die andere Stange), die ist für kleine Kinder (zeigte auf die Stange, an die er wollte)." Das Mädchen sagte: „Das ist doch egal." (Talking field notes 1, 33)

In dieser Situation nimmt ein Junge eine Einteilung und Unterscheidung aufgrund des Alters vor. Diese Unterscheidung findet nicht willkürlich statt, sondern ist konkret auf bestimmte Spielgeräte bezogen, die aus Sicht des Jungen jüngeren Kindern zustehen. Das ältere Mädchen hat aus seiner Sicht das falsche Spielgerät gewählt. Hinzu kommt, dass er an der Turnstange turnen möchte und dies nur an der kleineren Stange kann, da seine Körpergröße für die größere Stange nicht ausreicht (er kann im ausgestreckten Zustand kaum die Stange erreichen). Interessant ist auch der Begriff „des Kindes", den der Junge hier verwendet. Er konstruiert sich als ein Kind. Das Mädchen, welches schon in die Schule geht, ist für ihn kein Kind mehr. Die Situation hat aber noch einen anderen Aspekt. Der Kindergarten ist für Kinder. Das Mädchen, dem der Junge den Status als Kind abspricht, gehört nicht mehr zu dem Kindergarten, sie ist Besucherin und die Spielgeräte sind eigentlich den Kindergartenkindern vorbehalten. Es geht also auch um Privilegien, die Kindergartenkindern vorbehalten sind, in diesem Fall die Nutzung der Kletterstange. Hier dient die soziale Konstruktion als Kind dazu, Privilegien zu sichern.

Aber nicht nur das Alter spielt eine Rolle, sondern auch die Körpergröße und der Vergleich wer größer ist. Die folgende Szene stammt aus dem Interview, das ich mit Rocko geführt habe. Ein weiterer Junge (Emilio) war in dieser Situation anwesend.

INTERVIEWER: Erkan ist der nicht ein bisschen kleiner?
EMILIO: Ja, der ist schon ein bisschen klein.
ROCKO: Hallo, der geht mir bis zum Bauch. Vielleicht geht auch bis hier (zeigt auf Brusthöhe). Also der ist ein bisschen kleiner als ich.
EMILIO: Also ich bin auch schon ein bisschen groß.
ROCKO: Aber ich bin größer als du.
EMILIO: Wir sind beide gleich groß. (Rocko 85-90)

Der Aspekt der Körpergröße wird von mir in dem Interview eingebracht. Die Jungen greifen dies auf und überlegen, wie groß Erkan im Vergleich zu ihnen ist. Hierbei wird Erkan als sehr klein im Vergleich zu ihnen gesehen. Rocko vermutet, dass Erkan nur bis zu seinem Bauch reicht. Er korrigiert sich dann und meint, dass Erkan ihm vielleicht doch bis zur Brust reicht. Emilio, der von der Körpergröße ein bisschen kleiner als Rocko ist, meint, er sei auch schon „ein bisschen groß". Rocko ist es wichtig, in dieser Situation zu betonen, dass er nicht nur größer als Erkan, sondern dass er auch größer als Emilio ist. Emilio versucht daraufhin, diesen von Rocko geäußerten Größenunterschied zu nivellieren und betont, dass beide gleich groß sind.

Die Jungen nutzen die Körpergröße als ein Kriterium, in dem sich aus ihrer Sicht Überlegenheit und Reife gegenüber anderen Kindern zeigt. Die Körpergröße wird hier zu einem Indikator für Entwicklung bzw. Entwickeltsein. Nur so ist erklärbar, dass die Körpergröße in der weiteren Kommunikation bei den beiden Jungen eine solche Bedeutung entfalten kann.

„Groß" oder noch „zu klein sein", wird von Erwachsenen als Beschreibung genutzt, um Kindern bestimmte Handlungsräume zu eröffnen bzw. ihnen die Grenze ihrer Handlungsräume und -möglichkeiten aufzuzeigen. Die folgende Interviewsequenz stammt aus dem Interview mit der Erzieherin Ulrica. Sie beschreibt, wie das pädagogische Fachpersonal mit den Begriffen „Klein" und „Groß" umgeht und wie die Kinder diese Konzepte aufgreifen und auf andere Kinder übertragen.

ULRICA: Ja, weil du zu klein bist, sowas schon. Jaja. Weil du zu klein bist.
INTERVIEWER: Wo passiert das?
ULRICA: Bei ... bei so Spielen, wo auch die Erwachsenen gesagt haben, das ist ein Spiel für die Großen. Das ist so ein Brettspiel, ich habe es selbst noch nicht gespielt, weil da muss der Raum halt wirklich ruhig sein, weil da so eine Schatztruhe ist, da drückt man darauf und dann hört man, dann hört man, dann bekommt man so Arbeitsaufträge sozusagen. Dieser Schatz, wer war's oder wie auch immer das heißt. Und dann sagen die immer das ist für die Großen. (...) (Ulrica 105-109).

Ulrica berichtet, dass ältere Kinder die jüngeren Kinder bei einem Brettspiel nicht mitspielen lassen, ihre Begründung hierfür ist, dass sie für das Spiel noch „zu klein" sind. Die Erwachsenen (vermutlich Erzieherinnen und Eltern) haben gesagt, dass diese Spiele nur für die älteren Kinder sind.

Das Spiel, welches Ulrica hier beschreibt, ist von der Firma Ravensburger und nach Angaben des Spieleherstellers für Kinder ab sechs Jahren geeignet. Bei dem Spiel geht es darum, Informationen zu sammeln und durch die Kombination der Informationen den Dieb eines magischen Rings zu ermitteln. Die kognitiven Voraussetzungen um dieses Spiel zu spielen bringen Drei- und Vierjährige meistens noch nicht mit. Insofern ist es verständlich, dass dieses Spiel den älteren Kindern vorbehalten ist. Allerdings wird hier auch deutlich, wie Kindern vermittelt wird, dass bestimmte Tätigkeiten erst ab einem bestimmten Alter möglich sind. Es geht hier gar nicht um das Alter, sondern um den erwarteten Entwicklungsstand mit den für dieses Alter als „normal" geltenden Fähigkeiten. „Groß" und „Klein" wird in dieser Situation zu einer Beschreibung für erwartete Fähigkeiten und der damit verbundene Handlungsmöglichkeiten.

Zusammenfassend lässt sich allerdings sagen, dass die Differenzlinie Alter in den Daten eine viel geringere Rolle gespielt hat, als dies der theoretische Diskurs vermuten lässt. Dies könnte auch mit der Methode der Datenerhebung zusammenhängen. Vermutlich würde Alter eine höhere Bedeutung bekommen, wenn mit soziometrischen Verfahren Daten über die Zusammensetzung von Spielgruppen in dem Kindergarten erhoben worden wären.

5.5 Behinderung / Beeinträchtigung

Während in dem Kapitel „Inklusion" eine theoretische Auseinandersetzung damit stattgefunden hat, wie Inklusion in Tageseinrichtungen für Kinder umgesetzt werden kann, wird in diesem Kapitel herausgearbeitet, wie die Eltern, Kinder und Erzieherinnen inklusive Prozesse wahrnehmen.

In der Einrichtung, gibt es zwei Kinder mit Beeinträchtigungen. Durch die Aufnahme dieser Kinder werden den Einrichtungen zusätzliche Ressourcen zur Verfügung gestellt.

Auf der einen Seite sind bei inklusiven Prozessen die strukturellen Bedingungen zu beachten, wie zusätzliche Ressourcen oder ein z.B. barrierefreies Gebäude, Fortbildungen für das Personal und Angebote, die die Kompetenzen und Fähigkeiten von Kindern mit Beeinträchtigungen erweitern (vgl. Prengele 2010). Auf der anderen Seite geht es vor allem um inklusive Prozesse auf der Gruppenebene, wie z.B. Teilhabe an Spielgruppen und das Finden von Freunden im Kindergarten. Casey (2011) hat in ihrer Studie herausgearbeitet, dass eine der größten Ängste von Kindern im Kindergarten ist, keine Freunde zu finden.

Es gibt in der Einrichtung Spielfiguren für das Puppenhaus, die versuchen, soziale Vielfalt zu berücksichtigen, indem es z.b. Spielfiguren gibt, die auch körperliche Beeinträchtigen thematisieren (vgl. Kapitel „Diversität im Puppenhaus"). So gibt es z.b. die Figur eines Mädchens in einem Rollstuhl und eines Jungen, der ein Hörgerät trägt. Bei diesen Figuren sind es besonders die Hilfsmittel (Rollstuhl, Hörgerät), die bei den Kindern Fragen aufwerfen.

SILKE: So wie du das auch gemacht hast, da ergeben sich manchmal Fragen, wie guck mal der ist im Rollstuhl, warum? Das es einfach wie im normalen Leben ist, dass es einfach auch im Kindergarten eine Normalität ist, dass man weiß, aha, der sitzt im Rollstuhl und das man da einfach auch nicht sagt, äh, guck mal, wie sieht der aus? Oder so, ja. Oder warum die ältere Dame oder der ältere Mann eine Gehhilfe haben? (Silke 31)

Einer der Gründe, warum die Erzieherinnen diese Spielfiguren angeschafft haben, ist, dass die Kinder schon im Kindergarten lernen, dass es „normal" ist, wenn einige Menschen einen Rollstuhl und andere Gehhilfen benötigen. Gesellschaftliche Vielfalt zeigt sich so im verwendeten Material im Kindergarten. Die Kinder stellen auch Fragen zu den Hilfsmitteln. Sie begegnen den Hilfsmitteln auf einer sachlichen Ebene.
Sachliches Interesse zeigen die Kinder auch bei dem Hilfsmittel, welches Amelie (4 Jahre) verwendet.

Amelie, die an Epilepsie leidet, kam nach einem längeren Krankenhausaufenthalt wieder in den Kindergarten und musste einen Epilepsiehelm tragen. Die Eltern hatten im Vorfeld viele Befürchtungen wegen der stigmatisierenden Wirkung eines solchen Helms und wie die Kinder hierauf reagieren würden.

SILKE: Ja, von Kindern und die Eltern haben mich angesprochen, aber es war nur ganz kurze Zeit und dann habe ich gemerkt, hoppla, o.k., wir machen einen Stuhlkreis und sprechen das an und ich hab das mit dem Kind besprochen und hab gesagt du darfst dich, möchtest du dich selber vorstellen und das erzählen oder soll ich das machen. Die war so selbstbewusst, sie wollte das selber machen und auch ganz stolz auf ihren Helm und hat gesagt, dass ich mich nicht verletze und deswegen hab ich den jetzt jeden Tag den Helm auf, damit ich mir einfach nicht weh tu, weil ich manchmal einfach hinfalle. Danach hab ich noch ein paar Worte gesagt und dann war es weg vom Tisch. Keiner hat gesagt, oh, wie sieht die denn aus. (Silke 46).

Die Kinder und Eltern erkundigen sich nach dem Epilepsiehelm. Die Erzieherin Silke möchte daraufhin den Kindern der Gruppe erklären, warum Amelie den Helm trägt. Amelie möchte diese Erklärung allein geben und informiert die Kinder in einem Stuhlkreis über ihren Helm und warum sie ihn trägt. Hierdurch scheint das sachliche Interesse der Kinder befriedigt zu sein. Offenbar wird der Helm bei den Kindern nicht mehr thematisiert. Amelie geht offensiv mit ihrer Beeinträchtigung um. Sie ist diejenige, die die Kinder informiert und nicht die Erzieherin.

Diese Episode ist ein Beispiel für eine direkte Thematisierung von Unterschieden. Durch die direkte Thematisierung kann Amelie den Kindern erläutern, warum sie einen Helm benötigt. Amelie tritt selbstbewusst in der Gruppe auf und beantwortet die Fragen der Kinder. In diesem Beispiel findet Inklusion erfolgreich statt.

Amelies Mutter, Frau D., erfährt durch die Erzieherinnen Unterstützung und Verständnis für ihre Lebenssituation und ihre Befürchtungen.

FRAU D: Oder wenn ich dann Sorgen hab, wie ich schon gesagt habe, wenn ich morgens schon merk, sie sagt, mein Bein oder mein Arm ist komisch, dann weiß ich halt, es kann sein, es fängt was an oder so und ich das dann sag, ja (...) dann gucken sie halt speziell nach ihr. Oder wenn ich dann sag, also sie soll ja grundsätzlich nicht alleine Treppe laufen, dass sie dann halt einfach da (...) ja die geben mir halt immer das Gefühl, es ist alles in Ordnung, also ich muss mir keine Sorgen machen, sie gucken danach. (Frau D. 18).

Die Erzieherinnen zerstreuen die Sorgen von Frau D. und geben ihr das Gefühl, dass ihre Tochter gut aufgehoben ist. Allgemein ist es für die meisten Eltern ein sehr wichtiges Gefühl, dass ihre Kinder gut im Kindergarten aufgehoben sind. In der Ausbildung zur Erzieherin / zum Erzieher spielen die pädagogischen Grundhaltungen Empathie, Wertschätzung und Kongruenz eine besondere Rolle (vgl. Jaszus et al. 2009). Forderungen an pädagogische Fachkräfte, die schon fast banal klingen, wie den Kindern und ihren Familien wertschätzend zu begegnen, bekommen vor den Hintergrund dieses Interviews eine neue Bedeutung. Es sind genau diese Grundhaltungen, die inklusive Prozesse begünstigen und erleichtern. Deutlich wird auch, welche Schlüsselfunktion die Fachkräfte bei inklusiven Prozessen einnehmen. Sie sind es, die durch ihre Handlungen erst inklusive Prozesse, und hier besonders auf Gruppenebene, unterstützen und fördern.

Allerdings verläuft dieser inklusive Prozess nicht bei allen Kindern in der Einrichtung so konfliktfrei wie bei Amelie. In dem Kapitel „Soziale Klasse" wird der Fall von Raul geschildert, der eine Sehbeeinträchtigung hat und entwicklungsverzögert ist.[4] Raul wird öfters aus Spielgruppen ausgeschlossen und von Kindern herabgesetzt. Während Amelies Familie einen relativ guten sozial-ökonomischen Status hat, hat Rauls Familie dies nicht. Hier scheint eine Differenzlinienverschränkung mit der Differenzlinie sozial-ökonomischer Status inklusive Prozesse zu erschweren. Für die Kinder wird Amelies Beeinträchtigung hauptsächlich dadurch erfahrbar, dass sie einen Helm trägt und keine Treppen steigen darf. Sicherlich würde sich in der Einrichtung die Inklusion von Kindern mit Mehrfachbeeinträchtigungen oder geistigen Beeinträchtigungen weit schwieriger gestalten.

5.6 Doing race / Doing ethnicity

In dem Kapitel „doing difference" wurden Studien vorgestellt, die sich mit der Fragestellung beschäftigen, wie Kinder unterschiedliche Ethnien ko-konstruieren. Dieser Prozess wird als doing race bzw. doing ethnicity bezeichnet. Wie sich diese Prozesse im Kindergarten zeigen und welche Wirkung sie entfalten, spielte auch in den Interviews eine Rolle, so auch in dem folgenden Interview. Marwins Vater stammt aus Kamerun. Marwin hat eine dunkle Hautfarbe und ist vier Jahre alt. Marwins Mutter, Frau A., berichtet im Interview von Rassismuserfahrungen, die Marwin auf dem Spielplatz im Stadtteil machen musste. Sie betont im Interview, dass Marwin im Kindergarten ganz andere Erfahrungen machen konnte:

FRAU A.: Hier absolut kein Problem. Überhaupt nicht. Also in diesem Kindergarten überhaupt nicht. Mein Sohn ist genauso lieb aufgenommen worden oder auch von den andern Kindern nicht diskriminiert worden wegen seiner Hautfarbe, absolut nicht. (Frau A. 51-53).

Dass Marwin bisher nicht mit rassistischen Beleidigungen im Kindergarten konfrontiert wurde, heißt nicht, dass Prozesse des doing race / doing ethnicity und damit verbundene Ausgrenzungen und Herabsetzungen im Kindergarten keine Rolle spielen. Die Kinder nehmen die unterschiedlichen Hautfarben wahr und ko-konstruieren Wissen über diese Unterschiede. Auf der einen Seite geht es hier durchaus um sachliches Interesse an Unterschieden, auf der anderen Seite lassen sich neben dem Interesse der Kinder an visuellen Unterschieden auch rassistische Stoßrichtungen erkennen, wie die Erzieherin Regine in der folgenden Interviewsequenz schildert:

---

4 Im Kapitel „Soziale Klasse" findet eine intensive Auseinandersetzung mit den Ausgrenzungsmechanismen, mit denen Raul zu kämpfen hat, statt. An dieser Stelle wird Raul deswegen nur kurz erwähnt.

*REGINE: Also, z.B. Emilio war ganz am Anfang **total** irritiert, als er in den Kindergarten kam. Da war Rahels Bruder noch da, der Jakob und der ist dann immer neben Jakob gesessen und hat gesagt: „Gucke einmal, was der da hat. Gucke einmal, was der da hat." (macht streichende Bewegung auf eigenem Arm)*
INTERVIEWER: Also der hat versucht die Hautfarbe wegzustreichen?
REGINE: Der hat das gar nicht kapiert, was da, warum und dann haben wir ja dieses Hautfarbenprojekt gemacht und jetzt ist es für ihn klar. Und der war da natürlich auch und jetzt ist es für ihn klar. Du hast das klassisch gesehen, der wollte den auch nicht anfassen, weil er wahrscheinlich gedacht hat, der färbt ab. Das war das Klassische und Emilio ist ja ein bisschen naiver oder einfältiger, dass wo andere das viel subtiler machen. Der hat das ja auch so geäußert, guck mal, was der da hat. Also der dann gesagt, guck mal, was der da hat und dann ist er zum Jakob und ich habe dann gefragt, was ist denn? Und er aber, guckt doch mal, was der da hat, der ist so dunkel, und ich hab ihn dann gefragt, hast du Angst, du wirst dann auch dunkel? Ja, ja ... der ist dann so einfältig gewesen, dass er dir das ganz klar sagt und du kannst dann auch damit umgehen und dann bin ich mir das auch bewusst, dass wir Kinder haben, die aufgrund ihres Intellektes das viel viel subtiler machen, die wissen, das ist nicht in Ordnung, weil die sagen, der darf nicht mitspielen, weil ..., die suchen dann eben andere Gründe. (Regine 75-77)

Emilio ist zwar an der dunkleren Hautfarbe interessiert, aber seine Überraschung und die Effekte seiner Überraschung tragen durchaus rassistische Züge. Er fasst Jakob an und versucht die Eigenschaften von Jakobs Haut zu ergründen. Jakob wird in diesen Lernprozess zum Objekt der Lernerfahrung von Emilio gemacht. Wie Jakob auf dieses Verhalten Emilios reagiert, wird nicht geschildert. Auch Jakob ist in dieser Situation ebenso wie Emilio ein lernendes Subjekt. Wissen wird ko-konstruiert. Somit erfährt er, dass seine Hautfarbe bei anderen (weißen) Kindern völlige Überraschung und Aufregung hervorrufen kann – ja sogar Angst. Es ist zu vermuten, dass Jakob diese Form des otherings als sehr unangenehm erlebt. Jakob wird durch Emilios Verhalten bewusst gemacht, dass er als schwarzes Kind in einer weiß dominierten Gesellschaft aufwächst, in der seine Hautfarbe als etwas Ungewöhnliches, Exotisches, ja sogar Bedrohliches angesehen wird.
In den weiteren Ausführungen berichtet die Erzieherin darüber, dass im Kindergarten ein Projekt zum Thema Hautfarbe gemacht wurde.
Die Erzieherin Regine meint, dass sich erst durch das Hautfarbenprojekt bei Emilio Fragen klären konnten. Sie beschreibt Emilios Verhalten als klassisch. Emilio hat, so vermutet Regine, Angst davor gehabt, dass Jakobs Hautfarbe auf ihn abfärben könnte. Auf Nachfrage bestätigt Emilio dieses. Diese Vorstellung erklärt sie damit, dass Emilio naiver als andere Kinder ist, die zwar die gleichen

Fragen und Befürchtungen haben, diese aber nicht so offen äußern. Sie führt dies auf den Stand der kognitiven Entwicklung Emilios zurück.

Interessant ist die Aussage der Erzieherin Regine, dass Emilio „etwas naiver" als andere Kinder ist und deswegen seine Überraschung so offen äußert, während andere Kinder hier viel subtiler vorgehen können. Diesen Gedankengang greift die Erzieherin Regine auch an anderen Stellen im Interview auf (vgl. Kapitel „soziale Klasse"). Rassismusforschung im Elementarbereich berücksichtigt bisher hauptsächlich offene rassistische Äußerungen von Kindern (vgl. Van Ausdale 2002; Diehm / Kuhn 2005 und 2006). Die Erfassung von subtileren Formen von Rassismus im Elementarbereich gestaltet sich methodisch als schwierig. Dennoch wird deutlich, dass eine Weiterentwicklung der Rassismusforschung im Elementarbereich solche subtilen Formen stärker berücksichtigen müsste.

Ein weiteres Beispiel für offene rassistische Diskriminierung von Kindern im Kindergarten wird im folgenden Beispiel geschildert. Allerdings wird auch von Lernprozessen berichtet, die die Kinder machen konnten.

REGINE: Und das hat sich auch nochmal verändert durch das Projekt und da haben wir schon das vierte Kind da von der Familie, und wenn der immer früher auf Bilder dunkelhäutige Menschen gesehen hat, hat der gesagt, das ist ein Affe.
INTERVIEWER: Der Junge hatte eine dunkle Hautfarbe?
REGINE: Nee, nee er selber net. Und so wahrscheinlich war das in deren Familienkultur Untermenschen (leise). Ich hab das nur, ich wollte auch nicht bewerten, ich hab das nur immer gesehen, dass die gesagt haben, alle drei Geschwister von ihm, das ist ein Affe, wenn sie eine dunkelhäutige Abbildung gesehen haben. Und jetzt der jüngste Bruder, der quasi den ganzen Projektverlauf mitgemacht hat, dass der das eben net sagt. Das er einfach sagen kann, nein, der hat dunkle Haut. (Regine 65-67).

In diesem Beispiel wird von einem Kindergartenkind dunkle Hautfarbe mit Minderwertigkeit gleichgesetzt und Menschen mit einer dunklen Hautfarbe der Status als Mensch abgesprochen. Überraschend an dieser Schilderung ist die Äußerung der Erzieherin: *Ich hab das nur, ich wollte auch nicht bewerten, ich hab das nur immer gesehen.* In anderen Fällen in denen Herabsetzung und Ausschluss stattfindet, reagiert die Erzieherin sofort (siehe Kapitel „Gender" und „soziale Klasse"). Warum sie gerade hier nicht das Gespräch mit den Eltern sucht, sondern diese eindeutig rassistischen Äußerungen nicht bewerten will, ist unklar. Der Hinweis auf die *Familienkultur, die nicht bewertet* werden soll, erweckt den Eindruck, dass, wenn rassistische Äußerungen mit einem kulturellen Wertesystem in Verbindung gebracht werden, diese rassistischen

Äußerungen nicht als solche thematisiert werden. Rassismus wird so zu etwas kulturell Rechtfertigbarem.

5.6.1 Handlungen der Erzieherinnen

Einen kurzen Einblick in das bereits erwähnte „Hautfarbenprojekt" gibt die Erzieherin Silke:

SILKE: Wir hatten da auch so, so Brettchen gemacht, die haben wir gerad nimmer, die haben wir nach Haus gegeben. Das jeder seine Hautfarbe z.b. malen kann und wir haben jetzt z.b. auch die ganzen rosa Stifte im Moment mal aus dem Malbereich genommen und haben wirklich auch die Hautfarbenstifte rein gestellt und es war wirklich interessant, wie die Kinder damit umgehen und sich wirklich manchmal angucken und sich malen, und merken, sie haben eine dunklere Hautfarbe oder heller und es sind wirklich verschiedene Stufen, dass sie das denn auch so machen und aufgefallen ist mir, dass dann auch noch, wir haben so Bügelperlen, dass sich dunkle Kinder auch nicht ein helles Gesicht malen, äh, stecken, sondern dunkle.
Wir haben auch Memorys auch von Kinderwelten ein Memory geschenkt gekriegt, ja, haben wir auch schon häufiger eingesetzt. Und ... dass man die Hände fotografiert und dadurch die Memorys macht. Also ja. Es sind schon viele Sachen im Haus und man denkt da schon gar nicht mehr dran, weil man wirklich so im Alltag ist, dass es schon normal ist und das ist ja genau des, was bei uns alles wieder so normal ist. (Silke 31)

Die Erzieherin haben sich Gedanken bei der Materialauswahl im Kindergarten zum Thema Hautfarbe gemacht. Sie haben versucht, Einseitigkeiten in Bezug auf das Material zu vermeiden. Die Erzieherinnen haben sogar die rosa Stifte aus der Malecke entfernt und durch „Hautfarbenstifte", also Buntstifte, die unterschiedliche Hautfarben darstellen, ersetzt. Die neuen Farben und das Fehlen der Farbe Rosa hat Folgen im Malverhalten der Kinder. Die Kinder können sich plötzlich nicht mehr rosa malen (wobei nicht klar ist, ob Kinder mit dunkler Hautfarbe sich auch im Vorfeld rosa gemalt haben), sondern malen sich entsprechend ihrer tatsächlichen Hautfarbe.

Ein solches Vorgehen entspricht dem Selbstbildungsgedanken im Elementarbereich, nämlich Material zur Verfügung zu stellen, welches Bildungsprozesse bei den Kindern anregt. Durch die Stifte werden die Kinder angeregt, sich mit ihrer Hautfarbe auseinanderzusetzen und sich bewusst zu werden, dass es unterschiedliche Hautfarben gibt und es Material in der Einrichtung gibt, mit dem diese Unterschiede sichtbar gemacht werden können. Die Erzieherinnen haben aber auch auf didaktischer Ebene das Thema Hautfarbe aufgegriffen. Sie haben mit den Kindern gemeinsam über die Unterschiede bei der Hautfarbe nachgedacht (sustained shared thinking). Die Kinder haben ihre eigene Hautfarbe überprüft und versucht sie abzubilden. Die Ergebnisse wurden im Kindergarten ausgestellt. Darüber hinaus wurde ein Memoryspiel entwickelt, bei dem die Hände der Kinder fotografiert und so die unterschiedlichen Hautfarben und Formen der Hände der Kinder thematisiert wurden. Durch die Kombination aus direkter Erziehung (Thematisierung von unterschiedlichen Hautfarben durch die Erzieherinnen) und indirekter Erziehung (Bereitstellen von entsprechendem Material) haben sichtbare Lernprozesse bei den Kindern stattgefunden. Die Erzieherin Silke berichtet davon, dass Kinder versuchen, den Farbton ihrer Hautfarbe exakt zu malen.

Es wird deutlich, dass es nicht ausreicht, nur das Material zur Verfügung zu stellen, welches Diversität aufgreift, sondern es bedarf auch Erwachsener, die die Kinder anregen, dieses Material zu benutzen und mit den Kindern gemeinsam über die Lerngegenstände nachzudenken. Es lassen sich Paralellen zu den „Spielgaben" von Fröbel erkennen (vgl. Grell 2011), nur dass durch die hier genannten „Spielgaben" in besonderem Maße Diversität zum Lerngegenstand wird.

5.6.2 Diversität im Puppenhaus

Fröbels „Spielgaben" sind Materialen, die so aufeinander aufgebaut sind und in einer bestimmten Reihenfolge Kindern zur Verfügung gestellt werden, dass den Kindern der Zugang zur Welt erleichtert werden soll (vgl. Grell 2011). Es kann von einer „Didaktisierung der Umwelt" gesprochen werden. Grell bemängelt, dass die Pädagogik die Herstellung des didaktischen Materials der Spielzeugindustrie überlassen hat. Obwohl das Kinderweltenprojekt u.a. eigene Materialien herstellt (so z.B. ein Memory bei dem es um unterschiedliche Familienformen geht) wird ein großer Teil des diversitätsbewussten Materials von der Spielzeugindustrie produziert, so z.B. die Hautfarbenstifte. Weiteres Material, welches als diversitätsbewusst bezeichnet werden kann, sind Hartplastikfiguren, die verschiedene ethnische Familien darstellen und von der Firma Marvel vertrieben werden.[5] In dem Kindergarten, in dem ich meine Daten erhoben habe, gibt es ca. 35 dieser Spielfiguren. Die Spielfiguren befinden sich im Puppenhaus im zentralen Foyer und sind somit allen Kindern des Kindergartens zugänglich.

Das Puppenhaus ist mir im Vorfeld deswegen aufgefallen, weil sich dort Figuren einer Firma aus den USA, die gezielt Figuren für den Bereich Diversity herstellen, befanden. In den Figuren sollen sich verschiedene Differenzlinien

---

5 Die Firma Marvel hat sich eigentlich auf die Herstellung von Comicfiguren spezialisiert.

wieder finden. Es gibt Figuren mit dunkler Hautfarbe und welche mit „asiati-
schem" Aussehen, ältere und jüngere Menschen, es gibt Kinder, die im Roll-
stuhl sitzen oder eine Gehhilfe benötigen, es gibt Kinder mit Hörgeräten und
auch ältere Menschen mit unterschiedlicher Hautfarbe. (Talking field notes 2,
23)

Eine Frage ist, wie Kinder gesellschaftliches Wissen über Unterschiede aufgreifen und die Kinder Unterschiede zwischen den Puppen konstruieren. Es geht
also um Prozesse des doing difference im Spiel. Während meiner teilnehmenden Beobachtung konnte ich keine Spielgruppen beobachten, die mit dem Puppenhaus und den Figuren spielten. So initiierte ich ein Spiel mit den Puppen
und dem Puppenhaus. Die Spielgruppe, die sich um das Puppenhaus bildete,
bestand ausschließlich aus Mädchen.

Wir wählten Figuren für unser Spiel aus. Arsun, die das Spiel dominierte, ent-
schied sich für eine Familie mit schwarzen Haaren. Sie wählte auch ganz ge-
zielt das Mädchen im Rollstuhl als Spielfigur aus. Rahel entschied sich auch für
Figuren, mit weißer Hautfarbe. Nach und nach wurden alle Figuren in das
Spiel integriert. Wir spielten verschiedene Situationen, so zum Beispiel die des
Essens und des Kochens und wir feierten einen Kindergeburtstag. Mathilde
kam zu dieser Spielsituation hinzu. Wir spielten gemeinsam ca. 25 Minuten.
Danach stieg Mathilde aus dem Spiel aus. Mit Rahel spielte ich ca. zehn Minu-
ten weiter, bis ich das Spiel abbrach. (Talking field notes 2, 23)

In dem Rollenspiel wurden Alltagssituationen nachgespielt. Bevorzugt wurden
die Figuren mit einer hellen Hautfarbe. Auch Rahel, deren Eltern aus Äthiopien
kommen und die eine dunkle Hautfarbe hat, wählte für ihr Spiel ausschließlich
weiße Figuren aus. Allerdings bedeutet dies nicht, dass die Kinder immer die
Figuren mit einer hellen Hautfarbe bevorzugen. Die Erzieherin Ulrica berichtet
in ihrem Interview, dass eine Spielfigur mit dunkler Hautfarbe bei den Kindern
so beliebt ist, dass ein Junge diese Figur öfter „entwendet" und mit nach Hause
nimmt.

ULRICA: Da gibt es auch einen Jungen, der nimmt jedes Mal das dunkelhäuti-
ge Baby mit nach Hause. Die Mama bringt es dann wieder. Der ist irgendwie
fasziniert von diesem Baby. (Ulrica 61)

Was genau die Faszination dieses Jungen an dem Baby mit dunkler Hautfarbe
ausmacht kann Ulrica im Interview nicht sagen.

Auch ich konnte nicht feststellen, dass die Kinder Unterschiede im Spiel besonders betonten. Die Differenzlinien, die im Spiel besonders hervorgehoben
wurden, waren das Geschlecht und das Alter. Diese beiden Differenzlinien

waren ausschlaggebend für die Rolle, die die Figuren im Spiel einnahmen. So war der „mittelalte" Mann der Vater und die „mittelalte" Frau die Mutter etc. Es wurde in dem Spiel von einem heterosexuellen Familienmodell ausgegangen. Das Mädchen im Rollstuhl war eine der ersten Figuren, die Arsun für ihr Spiel auswählte. Diese Daten können nicht so interpretiert werden, dass die Kinder in dem Spiel mit den Spielfiguren Diversität ausschließlich positiv bewerten. Viele diskriminierenden Äußerungen und Handlungen tätigen Kinder, wenn sie sich von Erwachsenen unbeobachtet fühlen.

Die Kinder nehmen die Differenzlinien, die durch die Figuren zum Ausdruck kommen, im Spiel bewusst wahr. Diese Differenzlinien werden auf ihre eigene Lebenswelt übertragen. So berichtet die Erzieherin Regine:

REGINE: Das Interessante war, dass die Figuren eine Menge Gesprächsanlässe geboten haben. Nämlich, dass dann ein Kind gesagt hat, guck mal, der hat ja eine Glatze wie mein Opa. und die sieht so und so aus und das sieht so und so aus und auch wirklich, welches Kind gehört zu welcher Familie und das hat dann auch wirklich Gesprächsanlässe noch mal bei den Kindern geschaffen. (Regine 62).

Es werden Parallelen zwischen den in den Figuren sichtbaren Differenzlinien (z.B. das Alter) und Personen aus der eigenen Lebenswelt hergestellt. Regine berichtet weiter, dass die Kinder versuchen, die einzelnen Familien zusammenzustellen und die Familienangehörigen den Familien zuzuordnen. Die Merkmale, deren sich die Kinder hier bedienen, sind phänotypische Merkmale wie Hautfarbe etc. Es wäre interessant mit den Kindern die ethnisierenden Zuordnungen zu thematisieren und über Familienformen mit den Kindern ins Gespräch zu kommen.

Festzuhalten bleibt, dass durch die Spielfiguren eine indirekte Thematisierung von Diversität stattfindet, ohne dass bestimmte Differenzlinien besonders thematisiert oder als etwas Exotisches dargestellt werden.

Kinder nehmen die Differenzlinien, die in den Figuren zum Ausdruck kommen, als etwas „Normales" wahr. Im Spiel könnten z.B. Fragen über Familienkonstellationen entstehen, wie z.B. wer gehört zu welcher Familie. Es ist dann wichtig, dass Erzieher und Erzieherinnen solche Fragen aufgreifen und deutlich machen, dass Menschen mit ganz unterschiedlichen Hautfarben und unterschiedlichem Aussehen zu einer Familie gehören können. Dies ist insofern wichtig, weil interethnische Beziehungen in dem Spielmaterial so nicht vorgesehen sind. Die Figuren werden als Familien unterschiedlicher Ethnien vermarktet, so die kaukasische Familie, afrikanische Familie, Latinofamilie etc. Diskursverschränkungen mit dem englischsprachigen Diskurs über race werden hier sichtbar und sollten nicht unhinterfragt in der pädagogischen Arbeit reproduziert werden.

5.7 Weitere Differenzen

Weitere Differenzen, welche die Kinder sozial hergestellt und betont haben und durch die Ausschluss gerechtfertigt wurde, sind in diesem Kapitel zusammengefasst worden. Die von den Kindern und Erwachsenen konstruierten Differenzen sind induktiv aus dem Datenmaterial gebildet worden.

Aus dem Interview mit Pauls und Daniels Mutter, Frau C. (Paul ist 4 Jahre alt) stammt die folgende Sequenz. Daniel, von dem hier die Rede ist, hat vorher den Kindergarten besucht und ist jetzt seit einem Jahr in der Schule.

FRAU C.: Also ich hab's mal von Daniel gehört. Es gab mal nen Mädchen, die immer (...) ja relativ verwahrlost herkam und auch im Winter Turnschuhe anhatte statt Winterstiefel und auch immer dreckig war und da hat er gesagt: „Mama, die stinkt." Und dann war's aber so, wenn sie hergekommen ist, dann wurde sie hier von den Erzieherinnen umgezogen und ihr wurden frische Sachen angezogen auch und (...) ja. (Frau C. 97)

In der Interviewpassage thematisiert Daniel gegenüber seiner Mutter nicht die der Jahreszeit unangemessene Kleidung, sondern den **Geruch** des Mädchens. Diesen Geruch findet er so unangenehm, dass er ihn als „*stinkend*" bezeichnet. Der unangenehme Geruch hat direkte Auswirkungen auf die soziale Integration und Teilhabe von Kindern im Kindergarten. Welche Auswirkungen Körpergeruch, der für Außenstehende unangenehm ist, haben kann und wie dieser zum Ausschluss von Kindern in Spielgruppen herangezogen wird, hat Ytterhus (2011) in ihrer Studie aufgezeigt.
Dadurch, dass das Mädchen frische Kleidung bekommt, soll dem Mädchen erleichtert werden, Sozialkontakte in der Gruppe aufzubauen. Jedoch kann das Wechseln der Kleider, besonders wenn andere Kinder und Eltern dies mitbekommen, auch noch zusätzlich stigmatisierend wirken.

Marwins Mutter, Frau A. (Marwin ist 4 Jahre alt) schildert in ihrem Interview, wie sich ihr Sohn Marwin über einen anderen Jungen äußert.

FRAU A.: Der Daniel, der darf ja auch manche Lebensmittel nicht essen, der hat ja ne Allergie und da hat er auch schon mal gemeint (...) ich kanns gar nicht Worte fassen, ich weiß gar nicht, was er da gesagt aber es war sehr (...) herablassend, hat er dann ne Äußerung gemacht (Frau A. 66).

Marwin hat seiner Mutter von Daniels **Lebensmittelallergie** berichtet. Marwins Schilderung war nicht wertfrei, sondern herabsetzend. Andere Essgewohnheiten bzw. die Unverträglichkeit von bestimmten Lebensmitteln werden von Marwin als Schwäche ausgelegt und negativ bewertet.

Der nachfolgende Ausschnitt stammt aus demselben Interview mit Frau A.

FRAU A.: Ja, ich hab's meinem Sohn auch erklärt in der Richtung, dass das nicht schön ist, oder zu sagen, „du schwuler Sack". Da habe ich ihm erstmal erklären müssen, was „schwul" ist, was „Sack" bedeutet und was das für ein Zusammenhang ist und dass er aber mit solchen Worten nicht um sich schmeißen soll. (Frau A. 90)

Marwin benutzt „Du schwuler Sack" als Schimpfwort. Seine Mutter erklärt ihm, dass diese Beleidigung nicht in Ordnung ist.

Die diffamierende Art und Weise, wie sich ihr Sohn über homo**sexuelle Orientierung** äußert, trifft Frau Maier in zweifacher Weise. Sie stört, dass ihr Sohn Schimpfwörter benutzt. Darüber hinaus bezeichnet sie sich, wie sich später im Interviewverlauf herausstellt, selbst als bisexuell und hat eine Zeit in einer Lebensgemeinschaft mit einer Frau zusammengelebt. Dass ihr Sohn im Kindergarten lernt, „schwul" als Schimpfwort zu benutzen beunruhigt sie zutiefst und sie vermisst hier eine klarere Positionierung des Kindergartens.

In dieser Situation findet diskriminierendes Verhalten gegenüber der sexuellen Orientierung von Eltern statt, indem Kinder Homosexualität als Schimpfwort benutzen. Diese negative Bewertung wird von Marwin übernommen, ohne dass er den Bedeutungsgehalt der Äußerung, nach Ansicht seiner Mutter, versteht. Marwin hat zuerst das Schimpfwort und damit verbunden auch die Art der gesellschaftlichen Inakzeptanz gegenüber homosexueller Orientierung gelernt, bevor er den Bedeutungsinhalt dieses Schimpfwortes versteht.

Die folgende Situation ereignete sich während der teilnehmenden Beobachtung. Zwei Mädchen Lara und Mathilda zeigten mir ihr Portfolio.

Lara zeigt ein Foto eines Jungen, der zwar auf dem Geburtstag von Lara eingeladen war (es gibt in den Portfolios eine Geburtstagsseite). Der Junge wurde aber von beiden Mädchen als ‚Heulsuse' bezeichnet. (Talking field notes 4,8)

Ein Geburtstagsgast Laras wird besonders aus der Masse der Geburtstagsgäste von Mathilda und Lara hervorgehoben und als „Heulsuse" bezeichnet. Interessant ist, dass sie einen Jungen als „Heul-Suse" bezeichnen. „Suse" ist ein Verweis auf einen Mädchennamen. Dadurch, dass sie den Jungen als „Heulsuse" bezeichnen und herabsetzen, kritisieren sie die aus ihrer Sicht „geringe" **emoti-**

onale Kontrolle, also das Weinen in unangebrachten Situationen. Dieser „Kontrollverlust" wird von den Mädchen als Stigma verwendet.

Ytterhus spricht von so genannten „Verbotsregeln" in Kindergruppen, also Regeln, die in Kindergruppen zur sozialen Orientierung dienen können. Bei einem Verstoß gegen diese Regeln kann es sein, dass dieser „Regelverstoß" von den Kindern sanktioniert wird.

Ytterhus geht davon aus, dass eine gemeinsam geteilte Regel in Kindergruppen lauten kann: Du sollst keine Gefühlsausbrüche übertreiben.

„Bei Du *sollst Gefühlsausbrüche nicht übertreiben* ging es um zwei Sachen: Zum einen, dass du keine Gefühle zeigen darfst, die für die Situation unpassend sind. Zum Beispiel du darfst nicht weinen, wenn die Mehrheit die Situation so definiert hat, dass es hier nichts zu weinen gibt. Sonst wirst du als „Heulsuse" eingestuft und mit so jemandem will keiner spielen. Zum anderen geht es darum, ein akzeptables Gefühl, aber mit unakzeptabler Intensität zu zeigen." (Ytterhus 2011, S. 121) Inwieweit in diesem Fall Emotionalität verschränkt mit der Differenzlinie Gender ist, lässt sich nicht rekonstruieren, aber vermutlich spielt die Tatsache, dass es sich bei dem als „Heulsuse" bezeichneten Kind um einen Jungen handelt, auch eine Rolle.

Folgende Sequenz stammt aus dem Interview mit der Praktikantin Anna und beschreibt eine weitere Situation, in der ein Kind ausgeschlossen wird:

INTERVIEWER: *Trifft das Kinder besonders? Also hast du den Eindruck, dass es Kinder gibt die öfter von Spielen ausgeschlossen werden, die öfter das Problem haben als andere?*

ANNA: *Ähm, also ich, jetzt kommt mir das in Gedanken mit Adima der Kleinen, sie ist dann selber, wie soll ich sagen, (...), Manchmal ist sie dann richtig so mit schubsen und verletzt andere Kinder, vielleicht ist es auch deswegen und andere Kinder sagen, deswegen spielst du jetzt nicht mit. Das liegt auch ein bisschen an der Sprache, ich versuche zu erklären, aber ich weiß nicht, ob sie mich versteht oder verstehen kann und (...). (Anna 48-51)*

Ein Kriterium warum die Kinder Adima vom Spiel ausschließen, vermutet Anna in dem **Sozialverhalten** von Adima. Adima fügt den anderen Kindern Schmerzen zu und diese haben keine Lust mehr, mit Adima zu spielen. Adima wird zur Außenseiterin.

Die Begründung, die Anna in dem Interview anführt, warum Adima von Spielen ausgeschlossen wird, ist gut nachvollziehbar und deckt sich mit Ergebnissen aus anderen empirischen Erhebungen, so z.B. Alsaker et al. (2003). Ytterhus meint, dass es die offensichtlichste Regel einer Kindergruppe ist, dass Kinder anderen Kindern keine physischen Schmerzen zufügen dürfen (vgl. Ytterhus 2011, S. 120). Anderseits äußert Anna in dem Interview auch, dass sie sich nicht sicher ist, inwieweit Adima die Sprache (vermutlich Deutsch) versteht. Ein Grund für die Aggression von Adima gegenüber den anderen Kindern könnte sein, dass sie sich noch nicht gut auf Deutsch ausdrücken und so ihre Bedürfnisse und Interessen verbal äußern kann. Vermutlich wird oft die einzige Möglichkeit, ihre Interessen anderen Kindern gegenüber durchzusetzen, darin bestehen handgreiflich zu werden. Vielleicht wollen die Kinder auch nicht mit ihr spielen, weil sie sie nicht verstehen. Hier spielen mehrere Faktoren eine Rolle. Nur die Gründe, warum Adima nicht mitspielen darf, in ihrem aggressiven Verhalten zu suchen, greift vermutlich zu kurz.

Auch **Spielvorschläge und Spielideen** einzelner Kinder können zu einer negativen Bewertung dieser Kinder führen. In dem nächsten Kapitel „Soziale Klasse" gibt es die Aussage Charlottas, dass sie nicht mit Raul spielen möchte, weil er immer Gespenst spielen will. Hier wurden u.a. Rauls Spielideen von Charlotta als Begründung genommen, Raul aus dem Spiel auszuschließen und ihn abzuwerten.
Es können also auch Spielinteressen und Vorlieben von anderen Kindern genutzt werden, um Kinder vom Spiel auszuschließen oder erst gar nicht bei Spielen zuzulassen.

In den bisher dargestellten Interviewausschnitten ging es hauptsächlich darum, welche Begründungen Kinder anführten, um bestimmte Kinder aus Spielgruppen etc. auszuschließen. Sozial konstruierte Unterschiede werden aber auch von Kindern genutzt, um anderen Kindern bestimmte Rollen im Spiel zuzuweisen.

Diese Interviewpassage stammt aus dem Interview mit der Erzieherin Beata.

BEATA: Oder du bist zu dick (INTERVIEWER: Du bist zu dick?) Das ist auch manchmal, du passt nicht rein, du passt nicht rein hier in den Schrank. Die haben jetzt vorher, ich denke, das war von der Jesusgeschichte, weil das war ein Grab im Schrank, so wie da unten (zeigt auf den Schrank im Büro), aber geteilt. Da unten, da gibt es so einen Schrank, da gibt es so etwas in der Puppenecke, da haben sie ein Kind hineingestopft. Das war ein Grab und als Stein, hat die Kim, die Kim hat gespielt und mit dem Rücken hat sie gedrückt und als ich gekommen bin, habe ich gekuckt und habe mmh, das sind viel weniger als vorher. Die waren alle im Schrank, in drei Schränken und die Kim sagte, da war der Tim drin und der sagte, die passt da nicht rein, sie ist zu, das Wort dick nicht, aber sie passt nicht rein, die Kim darf der Stein sein. (Beata 59)

Die Kinder spielen Jesu Auferstehung. In dem Kapitel „Religion" wurde schon darauf hingewiesen, dass die Ostergeschichte, besonders die Kreuzigung von Jesus, einige Kinder sehr beeindruckt hat. So verwundert es nicht, dass die Kinder sich damit auch im Spiel auseinandersetzen.

Kim muss den Stein spielen. Warum dies so ist, begründet Tim damit, dass sie nicht in den Schrank passt. Nach dieser Logik bleibt beim Nachspielen der Auferstehungsgeschichte nur noch die Rolle des Grabsteins übrig. An dem Beispiel wird sichtbar, wie die Kinder im Spiel **Körpergewicht** als Differenzlinie herstellen[6] und im Spiel eine Bedeutung verleihen.[7] Kims Körpergewicht wird bei der Rollenverteilung aufgegriffen. Kim nimmt diese Rolle an und führt die Rolle als Stein aktiv aus, sie versperrt das Grab Jesu und muss im Spielverlauf beiseite geschoben werden.

Die aufgezählten Differenzen, die Kinder und Erwachsene hergestellt haben und die zum Ausschluss und der Herabsetzung dienten, waren unangenehmer Körpergeruch, Lebensmittelunverträglichkeit, sexuelle Orientierung, Spielideen und Vorlieben, hohe Emotionalität (Weinen und Aggressivität zeigt) und Körpergewicht. Diese hergestellten Differenzen haben immer auch einen Bezug zu Normalitätsvorstellungen. Die impliziten Normalitätsvorstellungen geben Auskunft darüber, wann ein Körpergeruch als Gestank wahrgenommen wird oder welche Emotionen zulässig sind und wann sie aus der Perspektive einiger Kinder übertrieben und unangebracht wirken. Besonders bei dem Zeigen von Emotionen wird noch ein weiterer Aspekt deutlich. Es ist eine Entwicklungsaufgabe von Kindern, zunehmend zu lernen ihre Emotionen zu kontrollieren. Während es für Babys noch völlig in Ordnung ist, jeden Wunsch nach Bedürfnisbefriedigung durch Weinen zum Ausdruck zu bringen, wird dies für Kinder im Kindergartenalter nicht mehr als zulässig angesehen. Die Kinder reagieren hier also auch auf noch nicht vollzogene Entwicklungsschritte anderer Kinder. An dieser Stelle lassen sich auch Parallelen zu dem Kapitel „Alter und Fähigkeiten" erkennen.

5.8 Gender

Geschlecht wird oft als die für Kinder bedeutsamste Differenzlinie angesehen, welche Kinder im Elementarbereich in der Interaktion untereinander sozial konstruieren und für Abgrenzungen nutzen (vgl. Rohrmann 2008). Auch in den von mir erhobenen Daten spielt das Geschlecht eine große Rolle. Allerdings muss berücksichtigt werden, dass ich die Kinder in den Interviews gezielt nach

---

6 Im US-amerikanischen Diskurs über Diversität im Elementarbereich spielt das Körpergewicht der Kinder eine viel größere Rolle als im deutschsprachigen Diskurs (vgl. Derman Sparks / Ramsey 2006).

7 Ein „typischer" Vorgang bei einem Rollenspiel. Leontjew bezeichnet dies als symbolische Tätigkeit (vgl. Leontjew 1985, S. 289 ff.).

ihren Praktiken des doing gender befragt habe,[8] während ich den Kindern z.B. keine direkten Fragen zu Prozessen des doing race gestellt habe. Von den interviewten Kindern wurde während der Interviews aktiv Zweigeschlechtlichkeit hergestellt. Falsche Einteilungen bzw. Einteilungen, die einen Spielraum / Zwischenraum zwischen diesen beiden Geschlechtskategorien offen ließen, wurden von ihnen sofort korrigiert. Das folgende Interview fand mit der sechsjährigen Mathilda statt. Mathilda hatte im Vorfeld berichtet, in welchem Spielbereich sie mit wem welches Spiel spielt.

INTERVIEWER: Was spielst du dann wenn ihr Papa und Mama spielt? Welche Rolle spielst du, die Mama oder den Papa?
*MATHILDA: **Nein, keinen Papa, ich bin ein Mädchen.***
INTERVIEWER: Gut, was spielst du dann?
MATHILDA: Die Schwester (Mathilde 77-80)

Mathilde (6 Jahre) reagiert auf die anscheinend falsche Einteilung von mir empört. Sie macht deutlich, dass sie im Rollenspiel ausschließlich weibliche Rollen spielt. Im Rollenspiel wäre die Möglichkeit gegeben, auch einmal eine andere Geschlechterrolle auszuprobieren. Diese Möglichkeit stellt sich für Mathilda im Interview als etwas Unvorstellbares dar. Sie begründet dies damit, dass sie ein Mädchen ist und deshalb nur ausschließlich weibliche Rollen spielen kann. Die von Mathilda aufgestellte Regel lautet: Mädchen spielen Mädchenrollen.

Mathilda (6 Jahre) und ihre Freundin Lara (6 Jahre) weichen allerdings an einer Stelle in ihrer Erzählung diese Regel auf und nutzen die Freiheit des Rollenspiels. Dies wird in der folgenden Sequenz deutlich. Bei dem Interview mit Lara ist Mathilda auch anwesend.

INTERVIEWER: Was spielt ihr da oben auf dem Schiff.
LARA: Piraten und wir machen Musik hier oben.
INTERVIEWER: Piraten oder Piratinnen?
*LARA und MATHILDA gemeinsam: Pir**atinnen** (...)*
LARA: Piratenbraut. (Lara 3-7)

Erst durch meine Nachfrage, bei der ich den weiblichen Terminus benutze, betonen die Mädchen, dass sie Piratinnen und nicht Piraten spielen. Sie machen

---

8 Es stellte sich heraus, dass die Interviews mit den Kindern geführt wurden, die hauptsächlich in zwei geschlechtshomogenen Gruppen spielen bzw. geschlechtshomogene Spielgruppen als besonders erstrebenswert ansehen. Nicht alle Spielgruppen im Kindergarten sind geschlechtshomogen zusammengesetzt und es gibt Spielgruppen, die regelmäßig zusammenspielen und geschlechtsheterogen zusammengesetzt sind.

dies durch die besondere Betonung des -**innen** deutlich. Dies reicht Lara offensichtlich noch nicht aus und sie ergänzt ihre Aussage durch den Begriff der Piratenbraut. Da Laura und Mathilda beide beim Interview anwesend waren, vermute ich, dass es für jedes Mädchen besonders wichtig ist, vor dem anderen Mädchen deutlich zu machen, dass sie ausschließlich weibliche Rollen spielen. Durch dieses Verhalten wird auch die soziale Kontrolle der Peergroup bei der Herstellung von Zweigeschlechtlichkeit sichtbar. Das Piratenspiel wird auch von den Jungen gern gespielt.

Da das „Schiff" auch von den Jungen als beliebter Spielort für Piratenspiele genannt wird (Rocko 12-13), würde sich hier die Gelegenheit ergeben, mit den gleichaltrigen Jungen ein gemeinsames Rollenspiel zu initiieren. Im weiteren Interviewverlauf machen Lara und Mathilda allerdings deutlich, dass sie auf dem „Piratenschiff" ohne die Jungen spielen wollen:

INTERVIEWER: Spielen da auch Jungs mit?
LARA: Nein, ohne Jungs.
INTERVIEWER: Ach so, und was macht ihr, wenn Jungen kommen und mitspielen wollen und auch Piraten sein wollen?
LARA: Dann gehen wir weg und sagen das der Erzieherin.
(Lara 32-37)

Wenn die Jungen mitspielen wollen, holen sie sich Hilfe bei der Erzieherin. Dies wird auch im weiteren Interviewverlauf deutlich. Geschlechtsheterogene Spielgruppen, so entsteht der Eindruck, sind für die beiden Mädchen nicht möglich. Die von den Mädchen hergestellte Regel „Mädchen spielen nicht mit Jungen und umgekehrt" wird in dieser Interviewpassage deutlich. Auch die interviewten Jungen machen dies in verschiedenen Interviewpassagen deutlich und die interviewten Eltern und Erzieherinnen können diese Regel wiedergeben und akzeptieren − ja reproduzieren sie (Talking field notes 4,12, Emilio 15-18, Emilio 25-28, Lara 32-42, Rocko 20-26, Mathilde 44-56, Frau C. 93, Frau B. 115-116, Frau A.). Es handelt sich hier um eine von Eltern und Kindern gemeinsam geteilte Normalitätsvorstellung, die zwar unterschiedlich bewertet wird, im Großen und Ganzen aber als „normal" empfunden und damit akzeptiert wird. Die Kinder können zur Durchsetzung dieser Regel die Unterstützung durch die Erzieherinnen nutzen.

Allerdings wird diese Normalitätsvorstellung stellenweise durchbrochen. So lassen sich Beispiele finden, in denen sich Kinder anders verhalten, z.B. indem Geschwister im Kindergarten zusammenspielen (Talking field notes 4, 11), in der Verkleidungsecke, wo in einer gemischtgeschlechtlichen Spielgruppe ein gemeinsames Rollenspiel stattfindet (Beata 59) oder in der Bauecke, wo mit dem Tierfiguren gespielt wird (Ulrica 92). Auch außerhalb des Kindergartens treffen sich Jungen und Mädchen zum gemeinsamen Spiel, dies wird allerdings im Kindergarten abgestritten (Frau B. 72-75).

Eine Möglichkeit, wie diese Regel zwar nicht in Frage gestellt wird, aber dennoch durchbrochen werden kann, um Kontakt zu dem anderen Geschlecht aufzunehmen, beschreibt Rocko (6 Jahre):

ROCKO: Die Mädchens, immer wenn wir wollen, also meine Freunde und ich spielen immer Soldaten und Polizisten und die Mädchens hassen das, wenn wir überall herumlaufen und dann greifen sie uns an und wir und der wo dann, vor die Mädchen sind, der darf nicht mehr mitspielen. (Rocko 40)

Die Jungen nehmen durch das Spiel, in dem sie Soldaten und Polizisten spielen, Kontakt zu den Mädchen auf bzw. diese zu ihnen. In Rockos Beschreibung werden die Jungen von den Mädchen angegriffen und die Jungen müssen sich verteidigen. Unklar ist allerdings die letzte Aussage: *Und der wo dann, vor die Mädchen sind, der darf nicht mehr mitspielen.*

Hier beschreibt Rocko eine Spielform, durch die ein Zusammenspiel mit den Mädchen möglich scheint und die sowohl von den Mädchen als auch von den Jungen sozial akzeptiert ist. Diese Kontaktaufnahme, die als ein „harmloses" Necken interpretiert werden könnte, ist nicht für alle Beteiligten so „harmlos". In einer anderen Interviewpassage macht Mathilda (sechs Jahre) deutlich, dass sie diese Form der Kontaktaufnahme überhaupt nicht schätzt.

MATHILDA: So wie Osman, der hat uns schon mal mit Schießgewehren so mit diesen Rohren gemacht.
LARA: Ja und Rocko.
MATHILDA: Ja.
LARA: Marwin.
MATHILDA: Ja und wie sich Rocko auf mich drauf gelegt hat. Das hat arg weh getan. (Lara 44-56)

Mathilda erklärt, warum sie nicht mit Jungen spielt, da diese sie und Lara geärgert haben und Rocko ihr wehgetan hat. In dieser Schilderung steckt nicht nur der körperliche Schmerz, sondern durch das, *wie sich Rocko auf mich drauf gelegt hat,* wird auch Rockos körperliche Überlegenheit und ihre eigene Ohnmachtserfahrung sichtbar. Es geht hier nicht nur um ein gemeinsames Spiel, sondern es werden auch Momente körperlicher Dominanz und Unterwerfung der Mädchen sichtbar. Im kindlichen Spiel findet in besonderem Maße soziales und gesellschaftliches Lernen von Kindern statt. Hierzu gehört, wie in der Situation sichtbar wird, auch die körperliche Dominanz gegenüber Frauen, die im Spiel von den Jungen erprobt wird.

Die Strategie von Lara und Mathilda, sich gegen die Jungen zu wehren, besteht darin, die Erzieherin um Hilfe zu bitten.

MATHILDA: Oder wenn sie uns ärgern, dann sagen wir einfach, dass sie uns
ärgern und dann hören sie auf uns zu ärgern. Das reicht.
INTERVIEWER: Und was macht die Erzieherin?
LARA: Die schimpft mit denen und dann wenn die geschimpft hat, dann können
wir wieder ganz alleine spielen. (Lara 41-43)

Mathilda und Lara beschreiben, wie die Erzieherin für die Position der Mädchen Partei ergreift. In ihrer Schilderung entsteht der Eindruck, dass sie nur sagen müssten: „Die ärgern uns" und dies schon völlig ausreicht, damit das Verhalten der Jungen durch die Erzieherin sanktioniert wird. Die Jungen werden von der Erzieherin zurechtgewiesen und das Spiel von Lara und Mathilda kann ungestört weiter seinen Lauf nehmen.

In den mit Kindern geführten Interviews, besonders in den Interviews, in denen zwei Kinder gleichen Geschlechts anwesend waren, wurde immer wieder betont, dass keine freundschaftlichen Kontakte zu dem anderen Geschlecht möglich sind.
Rockos Beschreibung seiner Versuche der Kontaktaufnahme machen deutlich, wie begrenzt seine Möglichkeiten sind, als Spielpartner von Mathilda und Lara akzeptiert zu werden. Es fehlen ihm offensichtlich Handlungsmöglichkeiten, die Kontaktaufnahme anders zu gestalten und ein Spiel zu finden, dass ohne Dominanz und Unterwerfung der Mädchen auskommt.
Rocko schildert seinen Kindergartenalltag stellenweise wie „einen Überlebenskampf". Es werden unterschiedliche Spielinteressen sichtbar, die allerdings nicht zwingend so zwischen Jungen und Mädchen verlaufen müssen. Diese unterschiedlichen Spielinteressen erschweren zusätzlich die Kontaktaufnahme.[9]
Ein weiter Aspekt an den Beschreibungen der Kinder ist wichtig. Die Kinder, und dies betrifft sowohl die Jungen, als auch die Mädchen, versichern sich ihrer eigenen Geschlechtsidentität vor allem dadurch, dass sie mit gleichgeschlechtlichen Kindern spielen. Dies wird auch in dem folgenden Beispiel deutlich. Ulrica beschreibt, wie das Mädchen Maria (Maria ist fünf Jahre alt) sich ihre langen Haare im Kindergarten abschneidet.

ULRICA: Eine Kollegin hat Maria ins Malzimmer zum Aufräumen geschickt
und zehn Minuten später hatte sie halt einen Kurzhaarschnitt (lachen) und uns
ist das erst, wir waren völlig schockiert, als wir es gesehen haben. (Ulrica 29).

Maria sollte eigentlich das Malzimmer aufräumen. Sie nutzt die Zeit aber auch, um sich mit den Scheren im Malzimmer eine neue Haarfrisur zu machen. Wäh-

---

9 Aber dennoch hat Rockos Bedürfnis „wildere" Spiele im Kindergarten zu spielen auch seine Berechtigung und auch Rocko muss mit seinen Spielinteressen / Bedürfnissen einen Platz im Kindergarten haben und die Möglichkeit haben, solche Spiele zu spielen.

rend die Erzieherin Ulrica ihre Bewunderung über den Mut des Mädchens äußert, sind die Reaktionen von einigen Eltern und Kindern anders. Die Eltern kommentieren Marias Veränderung.

ULRICA: Und die Eltern auch: „Was hast du denn gemacht (spricht mit veränderter Stimme) Ohhh." Also ganz dramatisch aufgezogen (Ulrica 25).

Die Eltern behandeln Marias selbstgemachten Haarschnitt als eine Art Unfall. Es findet keine Würdigung ihres Mutes statt. Ich vermute, dass neben ehrlicher Überraschung auch die Angst mitschwingt, die eigenen Kinder könnten es Maria gleichtun.

Maria wird in den darauffolgenden Tagen öfter sowohl von Jungen als auch Mädchen im Kindergarten als Junge bezeichnet und damit geärgert.

ULRICA: „Du bist jetzt ein Junge. Du bist jetzt ein Junge." Die ganze Zeit. Und es war schon auffällig, dass sie sehr rosa gekleidet war, seit sie die Haare kurz hatte. Und das war natürlich schlimm für sie und das hat die Mama dann auch angesprochen, dass sie darunter leidet, dass jetzt alle sagen sie sei ein Junge.(Ulrica 25)

Einige Kinder meinen, dass Maria durch das Abschneiden ihrer Haare von einem Mädchen zu einem Jungen geworden ist. Es wird deutlich, dass die Kinder zwar über ein sehr starres Rollenbild (gender) verfügen, wie ein Mädchen auszusehen hat, in der Logik der Kinder aber durchaus die Möglichkeit besteht, sein Geschlecht (sex) zu wechseln. Vermutlich besteht auch aus Perspektive der Kinder die Möglichkeit das Geschlecht (sex) versehentlich zu wechseln oder zu verlieren. Das heißt, dass die eigene Geschlechtsidentität auch „Bedrohungen" ausgesetzt ist.

Maria versucht dieser neuen Geschlechtskategorisierung durch die Kinder entgegenzuwirken, in dem sie durch „weibliche" rosafarbene Kleidung, ihre Geschlechtsidentität und Zugehörigkeit als Mädchen signalisiert. Diese Handlung Marias muss auch vor dem Hintergrund des vorherigen Beispiels gesehen werden, in welchem die Mädchen heftig darauf reagieren, als sie nicht sofort als Mädchen, sondern eventuell als Jungen eingeordnet werden. Die oben erwähnte implizite Regel: „Mädchen spielen nicht mit Jungen" greift auch bei Maria. Maria wird aus den Spielgruppen ausgeschlossen, wie Marias Mutter, Frau. B, schildert.

FRAU B.: Ja. Sie war dann halt einfach traurig und sie wollte nicht mehr in den Kindergarten, weil ihre Freundinnen sie nicht mehr haben mitspielen lassen, weil sie ja jetzt ausschaut wie ein Junge und die Jungs wollten aber auch nicht so wirklich, weil sie ja eigentlich ein Mädchen ist. (Frau B. 69)

Die Mädchen wollen nicht mit Maria spielen, weil sie als Junge eingeordnet wird. Die rosa Kleidung kann den Kurzhaarschnitt nicht ausgleichen. Maria wird zwar von den Kindern als Junge eingeordnet. Die Jungengruppe sieht sie aber nicht als „richtigen" Jungen an. Maria bewegt sich zwischen der bipolaren Geschlechtereinteilung Jungen–Mädchen. Sie besetzt aus Perspektive der Kinder einen Zwischenraum und dies wird von den Jungen und Mädchen sanktioniert. Es sind aber nicht nur die Kinder, die dies skandalisieren, sondern auch die Eltern. Deutlich wird in dieser Situation der enorme soziale Druck, der bei der Herstellung von Zweigeschlechtlichkeit auf Kinder wirkt.

Diese Exklusion und die „Hänseleien" der anderen Kinder erlebt Maria als sehr belastend und sie will nicht mehr in den Kindergarten gehen. Marias Mutter muss das Gespräch mit der Erzieherin suchen.

Die Erzieherinnen werden von Marias Mutter (Frau B.) darauf hingewiesen, dass Maria, seit sie die neue Frisur hat, im Kindergarten geärgert wird und Ausgrenzung erfährt.

FRAU B.: Ich bin dann zur Regine hin und hab das angesprochen und die haben das dann in der Kinderrunde, in dem Kreis den sie morgens machen, angesprochen. Und das musste dann mehrmals angesprochen werden und das war dann irgendwo auch gut. (Frau B. 69)

Nach dem die Einrichtungsleitung über diese Vorfälle informiert ist, wird dies in der Morgenrunde, einer Art täglicher Kinderkonferenz besprochen. Es muss mehrmals angesprochen werden, bis Maria von den Kindern nicht mehr geärgert und in den Spielgruppen wieder aufgenommen wird.

Wie dies in dieser Morgenrunde thematisiert wird, berichtet die Erzieherin Ulrica.

ULRICA: Und eine Kollegin hat dann gesagt, nur weil sie jetzt kurze Haare hat, hat sie doch keinen Penis gekriegt oder wie auch immer und dann war gleich bei den Kindern, die Brillenträger sind ähm, ... oder sonst irgendetwas, die haben dann gleich gesagt, ja, nur weil ich ne Brille habe, heißt das ja nicht, dass ich nicht mitspielen darf. Und, und da war gleich so eine Betroffenheit da. Gleich so dieses, ah, das finde ich nicht gut, weil, das macht mich traurig, also, was das angeht, sind die ziemlich weit. Aber weil das auch hier regelmäßig praktiziert wird. Da wird dann nicht drüber hinweg gesehen, eigentlich hätte man ja auch sagen können: „Haja, du bist doch kein Junge" (...) und so abtun. Aber das wurde mit allen besprochen und ähm, ja.
INTERVIEWER: Und das betroffene Mädchen, hat das auch noch etwas im Stuhlkreis gesagt?

ULRICA Ja, ja, die hat gesagt, das findet sie nicht schön und ja, dass es sie traurig macht. Und dann hat die Kollegin auch so ein Beispiel genannt, alle Kinder die blaue Augen haben, die sind doof, die dürfen nicht mitspielen und die dürfen nicht in den Kindergarten kommen und alle so: „Oh Gott, welche Augenfarbe habe ich." (lacht) Einfach um, man erreicht natürlich nicht alle, aber die Älteren, die damit konfrontiert worden sind, die erreicht man damit auf jeden Fall. Ja. (Ulrica 25-27)

Die Erzieherin, die das Thema im Morgenkreis eingeführt hat, verweist darauf, dass sich durch Marias neue Frisur nicht die primären Geschlechtsmerkmale geändert haben. Danach scheint es im Morgenkreis allerdings hauptsächlich um das Thema Ausgrenzung zu gehen. Kinder, die eine Brille tragen, zeigen Empathie für Marias Situation und meinen, Marias Ausgrenzung sei damit vergleichbar, wenn sie als Brillenträger nicht mitspielen dürften. An diesem Beispiel zeigt sich, dass die Kinder in dem Kindergarten gegenüber Ausgrenzungen sensibilisiert sind und Ausgrenzungserfahrungen von anderen auf ihre eigene Lebenssituation übertragen können. Marias Ausgrenzungserfahrungen werden moralisiert. Es herrscht *Betroffenheit* bei den Kindern. Viele Kinder solidarisieren sich mit Maria.

Diese Sensibilisierung hat die Erzieherin Ulrica auf die regelmäßige Praxis in der Einrichtung zurückgeführt, Ausgrenzungen und Ungerechtigkeiten mit allen Kindern zu thematisieren. In dem Stuhlkreis kann Maria schildern, wie sie sich fühlt. Eine Erzieherin bringt dort ein weiteres Beispiel ein, um zu verdeutlichen, wie beliebige Kriterien zur Ausgrenzung dienen können. Die Erzieherin meint, dass dies so sei, als ob alle Kinder mit blauen Augen wegen ihrer Augenfarbe als dümmer angesehen würden und nicht mehr in den Kindergarten kommen dürften. Die Kinder überprüfen hieraufhin ihre eigene Augenfarbe.

Dieses Beispiel ist thematisch auf den ersten Blick nicht mit der von Maria erlebten Situation in Verbindung zu bringen. Allerdings sind hier die Parallelen zu dem von Jane Elliot vertretenen antirassistischen Ansatz blue-eyed–brown-eyed unverkennbar. Es wird hier hauptsächlich der Mechanismus der Ausgrenzung thematisiert und dies von einem (mächtigen) Erwachsenen, der diese Handlung der Kinder verurteilt. Es soll durch ein solches Vorgehen bei den Kindern Empathie dafür entwickelt werden, wie es sich anfühlt, wenn man selbst ausgegrenzt wird. Für Maria ist es gut zu erfahren, dass Erwachsene diese Ungerechtigkeiten nicht einfach bagatellisieren, sondern ernst nehmen und das sie die Möglichkeit bekommt, den Kindern zurückzumelden, wie sie sich in dieser Situation fühlt. Dies ist sicherlich ein erster wichtiger Schritt, um gegen die Ausgrenzung und Herabsetzung einzelner Kinder vorzugehen. Allerdings ist nicht geklärt, inwieweit die Kinder hiermit erreicht werden und das Beispiel mit den blauen Augen auf Marias Situation übertragen können.

Die Erzieherin Ulrica meint, dass damit die älteren Kinder erreicht werden. Bei den jüngeren Kindern ist sie sich nicht sicher. Im Widerspruch steht hierzu, dass Frau B. in ihrem Interview erwähnt, dass die Ausgrenzung Marias *mehrmals* von den Erzieherinnen thematisiert werden muss.

Die eigentlichen Themen und Fragen der Kinder werden bei diesem Vorgehen eher randständig behandelt. Dies sind Fragen danach, wie sich Jungen von Mädchen unterscheiden und ob das eigene Geschlecht „verloren gehen kann". Die Äußerung der Erzieherin, dass Maria *nur weil sie jetzt kurze Haare hat, hat sie doch keinen Penis gekriegt,* geht in diese Richtung und trifft die eigentlichen Fragen der Kinder.

Die hier beschriebene Handlung der Erzieherinnen ist durch die Reaktion auf die Ausgrenzung von Maria geprägt. In anderen Alltagssituationen setzten sich die Erzieherinnen stärker mit der sozialen Konstruktion von Zweigeschlechtlichkeit der Kinder auseinander.

ULRICA: Wir haben auch einen Jungen hier, als er in den Kindergarten gekommen ist, ich habe es nur im Ordner gesehen, hat er so ... so langes Haar gehabt. Jetzt hat er kurzes Haar und wenn die Kinder das alte Foto sehen, sagen sie, schau mal Roman, hier warst du noch ein Mädchen. Also die verbinden das, langes Haar haben halt nur Mädels. Und da wird schon, auf so Kleinigkeiten, aber das sind dann keine Kleinigkeiten, wird halt früh schon drauf geachtet, dass man darüber redet. Was macht jetzt ein Junge aus, was macht jetzt ein Mädchen aus und die Haarlänge hat damit eigentlich nicht viel zu tun.
(Ulrica 31)

Roman wird, weil er auf einem Foto lange Haare hat, als Mädchen eingeordnet. Nachdem er die Haarlänge geändert hat, hat er für die Kinder auch seine Geschlechtszugehörigkeit verändert. Er ist also von einem Mädchen zu einem Jungen geworden. Auch hier wird deutlich, welche äußerlichen Merkmale die Kinder nutzen, um Geschlechtereinteilungen vorzunehmen, d.h. dass die Kinder nicht in feststehenden Kategorisierungen denken, sondern für sie durchaus die Möglichkeit besteht ein anders Geschlecht durch die Veränderung der Haarlänge zu bekommen.

Ob Roman zu dem Zeitpunkt, als er lange Haare hatte, auch als Mädchen eingeordnet wurde, ist nicht klar. Es kann gut sein, dass er zu dem Zeitpunkt auch als ein Junge eingeordnet wurde und erst rückblickend von den anderen Kindern durch die langen Haare als Mädchen eingeordnet wird. In der Aussage der Kinder *schau mal Roman, hier warst du noch ein Mädchen* schwingt keine Negativbewertung oder Herabsetzung mit. Es ist einfach eine Feststellung, dass Roman von einem Mädchen im Laufe seiner Entwicklung zu einem Jungen geworden ist.
In Ulricas Beispiel wird auch deutlich, wie sich im Alltag Gesprächsanlässe mit Kindern ergeben können, bei denen sich die Erzieherin mit den Kindern ge-

meinsam über das Thema Geschlechtsidentität und Geschlechtszugehörigkeit auseinandersetzen und auf die Fragen der Kinder entsprechend eingehen kann.

Nicht nur der gemeinsame Dialog kann die Kinder dabei unterstützen, ihr Wissen in Bezug auf das Thema Gender zu erweitern bzw. zu hinterfragen, sondern auch in der Freispielbegleitung bieten sich hierfür viele Möglichkeiten.

BEATA: Das wollte ich dir auch sagen, heute, das ist ganz frisch. Die Kinder, die haben Instrumente gespielt und zwei davon haben getanzt. Die Mathilde und die Lara, die haben getanzt. Da kam der, da kam der kleine Marc, der kleine Marc kam rein und wollte mitmachen. Ich dachte, um mit den Instrumenten zu spielen. Er wollte verschiedene Sachen machen und Schlagzeug spielen. Ich habe gesagt: „Marc guckt mal, die tanzen hier sehr schön." Also gut, er will auch tanzen. Dann haben die gesagt: „Du bist aber ein Junge, du kannst nicht tanzen mit den Tüchern." Ja. Da war er beleidigt, also richtig so. Da habe ich gesagt: „Doch, er kann tanzen, zeig uns, kannst du tanzen? Ja, dann zeig uns, wie du tanzen kannst." Dann hatte er es gezeigt und wurde akzeptiert. (Beata 59)

Die beiden Mädchen tanzen. Marc (3 Jahre alt) hat erst vor, Schlagzeug zu spielen, eine Tätigkeit, die aus der Perspektive von Lara (6 Jahre alt) und Mathilda (6 Jahre alt) durchaus zu einem Jungen passt, zumindest nehmen sie hieran keinen Anstoß. Interessant ist, dass sie ihn in der Spielsituation akzeptieren und nicht die Regel greift, Mädchen und Jungen spielen nicht zusammen. Es könnte sein, dass dies daran liegt, dass Marc ca. 3 Jahre jünger als sie ist, vielleicht aber auch daran, dass eine Erzieherin anwesend ist. Marc wird von der Erzieherin auf den *schönen* Tanz der Mädchen hingewiesen. Marc möchte auch so wie die Mädchen mit Tüchern tanzen. Ein Mädchen aus der Gruppe meint daraufhin, dass Marc als Junge nicht mit Tüchern tanzen kann. In dieser Aussage stecken zwei Stoßrichtungen. Erstens: Jungen tanzen nicht mit Tüchern. Das gehört sich nicht für einen Jungen. Zweitens: Jungen sind nicht fähig mit Tüchern zu tanzen. Marc fühlt sich durch die Äußerung der Mädchen beleidigt. Die Erzieherin Beata motiviert ihn zu tanzen, was dieser schließlich auch macht und von der Mädchengruppe akzeptiert wird.

In dieser Interviewsequenz positioniert sich Beata mit der Aussage *doch, er kann tanzen, zeigt uns, kannst du tanzen?* Zu den Äußerungen der Mädchen. Sie ermuntert Marc, auch mit den Tüchern zu tanzen und sich nicht die Fähigkeit absprechen zu lassen, sondern sich zu den stereotypen Äußerungen der Mädchen zu verhalten. Die Erzieherin Beata unterstützt und stärkt Marcs Position, sie gibt ihm Hilfestellung und zeigt ihm Handlungsmöglichkeiten auf, wie er seine Interessen verfolgen kann. Darüber hinaus ist sie in der Situation anwesend und kann situativ immer wieder den Prozess moderieren. Die hier beschriebene Tätigkeit der Erzieherin wird in der Ausbildung zur Erzieherin /

zum Erzieher als Freispielbegleitung bezeichnet (vgl. Jaszus et al. 2008, S. 419ff.).

Eine Freispielbegleitung zeichnet sich durch Beobachten, Spielimpulse geben, Anspielen und Mitspielen aus. Durch die Freispielbegleitung der Erzieherin kann Marc die Situation erfolgreich bewältigen, *dann hatte er es gezeigt und wurde akzeptiert.* Über die erfolgreiche Gestaltung dieser Spielsituation hinaus, ergibt sich die Möglichkeit für verschiedene Lernprozesse bei den Kindern. So z.b. für Marc, der er eine schwierige Situation, in der ihm bestimmte Fähigkeiten abgesprochen werden, erfolgreich bewältigt und der sich durch stereotype Geschlechterbilder nicht in seinem Erfahrungsraum einschränken lässt. Auf Seiten der beiden Mädchen wird das Vorurteil „Jungen können nicht mit Tüchern tanzen", widerlegt. Diese Lernprozesse initiiert die Erzieherin Beata ohne zu moralisieren oder die Mädchen mit dem Argument zurechtzuweisen, dass Kinder aus Spielgruppen nicht ausgeschlossen werden dürfen.
Allerdings sollten diese von Ulrica und Beata geschilderten Situationen nicht überschätzt werden. Ein wirklicher Paradigmenwechsel kann sich bei den Kindern erst durch eine Vielzahl solcher Situationen ergeben und ist noch von weiteren Faktoren abhängig. Dennoch haben die Kinder in den beiden Episoden die Möglichkeit, stereotype Geschlechterbilder zu hinterfragen und Fragen zu stellen, ohne dass sie deswegen von Erwachsenen verurteilt werden. Ganz entscheidend ist in beiden Situationen die Handlung der Erzieherin, die Dialoge mit den Kindern initiiert und auf die Fragen der Kinder eingeht.

5.9 Soziale Klasse

Der Begriff der sozialen Klasse, der hier verwendet wird, stammt aus dem Klassismusdiskurs. Bei diesem Klassenbegriff geht es zwar auch um die ökonomische Stellung einer Gruppe in den Produktionsverhältnissen, aber „(…) auch immer um die Anerkennungsprozesse auf kultureller, institutioneller, politischer und individueller Ebene (…). Diese Idee von Klasse beschreibt Menschen, die ökonomisch und kulturell in der Gesellschaft verortet sind bzw. werden und die daraus resultierenden Diskriminierungs- und Unterdrückungserfahrungen. Diese sind der Ausgangspunkt von Klassismus und Antiklassismusreflektion." (Kemper / Weinbach 2009, S. 13)

Die Kategorie soziale Klasse habe ich deduktiv an das Datenmaterial herangetragen. In dem Material kommen oft Überschneidungen mit anderen Differenzlinien vor. So kann die alleinige Zuordnung zu einer bestimmten Differenzlinie kaum vorgenommen werden. Bei dem Material, welches unter diesem Punkt zusammengefasst wird, handelt es sich oft um Verschränkungen verschiedener Differenzlinien mit der Differenzlinie soziale Klasse.

In der folgenden Schilderung sind Momente von Klassismus erkennbar, aber es gibt auch Verschränkungen mit anderen Differenzlinien, wie z.b. der Differenzlinie Behinderungen / Beeinträchtigungen / besondere Bedürfnisse und Gender. Diese Sequenz stammt aus dem Interview mit der Erzieherin Regine, die auch die Einrichtungsleitung ist.

REGINE: Naja, das ist so, dass ich sage die Charlotta, die gehört Dominanzkultur an, blond, Akademikereltern usw. und ich beobachte das schon seit einiger Zeit, dass sie sich mit dem Raul in den Haaren hat und Raul ist ein Integrationskind. Eigentlich eine weniger schöne Kindheit und dann merke ich schon, dass sie den ausgrenzt. Charlotta würde aber nicht sagen: „Den grenze ich aus, weil der eine Brille mit einem zugeklebten Glas hat und behindert ist." Das weiß sie ja, denn wenn sie das sagt, dass dann Frau Schulze sagt: „Ne, so geht das nicht." So schlau ist sie ja, also fängt Charlotta an, subtile Gründe zu suchen.
INTERVIEWER: Also, was gibt sie dann an?
REGINE: Dass es da voll ist, dass da nur Mädchen spielen, oder sie spielen schon so lange und da hat jetzt niemand mehr Platz. Also, die Gründe, wo du als Pädagogin geneigt bist zu sagen: „Ach stimmt, die spielen jetzt schon eine halbe Stunde so schön und vielleicht wird das Spiel dann auch gestört, wenn da noch jemand mitspielt." (Regine 78-80)

Die Erzieherin Regine bezeichnet Charlotta als Angehörige der „Dominanzkultur". Sie macht ihre Einschätzung an der Haarfarbe und am Bildungsstand der Eltern Charlottas fest. Charlotta und Raul haben, so berichtet sie, seit längerer Zeit einen Konflikt. Raul ist ein Junge mit einer Beeinträchtigung und sein äußeres Erscheinungsbild wird von der Erzieherin Regine als nicht ansprechend bewertet.
In der Vergangenheit hat er in seinem familiären Umfeld belastende Erfahrungen gemacht. Charlotta grenzt ihn subtil aus, d. h., ihre exkludierenden Handlungen sind nicht einfach von der Erzieherin als solche zu erkennen. So gibt Carlotta den Erzieherinnen gegenüber an, dass Raul nicht mitspielen kann, weil das Spiel schon so weit fortgeschritten ist, dass nur Mädchen mitspielen oder der Raum für einen weiteren Mitspieler zu klein ist. Die Gründe, die Charlotta hier anführt, sind auf den ersten Blick, so die Sichtweise von Regine, für das pädagogische Fachpersonal nachvollziehbar und entsprechen einer pädagogischen Logik, das Spiel von Kindern nicht zu stören.

Zweimal verwendet die Erzieherin Regine den Begriff „Dominanzkultur", um Charlottas soziale Positionierung zu beschreiben. Der Begriff der „Dominanzkultur" geht auf die Arbeiten von Rommelspacher (1995) zurück und wird im Kinderweltenprojekt verwendet. Raul wird von ihr nicht als Angehöriger der „Dominanzkultur" begriffen, sondern als von dieser „Dominanzkultur" unterworfen. Er hat Dominanzverhältnisse verinnerlicht. Erschwerend kommt für Raul hinzu, dass er belastende biografische Erfahrungen machen musste, entwicklungsverzögert und in der Einrichtung eins von zwei sogenannten *„Integrationskindern"* ist. Darüber hinaus beschreibt sie Rauls Äußeres so, dass Raul nicht den gesellschaftlichen Vorstellungen von Schönheit oder bei Kindern eher Niedlichkeit entspricht. Die Erzieherin spricht davon, dass Raul *„bescheuert aussieht"*.

In dieser Beschreibung wird eine Verschränkung von drei Differenzlinien, die Auswirkungen auf die soziale Positionierung von Raul haben, sichtbar. Dies sind: Soziale Klasse, Behinderung / Beeinträchtigung, Schönheits- und, bezogen auf Kinder, Niedlichkeitsvorstellungen.

Die geschilderte Situation der Erzieherin Regine ist allerdings nicht klar und eindeutig als ein Beispiel für Diskriminierung zu erkennen. Im Gegenteil, die Aussagen sind ausgesprochen widersprüchlich. Dass Charlotta in ihrer Spielgruppe nicht einen Jungen sondern lieber ihre beste Freundin haben möchte, ist, besonders vor dem Hintergrund des vorherigen Kapitels zum Thema Gender, nachvollziehbar und nicht diskriminierend. Freundschaften zeichnen sich dadurch aus, dass man mit bestimmten Menschen mehr Kontakt haben möchte als mit anderen Menschen.

Die Erzieherin macht im weiteren Interviewverlauf deutlich, wieso sie zu der Einschätzung kommt, dass es sich um eine Diskriminierung handelt.

REGINE: Sie wusste, sie kann Raul beißen. Sie kann den aufs Ü-b-e-l-st-e eigentlich diskriminieren und er kommt morgen wieder wie so ein kleines Hundle an und sagt: „Spielst du mit mir?" Ja, und dann habe ich schon gesagt: „Ich an deiner Stelle würde mit der heute auf keinen Fall mehr spielen." „Aber ich mag sie doch." „Ja, also gut". Aber dann war der Tag, wo ich gesagt hab, heute entscheide ich. Er war als erstes in der Puppenecke und hat sein Spiel schon gehabt und sie kam dann und hat ihn der Puppenecke verwiesen und da ist es für mich eindeutig, dass sie weiß, aufgrund seiner sozialen Herkunft kann sie es mit ihm machen, weil er immer wieder wie ihr Hundle hinter ihr herrennen wird, weil es ist ja toll mit der Charlotta zu spielen. Sooo, und es ist ja toll, vielleicht auch mal bei der Charlotta eingeladen zu werden, weil da ist es anders. Ja? (Regine 84)

Regine vermutet in diesem Interviewabschnitt, dass Charlotta weiß, dass sie Raul verletzen und ihn erniedrigen kann und er wieder zu ihr kommen und den Kontakt erneut zu ihr suchen wird. Die Erzieherin Regine hat Raul darauf angesprochen, allerdings erfolglos, wie sie berichtet. Regine konnte an einem anderen Tag beobachten, wie Raul in der Puppenecke spielte und von Charlotta, die später hinzu kam, weggeschickt wurde. Dies deutet die Erzieherin Regine so, dass Charlotta sich dies nur aufgrund ihrer sozialen Herkunft gegenüber Raul herausnimmt. Raul, so meint Regine, würde immer wieder zu Charlotta zurückkommen, weil er sie bewundert und sie anders lebt als Raul dies gewohnt ist.

Die Erzieherin Regine deutet die Machtbeziehung zwischen Charlotta und Raul. Danach nimmt sich Charlotta Privilegien heraus, von denen sie ausgeht, dass Raul diese nicht hat. Raul skandalisiert diese Situation nicht, sondern unterwirft sich. Er lässt dies mit sich machen. Der Versuch, Raul diese Ungerechtigkeit vor Augen zu führen, scheitert. Raul bricht in der Beschreibung von Regine nicht aus diesem Unterdrückungsverhältnis aus, sondern verfestigt dieses. Ob hier wirklich Klassenunterschiede sichtbar werden, wie Regine mithilfe des von ihr eingeführten Dominanzkulturbegriffs annimmt, lässt sich nicht nachweisen. Es könnte sich auf der subjektbezogenen Interaktionsebene eine ähnliche Situation auch zwischen zwei Menschen mit gleicher gesellschaftlicher und struktureller Positionierung ergeben. Aber genau auf dieser Interpretationsebene sind die beiden Kinder nicht gleich. Sie sind unterschiedlich gesellschaftlich positioniert. Auf der einen Seite steht Charlotta als Kind aus einem Akademikerelternhaus mit einem entsprechenden Einkommen und auf der anderen Seite Raul, der, wie sich später herausstellte, als Pflegekind in einer Pflegefamilie aufwächst und dessen Lebenssituation auch Spuren in seinem Selbstwertgefühl, in seinem Verhalten und seinen Spielinteressen hinterlassen hat. Somit ist Regines Interpretation der Situation durchaus nachvollziehbar und ähnlich wie die Erzieherin Regine sehe ich die unterschiedliche gesellschaftliche Positionierung der beiden Kinder als eine nicht zu unterschätzende Dimension. Den Konflikt auf diese Dimension zu reduzieren greift allerdings zu kurz. Dies scheint die Erzieherin Regine ähnlich zu sehen und sie ändert im weiteren Interviewverlauf ihre Argumentation.

Der zweifache Hinweis der Erzieherin Regine auf die Akademikereltern berührt auch noch eine weitere Dimension, die in dem Interview nicht angesprochen wird, aber dennoch vorhanden ist. Die Erzieherin Regine gehört als Erzieherin nicht zu den Akademikern. Es gibt also auch eine unterschiedliche gesellschaftliche Positionierung zwischen der Erzieherin und den von ihr beschriebenen „Akademikereltern".

Charlottas Eltern sind Lehrer. In der Zeit, in der ich meine Daten im Kindergarten erhoben habe, waren Schulferien. Charlottas Eltern hielten sich pro Tag ein bis zwei Stunden in der Einrichtung auf. Obwohl die Einrichtung ein offenes Konzept vertritt, in dem sich Eltern so lange in der Einrichtung aufhalten können, wie sie wollen, kann ich mir vorstellen, dass diese dauernde Anwesenheit und damit verbundende Einmischung und Kontrolle (die Mutter ist auch noch Elternsprecherin im Elternrat) der eigenen Arbeit für die Erzieherinnen belastend sein kann und auch Auswirkungen auf der Beziehungsebene zu diesen Eltern haben kann.

5.9.1 Handlungen von Erzieherinnen gegen Ausschluss von Kindern aus Spielgruppen

Die Erzieherin Regine beschließt einzugreifen.

REGINE: Und dann habe ich gesagt: „So, und jetzt entscheide ich, Charlotta und jetzt kannst du nicht mitspielen. Jetzt gehst du einfach mal raus." Dann ist sie abgezogen und war totbeleidigt und dann bin ich ihr hinterher und hab gesagt: „Was ist jetzt dein Problem?" „Gar nichts." „Doch, du bist gerade richtig sauer auf mich, weil ich unfair zu dir war. Ich war gerade richtig gemein zu dir." Dann hast sie gesagt: „Ja". Letzten Endes geht es ja um seine Sozialisation, weil sie gesagt hat, der will immer Gespenster spielen. Klar, er will im Spiel eigentlich das ausleben, was ihm eigentlich Angst macht und das ist schon aufgrund auf seiner, aber (...). Sie will das nicht, weil es ihr wahrscheinlich genauso Angst macht, aber für sie ist das kein Spiel mehr. Und ich gesagt habe, dass kannst du ihm ja genauso sagen. Dann greift sie ihn ja immer noch nicht an. „Weil du so eine gestörte Kindheit gehabt hattest, dass du jetzt mit uns so gestörte Spiele spielst." Letztendlich geht es ja um das. (Regine 84)

Die Erzieherin Regine berichtet in dieser Interviewsequenz, wie sie Charlotta mit den Worten: *„So, und jetzt entscheide ich"* des Spiels verweist. Charlotta verlässt daraufhin verärgert das Spiel. Die Erzieherin Regine folgt ihr und thematisiert mit Charlotta die gerade erfahrene Ungerechtigkeiten. In einem anschließenden Gespräch, so erinnert sich Regine, in dem es darum geht, warum Charlotta nicht mit Raul spielen möchte, berichtet Charlotta, dass Raul immer Gespenst spielen will. Die Erzieherin vermutet, dass diese Spiele Charlotta Angst machen und dass Raul hier eigene Ängste im Spiel umsetzt.

Die Erzieherin schlägt Charlotta vor, Raul zu sagen, dass sie nicht Gespenst mit ihm spielen möchte. Dies würde Raul nicht verletzen. Im Widerspruch zu dieser Aussage steht allerdings Regines letzte Äußerung in diesem Abschnitt: *„Weil du so eine gestörte Kindheit gehabt hattest, dass du jetzt mit uns so gestörte Spiele spielst."*

Ich vermute, dass diese Aussage eher als erzählstilistisches Mittel zu verstehen ist. Ich interpretiere diesen Abschnitt dahingehend, dass die Erzieherin Regine hier denselben Mechanismus aufgreift, der vorher schon bei dem Thema Gender sichtbar wurde. Sie lässt die Kinder, welche ausgrenzen, selbst Ausgrenzung spüren, um über diese Erfahrung die Kinder dafür zu sensibilisieren, wie verletzend Diskriminierungserfahrungen und Ausgrenzungserfahrungen sein können. Dieses Vorgehen orientiert sich, wie in dem vorherigen Kapitel erwähnt, vermutlich an dem Ansatz von Jane Elliot.

Die Erzieherin versucht mit Charlotta in einen Dialog zu kommen. Sie will erfahren, was Charlotta an Raul stört. Hiermit hat sie offensichtlich Erfolg, weil Charlotta berichten kann, was ihr an Rauls Spielen nicht gefällt. Die Erzieherin Regine zeigt Charlotta Handlungsalternativen zu ihrem bisherigen Verhalten auf, indem sie Charlotta ermuntert Raul zu sagen, dass sie diese Art von Spielen nicht spielen möchte. Regine sieht in diesem Gespräch mit Charlotta einen direkten Erfolg. Sie sagt an einer anderen Stelle im Interview:

REGINE: Sie hat da ganz lange nach Worten gesucht, wie sie das ausdrücken soll. Aber dann war, wie wenn so ein Knoten geplatzt ist. (Regine 88)

Charlotta fühlte sich erleichtert, ihr Unbehagen in Bezug auf Raul in Worte gefasst zu haben.

INTERVIEWER: Und das hat sich jetzt geändert?
REGINE: Das hat sich jetzt geändert. Ja. das war, als wenn es auch für die Charlotta eine Befreiung war, endlich zu sagen, das mag ich an dem nicht. (Regine 89-90)

Die Erzieherin Regine berichtet, dass eine Veränderung stattgefunden hat und sich die Situation verbessert hat. Regine weicht hier von ihrer vorherigen Argumentation über die soziale Herkunft, in der sie sich auf die strukturelle und gesellschaftliche Ebene bezogen hat, ab und bewegt sich mit ihren pädagogischen Interventionen auf der individuellen Ebene. Das Raul von Charlotta ausgegrenzt wird, hat in der weiteren Argumentation von Regine etwas mit seinen Spielen und Spielideen zu tun. Es ist nicht mehr eine Frage der *„Dominanzkultur"*. Dieser Wechsel ihrer Argumente in ihrem Bericht ist auffällig.

Ich interpretiere dies dahingehend, dass mit dem abstrakten Begriff der Dominanzkultur zwar Reflexionsprozesse über gesellschaftliche Ungleichheit initiiert werden können, aber durch die große Offenheit und Ungenauigkeit dieses Begriffs eine Überforderung auf der konkreten Handlungsebene für Erzieher und Erzieherinnen stattfindet. Der Dominanzkulturbegriff, wie er in dem Interview verwendet wird, wird zu einem universal anwendbaren Begriff, der fast immer passt und mit dem die unterschiedlichsten sozialen Phänomene beschrieben werden können. Durch diese große Offenheit und Flexibilität des Begriffs ist es aber auf der Handlungsebene für die Erzieherin Regine in diesem konkreten Fall nicht möglich, etwas gegen diese *„Dominanzkultur"* zu unternehmen. Wie sollten die Handlungen der Erzieherin gegen die Dominanzkultur aussehen, besonders wenn sie die Erfolge ihrer Handlungen evaluieren möchte? Die Handlungsmöglichkeiten von Erziehern und Erzieherinnen sind dabei begrenzt. Diese Begrenztheit scheint ausschlaggebend dafür zu sein, dass Regine den Konflikt in der weiteren Beschreibung individualisiert.

Die Komplexität und Widersprüchlichkeit des Konfliktes, die an verschiedenen Stellen in der Beschreibung von Regine sichtbar wird, verlangt auf Seiten der Erzieher und Erzieherinnen komplexe Handlungen, die sich über einen längeren Zeitraum erstrecken. Für komplexe Handlungen fehlt in der Praxis oft die

Zeit. Ein Konflikt muss in der Praxis möglichst schnell und effektiv gelöst werden, da eine Erzieherin / ein Erzieher im Kindergartenalltag eine Fülle von Aufgaben zu erledigen hat.

Die Erzieherin Regine bringt den Dominanzkulturbegriff erst wieder ein, als sie auf Raul zu sprechen kommt. Allerdings geht es hier um Erfahrungen Rauls, die er in seiner Familie gemacht hat und weniger um gesamtgesellschaftliche Dominanzverhältnisse.

REGINE: Ich glaube vorher war das für ihn gar nicht klar, da war es für ihn normal, dass er (...). Ich meine, wenn du von der Mutter Ablehnung erfährst, wenn du von dem Vater Ablehnung (...), dann gehört es irgendwann zu deinem Leben und dann kannst du mit dem auch umgehen. Und dann brauchst du erst mal jemanden, der sagt: „Ne, das darf mit dir niemand machen. Da bin ich dagegen. Ich finde das gemein." Und erst dadurch hat er erst die Worte gekriegt, er findet so etwas gemein. Er fand vorher nie etwas gemein, das war für ihn in Ordnung, zu ihm darf man ja gemein sein, ich glaube er hat das gar nicht gewusst, dass das gemein ist. Dass es ihm nicht gut geht dabei, weil es war ja normal. Ich glaube, das ist eher die Gefahr und ich glaube, das ist eher bei ganz, ganz vielen Kindern die Gefahr, dass dieses, das ist ja schon normal. (Regine 94-98)

Die Erzieherin Regine vermutet, dass Raul nicht bewusst war, dass er sich so nicht behandeln lassen muss. Erst durch ihr Einschreiten sind, so vermutet sie, sind ihm seine Rechte und die ungerechte Behandlung bewusst geworden. Für Raul, so vermutet sie, ist durch die Erfahrungen, die er mit seiner leiblichen Mutter und seinem Vater gemacht hat, es normal, wenn er abgelehnt und erniedrigt wird. Es musste ihn jemand darauf hinweisen, dass er sich so nicht behandeln lassen muss. Erst dadurch hat sich bei ihm ein Bewusstsein herausgebildet, dass ein solches Verhalten ihm gegenüber nicht gerecht ist und er sich dagegen wehren kann. Sie meint, viele Kinder hätten Unterdrückung und Herabsetzung verinnerlicht.

Ich interpretiere die Aussage der Erzieherin dahingehend, dass Raul ein Bewusstsein dafür entwickelt hat, Ungerechtigkeiten ihm gegenüber als solche zu erkennen und eigene Rechte wahrzunehmen. Dies ist der eigentliche Erfolg. Bei Raul hat ein Lernprozess und eine Stärkung des Selbstwertbewusstseins stattgefunden. Dieser Prozess kann als Empowerment bezeichnet werden.
Einen weit größeren Raum nimmt in der Beschreibung der Erzieherin Regine ein, dass Kinder andere Kinder nicht mitspielen lassen und wie hier vorgegangen werden soll. Die Handlungen der Erzieherin Regine weisen durchaus Parallelen zu dem von Paley verfassten Buch „Mitspielen verbieten verboten" auf, auch wenn das Buch von den Erzieherinnen an keiner Stelle in den Interviews

genannt wird. Deswegen ist es an dieser Stelle notwendig, die von Paley einge-
führte Regel und ihre Auswirkungen genauer zu betrachten.

In dem Buch beschreibt Paley (2004), wie in einer Vorschule in den USA die
Regel eingeführt wurde, dass alle Kinder mitspielen dürfen und kein Kind von
anderen Kindern aus einem Spiel ausgeschlossen werden darf. Dieses Buch
wird in den Fortbildungen des Kinderweltenprojekts eingesetzt und der in dem
Buch vertretene Ansatz wird in seiner Widersprüchlichkeit diskutiert.

Durch die Einführung einer solchen Regel besteht auch immer die Gefahr,
komplexe Probleme durch einfache Regeln und Verbote zu lösen. Dies ist vor
dem Hintergrund der immer knapper werdender Ressourcen im Elementarbereich gut nachvollziehbar und verständlich. Auch geben Regeln und Verbote,
die in einer Einrichtung aufgestellt werden, Eltern, Kindern, Erzieherinnen und
Erziehern eine Orientierung. Gesamtgesellschaftlich ist es durchaus sinnvoll ein
Antidiskriminierungsverbot zu formulieren. Auf der anderen Seite hat der Kindergarten einen Bildungsauftrag und dieser Bildungsauftrag kann nur eingelöst
werden, indem sich pädagogische Fachkräfte intensiv mit der Lebenswelt von
Kindern auseinandersetzen. Eine Auseinandersetzung umfasst allerdings mehr
als ein Verbot oder das Aufstellen einer Regel. Natürlich sollen Kinder im
Elementarbereich gleiche Bildungschancen haben und es ist absolut unzulässig,
dass Kinder im Kindergarten über einen längeren Zeitraum Ausgrenzung und
Herabsetzung erfahren. Aber für das Aussprechen und die Überwachung eines
Verbotes brauchen Kitas kein pädagogisches Fachpersonal. Vielmehr wäre es
sinnvoll, wenn sich die Erzieher und Erzieherinnen in dieser Situation über
einen längeren Zeitraum am Rollenspiel der Kinder beteiligen würden. Die
Begleitung von Alltagssituationen findet in der Einrichtung, in der ich die Daten erhoben habe, statt, wie in den vorherigen Kapiteln deutlich wurde. Über
diese Interaktionsmöglichkeiten könnten die Erzieher und Erzieherinnen die
soziale Integration von Kindern fördern und Zuschreibungen der Kinder begegnen (vgl. Kapitel „Gender").

Inklusive Ansätze haben die Wirksamkeit eines solchen Vorgehens nachgewiesen. Es wird in diesem Zusammenhang vom inklusiven Spiel gesprochen (vgl.
Casey 2011, S. 219ff.). Darüber hinaus ist ein wesentliches Qualitätsmerkmal
im Elementarbereich die Erzieherin-Kind-Interaktion (vgl. Roßbach / Weinert
2007, S. 25; Sylva 2010, S. 73ff.). Die Freispielbegleitung spielt in der gesamten Ausbildung zur Erzieherin / zum Erzieher eine große Rolle. Allerdings wird
das Freispiel unter dem Aspekt der Inklusion eher selten betrachtet.

Ein weiteres Problem, welches sich ergibt, wenn pädagogische Fachkräfte bestimmen, wer an dem Spiel der Kinder teilnimmt, ist, dass Kinder ihren Miss-
mut darüber, dass sie jetzt den oder die mitspielen lassen müssen, im Spiel
durchaus an den betroffenen Kindern auslassen können, ohne dass Erwachsene
hierauf Einfluss haben.

Die Erzieherin Ulrica drückt eine ähnliche Sichtweise in der folgenden Interviewsequenz aus:

ULRICA: Und dann sagt sie oft, der darf ja mitspielen und meine Frage ist dann, das hat man dann schon, man weiß nicht (...), man bleibt ja nicht dabei wie das Spiel dann weitergeht und es kann ja sein, dass die dann sagt, o.k. spiel mit und dann wird er im nächsten Moment, in dem man weg ist, vielleicht wieder ausgeschlossen. Das weiß man dann ja nicht.
(Kurze Unterbrechung, jemand betritt das Büro, dass Aufnahmegerät wird ausgestellt)
INTERVIEWER: D.h., da findet keine Kontrolle statt, wie das Spiel dann weiterläuft oder?
ULRICA: Man versucht es zumindest aber man kann nicht an jeder Baustelle dabei stehen. (Ulrica 20-23)

Ulrica äußert Zweifel daran, dass Raul als gleichwertiger Spielpartner wahrgenommen wird. Sie meint, dass wenig Kontrolle durch die Erzieherinnen stattfindet, wie Raul an dem Spiel teilnimmt.

Es ist nicht klar, welche Auswirkungen auf das Spiel die verordnete Teilnahme Rauls hat. Corsaro, der sich intensiv mit kindlichen Spielgruppen beschäftigte, kommt bei angeordneter Aufnahme neuer Gruppenmitglieder zu dem Schluss: „Oftmals jedoch führte die von außen forcierte Aufnahme eines neuen Gruppenmitglieds zum Zusammenbruch des Spielmotivs und zur Auflösung der ursprünglichen Gruppe, deren Mitglieder sich anderen Aktivitäten zuwandten. Nach dem Einschreiten der Erwachsenen und der damit verbundenen Störung und Unterbrechung des Spiels, war es nur schwer möglich, dieses wieder in Gang zu bringen." (Corsaro 2011, S. 19) Außerdem besteht die Möglichkeit, dass die Kinder Raul in dem Spiel unbeliebte Rollen zuteilen oder ihn ihre Ablehnung im Spiel spüren lassen.

Dazu, wie das weitere Spiel verlaufen ist, nachdem Raul durch die Einmischung von Erwachsenen teilgenommen hat, lassen sich in den Interviews kaum Daten finden. Nur in dem Interview mit der Praktikantin Anna erwähnt sie in einem Nebensatz, dass das Spiel nach der verordneten Teilnahme Rauls keineswegs harmonisch verlaufen ist und es immer wieder zu Auseinandersetzungen zwischen Raul und Charlotta kommt (vgl. Anna 55). Ein positiver Effekt der Interventionen der Erzieherin ist das veränderte Verhalten Rauls. Raul tritt als selbst handelndes Subjekt in Erscheinung. Er versucht selbstständig Argumente zu finden, warum er nicht ausgeschlossen werden darf.

Die Erzieherin Ulrica berichtet auf die Frage, inwieweit die Kinder versuchen selbstständig Konflikte zu lösen:

INTERVIEWER: Meinst du, das ist erfolgreich bei den Kindern?

ULRICA: Ja, ja das hat Erfolg (lacht), weil die machen das mittlerweile auch, ohne einen Erzieher dabei zu haben. Das passiert halt ziemlich oft dieses. Zum Beispiel zwei Kinder, das eine Mädel mag einfach diesen Jungen nicht und er darf nie mitspielen bei Rollenspielen und sie findet dann immer eine perfekte Ausrede. Entweder es gibt schon einen Papa oder es gibt kein Schulkind und modelt das immer um, dass der Junge nicht mitspielen kann. Und dann weint der natürlich. Und er sagte auch schon: „Das ist unfair, wenn du mich nicht mitspielen lässt. Alle dürfen mitspielen. Dann gibt es halt zwei Papas." Also das ist schon so, so drin, dass er nach Lösungen sucht, bevor er da zu jemand rennt und das weiter sagt.
INTERVIEWER: Und er hat Erfolg damit oder scheitert er da?
Er scheitert meistens, er scheitert meistens, weil sie einfach... geschickt ist.
INTERVIEWER: Argumentativ?
ULRICA: Ja ja sehr (...) ja, sie ist da schon sehr weit. Aber zumindest hat er das schon begriffen. Oder dann mit anderen Kindern eben auch. Also der Versuch ist zumindest schon da. (Ulrica 15-20)

Raul versucht Argumente zu finden, damit er an dem Spiel teilnehmen kann. Seine Argumente beziehen sich sowohl auf das Spiel und die Spielinhalte als auf an das Gerechtigkeitsempfinden und die Moral der anderen MitspielerInnen. So argumentiert er: „Dann gibt es zwei Papas. Das ist nicht fair, dass ich nicht mitspielen darf." Seine Strategie besteht darin, einen Beitrag zum Spiel zu leisten bzw. auf die Ungerechtigkeiten hinzuweisen.

5.9.2 Empowerment

Raul lernt sich gegen Ungerechtigkeiten zu wehren. Dieser Lernprozess ist der eigentliche Erfolg und weist Parallelen zu dem von Holzkamp beschriebenen expansiven Lernen auf (Holzkamp 1993, S. 215ff.). Im weiteren Verlauf werde ich diesen Prozess als Empowerment bezeichnen (vgl. Herringer 2010). Der Empowermentbegriff wird in der englischsprachigen Literatur auch im Elementarbereich verwendet (vgl. Ministry of Education 1996, S. 28ff.).[10] Herringer definiert Empowerment folgendermaßen: „Der Begriff ‚Empowerment' bedeutet Selbstbefähigung und Selbstbemächtigung, Stärkung von Eigenmacht, Autonomie und Selbstverfügung. Empowerment beschreibt mutmachende Prozesse der Selbstbemächtigung, in denen Menschen in Situationen des Mangels, der Benachteiligung oder der gesellschaftlichen Ausgrenzung beginnen, ihre Angelegenheit selbst in die Hand zu nehmen, in denen sie sich ihrer Fähigkeiten bewusst werden, eigene Kräfte entwickeln und ihre individuellen und kol-

---

10 Bedauerlicherweise taucht der Empowermentbegriff in den Bildungs- und Lerngeschichten, die sich auf das neuseeländische Curriculum beziehen, nicht mehr auf (vgl. Leu et al. 2007).

lektiven Ressourcen zu einer bestimmten Lebensführung nutzen. Empowerment, auf eine kurze Formel gebracht, zielt auf die (Wieder-)Herstellung von Selbstbestimmung über die Umstände des eigenen Alltags." (Herringer 2010, S. 20) Es geht beim Empowerment um mutmachende Prozesse. Bezogen auf Raul heißt das, dass er Selbstwirksamkeitserfahrungen machen sollte, indem er Situationen durch sein Handeln verändert. Er versucht in der Interviewsequenz aktiv zu werden und seinem Ausschluss aus der Spielgruppe entgegenzuwirken und zwar mit einer sozial akzeptierten Handlung. (Er könnte ja genauso gut durch Drohungen oder körperliche Übergriffe die Spielgruppe davon überzeugen, dass er mitspielen möchte). Er macht noch oft die Erfahrung, dass seine Argumente nicht gehört werden und er die Situation nicht beeinflussen kann. Genau hier müssten weitere pädagogische Handlungen ansetzen und Raul unterstützen, Wege zu finden sich in die Spielgruppe zu integrieren und sich an dem Spiel zu beteiligen.

Die Erzieherinnen versuchen die Kinder für Ungerechtigkeiten zu sensibilisieren und diese mit den Kindern zu thematisieren. Es werden aber auch die Kinder unterstützt, die Konflikte erfolgreich zu lösen um so Selbstwirksamkeitserfahrungen zu machen. Die Kinder werden mit den Konflikten nicht allein gelassen. In der folgenden Situation wird deutlich, wie die Erzieherinnen hier vorgehen.

In einer anderen Situation kam ein Mädchen zu der Erzieherin und sagte, dass die anderen Mädchen sie nicht mitspielen lassen. Die Erzieherin sagte: „Das ist aber ungerecht. Geh doch zu den Mädchen und sag zu ihnen, dass das unfair ist und wie sie sich fühlen würden, wenn du sie nicht mitspielen lassen würdest. Wenn sie dich dann immer noch nicht mitspielen lassen, dann komm zu mir und wir gehen zusammen zu dem Mädchen." Das Mädchen lief zu den anderen Mädchen und kam nicht mehr wieder. Ich hatte den Eindruck, dass ihr die Hilfestellung der Erzieherin geholfen hatte. (Talking field notes 1, 29)

Ein Mädchen holt sich die Unterstützung der Erzieherin. Diese zeigt dem Mädchen eine Handlungsalternative auf. Gleichzeitig wird das Mädchen mit ihrem Problem nicht allein gelassen, sondern die Erzieherin bietet, falls das Mädchen allein nicht mehr weiter kommt, eine weitere Unterstützung an.

Wie beurteilen die Kinder die Handlungen der Erzieherinnen und welche Konfliktlösungsstrategien haben sie verinnerlicht? Das zeigt sich an Interviewsequenzen im nächsten Kapitel.

5.10 Wie bewerten die Kinder die Handlungen der Erzieherinnen?

Während einer teilnehmenden Beobachtung ergab sich die Gelegenheit mit Mathilda ein Gespräch über Ungerechtigkeiten zu führen.

Ich fragte sie, was sie unfair fände würde. Sie antwortete: Wenn Rocko und Osman sie so wie gestern nicht im „Schloss" spielen ließen und ihr sagten, sie solle weggehen. Ich fragte sie, ob sie bei so etwas zur Erzieherin ginge. Sie antwortete mit nein. Ich fragte sie, warum nicht und sie antwortete, weil sie Angst habe. (Talking field notes 1, 13)

Das Mädchen Mathilda berichtet von einer Situation, die sie als ungerecht empfindet. Ein Spielbereich wurde von zwei Jungen besetzt und sie des Spielbereichs verwiesen. Sie ging nicht zur Erzieherin, weil sie Angst hatte. Ob sie Angst vor der Erzieherin oder vor der Reaktion der beiden Jungen hatte, ist nicht zu erkennen. Nicht alle Kinder suchen die Hilfe der Erzieherin bei Konflikten, die sie allein nicht lösen können, wie durch die Schilderungen von Mathilda deutlich wird. Mathildas Lösungsstrategie ist, dem Konflikt aus dem Weg zu gehen, indem sie den Spielbereich wechselt. Dies wird auch in einer anderen Interviewsequenz mit Mathilda deutlich.

In dem Interview mit Rocko (6 Jahre) und Emilio (6 Jahre) beschreiben die beiden Jungen, wie sie damit umgehen, wenn sie von Kindern geärgert werden.

INTERVIEWER: Aber wenn dich ein Kind ärgert, gehst du dann zur Erzieherin?
ROCKO: Ja, oder, oder wenn mich ganz viele ärgern, dann gehe ich zur Erzieherin hin, aber wenn wir gleich viele sind, greife ich sie mit meinen Soldaten an. Und kämpfen.
INTERVIEWER: Wenn du zur Erzieherin gehst, was sagt die dann?
ROCKO: Dann kriegen die anderen Schimpfe.
INTERVIEWER: Und was passiert dann?
EMILIO: Dann müssen sie drin bleiben.
(Rocko 68-73)

Es darf nicht vergessen werden, dass die Jungen in dem Interview zusammen waren und sich in dem Interview an mehreren Stellen Momente finden lassen, in denen der Eindruck entsteht der Alltag im Kindergarten sei für die beiden Jungen ein einziger „Kampf". Ich vermute, dass sich die beiden Jungen während des Interviews gegenseitig beeinflussten.
Rocko erzählt, dass er sich an die Erzieherin wendet, wenn er sich in dem Konflikt unterlegen fühlt. Er machte dieses Unterlegenheitsgefühl an der Anzahl

der Kinder fest, die in den Konflikt involviert sind. Emilio meint, dass dann die Kinder, mit denen geschimpft wurde, in der Einrichtung bleiben müssen und nicht mehr draußen spielen dürfen.

Die beiden Jungen beschreiben hier erstmals Strafen. Strafen werden von den Erzieherinnen in den Interviews kaum erwähnt, scheinen aber trotzdem Bestandteil der Handlungen der Erzieherinnen zu sein. Bei den beiden Jungen scheinen besonders die Strafen durch die Erzieherin sehr präsent zu sein.

Auffällig ist auch, dass die Kinder an keiner Stelle in den Interviews davon sprechen, dass die Erzieherinnen mit den Kindern über Ungerechtigkeiten redet, sondern es ist immer vom Schimpfen der Erzieherinnen die Rede (vgl. auch Kapitel „Gender").
Allerdings lässt sich in der folgenden Beschreibung von Emilio erkennen, dass die Kinder die Möglichkeit sehen, ihr Verhalten der Erzieherin gegenüber erklären zu können. Emilio (6 Jahre) berichtet in einem Einzelinterview, wie er damit umgeht, wenn ihn Kinder ärgern.

INTERVIEWER: Ähm, willst du mir gerad noch sagen, was du machst, wenn dich ein Kind ärgert?
EMILIO: Hä?
INTERVIEWER: Was machst du, wenn dich ein Kind ärgert?
EMILIO: Dann, dann sag ich, das mag ich nicht und wenn der wegrennt, renn ich ihm hinterher und wenn ich ihn hab, zieh ich ihm am T-Shirt und nehm es ihm weg. Und wenn er heult, dann sag ich Regine oder Silke oder irgendjemand, dann sag ich, der hats mir weggenommen. Und das wars. (Emilio 35-38)

Auf meine Frage, was er mache, wenn ihn andere Kinder ärgern, antwortet er, dass er erst verbal versucht die Auseinandersetzung zu lösen. Wenn dies nicht hilft und das andere Kind wegläuft, wird er handgreiflich. Diese Handgreiflichkeiten können dazu führen, dass das andere Kind weint. Das Weinen führt dazu, dass Emilio seine Handlung gegenüber den Erzieherinnen rechtfertigen muss. Er geht in seiner Schilderung davon aus, dass die Erklärung, ihm sei etwas weggenommen worden, ausreicht, um seine Handlung zu legitimieren. Dies zeigt, dass Emilio es gewohnt ist, dass die Erzieherinnen versuchen, die Hintergründe eines Konfliktes zu verstehen und gerecht zu handeln.

In den Interviews mit den Jungen, besonders wenn zwei Jungen anwesend waren, überwiegen allerdings die Schilderungen, in denen Konflikte körperlich gelöst werden.
Bei einem Interview mit Marwin (vier Jahre) war Rocko (sechs Jahre) auch anwesend und kommentierte einige Male Aussagen und Fragen des Interviews. So auch in dieser Passage. Im Vorfeld beschreibt Marwin, wie er sich körper-

lich gegen andere Kinder wehrt. Ich habe Schwierigkeiten mit den Begriffen, die Marwin verwendet und versuche diese einzuordnen.

INTERVIEWER: Zu kicken? Zu treten?
MARWIN: Ja, zu stauchen.
INTERVIEWER: Zu stauchen? Zu treten?
MARWIN: Ja, manchmal, wenn die uns stauchen versuchen wir denen in die Eier zu stauchen.
ROCKO: So bum, aua einen Kick und das tut weh. (Melwin 45-49)

Marwin berichtet, dass er die anderen (vermutlich) Jungen, wenn diese ihn treten, auch tritt. Mein mehrfaches Nachfragen, was dadurch entsteht, dass mir der Begriff des „Stauchens" unbekannt ist, deutet Marwin dahingehend, dass mir unklar ist, gegen welche Körperstellen er seine Tritte richtet. Er erklärt mir daraufhin, dass er in die Genitalien des Angreifers tritt. Rocko ergänzt, dass diese Art von Tritt sehr schmerzhaft ist.

Die hier beschriebenen Konfliktlösungsstrategien der Kinder sind sehr unterschiedlich. Sie reichen von einem Tritt in die Genitalien bis hin zur Konfliktvermeidung, indem der Spielbereich gewechselt wird. In dem Interview der Jungen kommt bei der Konfliktlösung immer auch der Moment einer körperlichen Konfliktlösung. Überraschend ist, wie wenig die Kinder im Interview die dialogorientierte Konfliktlösung beschreiben und dass sie das Verhalten der Erzieherinnen oft als Schimpfen bezeichnen. Diese Aussagen der Kinder stehen im Widerspruch zu den Schilderungen der Erzieherinnen. Allerdings habe ich die Erzieherinnen nicht nach Strafen gefragt, sondern danach, wie sie mit Ausgrenzungen umgehen. Es könnte sein, dass den Kindern die Strafen der Erzieherinnen besonders im Gedächtnis geblieben sind oder aber, dass sie die dialogorientierte Konfliktlösung der Erzieherinnen als Schimpfen bezeichnen.

6. Zusammenfassung und Diskussion der Ergebnisse

6.1 Soziale Konstruktion von Unterschieden

Es lassen sich in den Daten viele Momente der sozialen Konstruktion von Unterschieden erkennen. Die von Kindern und Erwachsenen hergestellten und reproduzierten Differenzen in dem Datenmaterial sind: Familienkultur, Religion, Sprache, Alter, Fähigkeiten, Beeinträchtigungen / Behinderungen, Ethnie, Krankheiten / Allergien, emotionale Kontrolle, sexuelle Orientierung, Körpergeruch, Spielideen, Körpergewicht, Aussehen, Gender und soziale Klasse. Oft wird in dem Datenmaterial auf den Körper und seine gesellschaftliche Bewertung innerhalb der Diversitätsthematik hingewiesen.[1] So äußern die Kinder eine klare Vorstellung davon, wie ein Mädchen oder ein Junge auszusehen hat, damit sie oder er als Junge oder Mädchen wahrgenommen wird. Abweichungen von dieser bipolaren Vorstellung werden von den Kindern sanktioniert, wie dies an dem Beispiel von Maria deutlich wurde (vgl. Kapitel „Gender"). Zur Erinnerung: Maria schneidet ihre langen Haare ab und wird daraufhin von einer Spielgruppe, die hauptsächlich aus Mädchen besteht, mit der Begründung ausgeschlossen, dass sie jetzt ein Junge sei. Maria hat die Norm, wie ein Mädchen aussehen soll, verletzt. Darüber hinaus lassen sich bei den anderen Mädchen Momente der Versicherung der eigenen Geschlechtsidentität erkennen. Dadurch, dass Marias Aussehen als „jungenhaft" definiert wird und sie Maria als vermeintlichen Jungen nicht mitspielen lassen, versichern sich die Mädchen auch ihrer eigenen Geschlechtsidentität.

Der Körper hat in den erhobenen Daten an verschiedenen Stellen eine besondere Bedeutung , so z.B. der Körpergeruch (vgl. Kapitel „Weitere Differenzlinien"), das Körpergewicht (vgl. Kapitel „Weitere Differenzlinien"), die Körpergröße (vgl. Kapitel „Alter und Fähigkeiten") und die Hautfarbe (vgl. Kapitel „Hautfarbe"). Der Körper als Schnittstelle verschiedener Differenzlinien spielt in der frühen Kindheit eine große Rolle. Dies ist insofern nicht verwunderlich, als Kinder in der frühen Kindheit auf Grund der körperlichen Entwicklung neue Fähigkeiten erwerben und ihre Handlungsräume und -möglichkeiten hierdurch erweitern. Der kindliche Körper ist darüberhinaus besonders Erziehungsvorstellungen von Erwachsenen unterworfen. So werden die Kleidung, Haarfrisur, Körperhygiene etc. oft durch Wertvorstellungen von Erwachsenen bestimmt.

An Marias Beispiel wird sichtbar, wie Kinder gesellschaftliches Wissen kokonstruieren und auf Situationen oder Menschen übertragen.

Dies wird auch in einer anderen Situation deutlich: Emilio reibt über Jakobs Haut um zu überprüfen, ob sich Jakobs dunkle Hautfarbe abwischen lässt (vgl.

---

1 In dem Kapitel „Diversity" wurde bereits auf die Bedeutung des Körpers eingegangen.

Kapitel „Hautfarbe"). In dieser Szene erweitert Emilio sein Wissen über Hautfarbe.

Wie sich Differenzlinien gegenseitig verstärken oder abschwächen (vgl. Kapitel „Differenzlinien und Intersektionalität") ist in dem Datenmaterial an unterschiedlichen Stellen sichtbar. Besonders deutlich wird dies in dem Kapitel „Beeinträchtigungen / Besondere Bedürfnisse". So sind sowohl Raul als auch Amelie von Beeinträchtigungen betroffen. Amelie ist durch ihre Epilepsie in ihrer Teilhabe im Kindergarten stark eingeschränkt (sie fehlt oft, kann teilweise keine Treppen steigen und trägt einen Epilepsiehelm). Raul hat eine Entwicklungsverzögerung und eine Beeinträchtigung des Sehvermögens, kann aber bei Spielen und am Kindergartenalltag weitgehend teilnehmen. Die soziale Integration der beiden Kinder ist allerdings sehr unterschiedlich. Raul wird häufig von anderen Kindern aus Spielen ausgeschlossen (hier tut sich die eben erwähnte Charlotta besonders hervor). Eine solche Exklusion lässt sich in den Interviewpassagen, in denen es um Amelie geht, nicht finden. Auch Amelies Mutter gibt in ihrem Interview keinen Hinweis darauf, dass Amelie geärgert oder von Spielen ausgeschlossen wird. Die Mutter berichtet im Gegenteil an verschiedenen Stellen davon, wie sie und ihre Tochter sich im Kindergarten angenommen fühlen (vgl. Kapitel „Behinderungen / Beeinträchtigungen"). Die Erzieherin Regine äußert an einer Stelle in ihrem Interview die Vermutung, dass besonders die soziale Klassenzugehörigkeit Rauls eine Rolle bei der sozialen Integration spielt. Darüber hinaus nennt sie noch das Aussehen Rauls, das Geschlecht und seine Spielideen (vgl. Kapitel „Soziale Klasse").

Eine weitere Annahme im Vorfeld war, dass Kinder Differenzlinien kokonstruieren, um sich Räume, Spielbereiche, Spielzeug etc. anzueignen (vgl. Kapitel „Doing difference in der frühen Kindheit"). Im Datenmaterial lassen sich Situationen finden, in denen Kinder dies auch tun. Besonders werden hier die Differenzlinien Alter und Gender zur Sicherung von Räumen, Spielbereichen und Spielzeug genutzt (vgl. Kapitel „Alter und Fähigkeiten" / Kapitel „Gender"). Im Kapitel „Gender" lassen sich mehrere Stellen finden, in denen Kinder andere Kinder aus dem Spielbereich vertreiben bzw. den Spielbereich gegen andere Kinder verteidigen und hierbei Bezug auf das Geschlecht nehmen.

Nachdem bisher hauptsächlich auf Aspekte eingegangen ist, die im weitesten Sinne etwas mit Diskriminierung oder Ausschluss zu tun haben, wird nun auf die Momente eingegangen, in denen Kinder sich sachlich mit Unterschieden beschäftigen, ohne diese abzuwerten.
Ein Beispiel für eine nicht wertende Auseinandersetzung mit Diversität findet sich in dem Kapitel „Religion". In diesem Kapitel wird der interreligiöse Lern-

prozess des fünfjährigen Aslan und seiner Familie beschrieben. Aslan eignet sich neues Wissen über das Christentum und den Islam an und versucht dieses Wissen auf unterschiedliche Situationen zu übertragen. Seine Familie ist in diesen Lernprozess einbezogen.
Diversität zum Ausgangspunkt von gemeinsamen Lernerfahrungen zu nutzen entspricht dem Bildungsgedanken im Elementarbereich (vgl. Kapitel „Kindergarten heute").

In den Interviews mit den Eltern lassen sich Momente finden in denen die Eltern neue Lernerfahrungen in Bezug auf Diversität beschreiben (vgl. Kapitel: „Übung: Der Name der Kinder"), aber auch die Erzieherinnen berichten, wie sie durch die Kinder und Eltern Neues erfahren. Die Erzieherin Beata erzählt z.B. dass sie durch die Kinder neue Begriffe aus anderen Sprachen lernt (vgl. Kapitel „Sprache").
Viele dieser Lernprozesse finden statt, ohne dass die pädagogischen Fachkräfte diese initiiert haben – ja sogar ohne dass sie etwas von diesen Lernprozessen wissen (vgl. Kapitel „Religion"). Es sind Selbstbildungsprozesse der Kinder, auf die die Fachkräfte höchstens indirekt Einfluss nehmen, so z.B. durch die Entwicklung der Familienwände oder weil sie verschiedene Formen der Teilnahme am Gebet zulassen.

6.2 Diversitätsbewusstes Denken und Handeln

Eine der Hauptfragestellungen meiner Dissertationsarbeit ist, wie sich diversitätsbewusstes Denken und Handeln von Erziehern und Erzieherinnen im Kindergarten zeigt. Rudolf Leiprecht bezeichnet Diversitätsbewusstsein als „*eine untersuchende Haltung*", die es ermöglicht, „mehr" zu sehen und zu hören, angemessene Fragen zu stellen und – gemeinsam mit anderen – zu einer verändernden Praxis zu kommen. (vgl. Leiprecht 2011, S. 8). Für den Elementarbereich bedeutet dies, dass Erzieherinnen eine kritisch reflexive Haltung entwickeln. Eine solche kritisch reflexive Haltung bezieht unterschiedliche Ebenen in die Reflexion ein.[2] Auf der **Mikroebene** werden Interaktionen, Einstellungen und Vorurteile von Kindern, Eltern, pädagogischem Fachpersonal, TrägervertreterInnen, PolitikerInnen etc. kritisch analysiert.
Auf der **Mesoebene**, die auch als Diskursebene bezeichnet werden kann, werden Diskriminierung, stereotype Darstellung und Einseitigkeiten in Spielzeug, Materialien, Bilderbüchern und Diskursen reflektiert. Es wird Material etc. angeboten, welches die gesellschaftliche Vielfalt widerspiegelt. Es werden auch

---

2 Die Ebenen sind genauer in dem Kapitel Mehrebenenmodell beschrieben und beziehen sich auf die Arbeien von Rudolf Leiprecht (vgl. Leiprecht 2001) und Winker und Degele (vgl. Degele / Winker 2009). Ich habe eine Übertragung des Mehrebenenmodells auf den Elementarbereich vorgenommen.

Fragen danach gestellt, wer mit welcher Legitimation für wen spricht und welche Stimmen nicht gehört werden. (vgl. Broden / Mecheril 2007). Dies betrifft z.b. die Zusammensetzung der Elternvertretung.

Auf der **Makroebene** werden strukturelle Bedingungen betrachtet, wie zum Beispiel Richtlinien, die im Kindergarten wirken, Leitbilder, Gesetze, Öffnungszeiten und die Bauweise des Kindergartens. Es wird analysiert, welche Gruppen nur unter erschwerten Bedingungen oder gar nicht an dem Kindergartengeschehen teilhaben können (vgl. Kapitel „Mehrebenenmodell"). Es wird überlegt, welche Veränderung auf den einzelnen Ebenen stattfinden müssen, damit eine gerechte Teilhabe für unterschiedliche gesellschaftliche Gruppen im Elementarbereich möglich ist.

Diversität wird aber nicht nur unter dem Aspekt der Antidiskriminierung betrachtet, sondern das Lernpotenzial in heterogenen Gruppen wird positiv genutzt (vgl. Kapitel „Kindergarten heute"). Die Fachkräfte unterstützen die Kinder dabei, die nötigen Kompetenzen zu entwickeln, die für ihr späteres Leben notwendig sind und nehmen ihren Bildungsauftrag wahr (vgl. Kapitel „Diversität in den Bildungsplänen der einzelnen Bundesländer"). Diversität wird auf eine nichtdeterminierende Weise thematisiert, d.h. Menschen werden nicht nur unter dem Aspekt einer bestimmten Differenzlinie betrachtet. Es wird berücksichtigt, dass sich Lebenswelten und damit verbundene Erfahrungen stark voneinander unterscheiden können (vgl. Kapitel „Doing difference" / Kapitel „Diversity"). Die eigene Verstrickung des pädagogischen Fachpersonals bei der Herstellung von Differenzen wird kritisch reflektiert (vgl. Plößer 2010) und das Zusammenspiel von verschiedenen Differenzlinien betrachtet (vgl. Kapitel „Differenzlinien und Intersektionalität"). Unterschiedliche Normen und Wertvorstellungen von Eltern und Kindern werden ernst genommen und es findet eine Auseinandersetzung mit den verschiedenen Erziehungsvorstellungen von Familien statt. Die Kinder- und Menschenrechtskonvention sind die normative Grundlage für diesen Austausch (vgl. Hormel / Scheer 2004). Petra Wagner und Annika Sulzer formulieren dies treffend: „Die menschenrechtlichen Grundlagen sind nicht verhandelbar." (Sulzer / Wagner 2011, S. 30)

Im Folgenden wird der Frage nachgegangen, wie sich diese Beschreibung von diversitätsbewusstem Denken und Handeln konkret in den erhobenen Daten zeigt und wie sich die Handlungen der pädagogischen Fachkräfte einordnen lassen.

An verschiedenen Stellen im Datenmaterial zeigt sich, wie die Erzieherinnen in ihrer Arbeitspraxis diversitätsbewusst handeln. Hierbei sind ihre Handlungen teilweise auf bestimmte Differenzlinien bezogen. So findet in dem Hautfarbenprojekt z.B. ein direkter Bezug auf die Differenzlinie Hautfarbe statt (vgl. Kapitel „Hautfarbe"). An anderen Stellen werden Differenzlinien in ihrem Zusammenspiel gedacht. Eine solche intersektionale Sichtweise findet sich zum Beispiel in dem Kapitel „Soziale Klasse".

162

Einige der diversitätsbewussten Handlungen der pädagogischen Fachkräfte sind vorher geplant und vorbereitet worden, wie z.B. der Elternabend zu den verschiedenen Namen der Kinder (vgl. Kapitel „Sprache"). Andere Handlungen ergeben sich situativ (vgl. Kapitel „Gender"). Bei den Handlungen der pädagogischen Fachkräfte kann zwischen direkter und indirekter Erziehung unterschieden werden (vgl. Liegle 2011).[3] Direkt wird Diversität z.b. von den Erzieherinnen in dem Hautfarbenprojekt (vgl. Kapitel „Hautfarbe"), aber auch im Stuhlkreis und Alltagsgesprächen thematisiert (vgl. Kapitel „Gender"). Indirekte Thematisierung findet dadurch statt, dass z.b. Fotos von den Kindern in der Einrichtung aufgehängt werden (vgl. Kapitel „Familienwände") und das Spielzeug danach ausgesucht wird, dass sich Diversität im Spielzeug wiederspiegelt (vgl. Kapitel „Diversität im Puppenhaus"). Wobei das gemeinschaftliche Erstellen von Familienwänden und die Auswahl des Spielzeugs mit den Kindern zusammen natürlich auch Momente der direkten Erziehung enthalten.

Die Handlungen der Erzieherinnen, die sich in dem Datenmaterial finden lassen, sind in der folgenden Tabelle aufgeführt. Ich habe die Handlungen nach direkter und indirekter Erziehung unterschieden.

---

3 Böhm et al. haben schon 2004 in ihrem Fachbuch zum interkulturellen Lernen eine ähnliche Unterscheidung zwischen indirekter und direkter Thematisierung von kulturellen Unterschieden vorgenommen (vgl. Böhm et al. 2004).

Indirekte Erziehung	Direkte Erziehung
- Familienwände	- Ausgrenzungen und Ungerechtig-
- Kinder können Gebetsformen frei wählen	keiten werden im Stuhlkreis thematisiert
- Ernährungsgewohnheiten wie z.b. der Verzicht von Schweinefleisch, vegetarische Kost, Allergien werden berücksichtigt	- Elternabend zum Thema Namen der Kinder
	- Hautfarbenprojekt
- Den Familiengewohnheiten angepasste Bring- und Abholzeiten	- Begleitung von Spielgruppen (inklusives Spiel)
- Flexible Frühstückszeiten (Gleitfrühstück)	- Gemeinsam geteilte Denkprozesse über Ungerechtigkeiten und Diversität (sustained shared thinking)
- Eltern können den ganzen Tag in der Einrichtung verbringen, wenn sie dies wollen. Für die Eltern wurde ein hochwertiger Kaffeeautomat angeschafft, um den Aufenthalt angenehmer zu gestalten	- Empowerment
	- Kooperation mit anderen Hilfesystemen (z.B. dem ASD)
- Bei neu angeschafften Bilderbüchern wird darauf geachtet, dass unterschiedliche soziale Gruppen in den Bilderbüchern präsent sind	- Begleitung der Eltern bei dem Aufsuchen dieser Hilfesysteme
- Die Portfolios der Kinder sind den Kindern gut zugänglich und werden von den Kindern intensiv genutzt	- Wörter aus anderen Sprachen werden erfragt. Mehrsprachigkeit wird thematisiert
- Fotos der Kinder befinden sich im Eingangsbereich, Waschbereich. Es gibt Fotos, um die Bau- und Kunstwerke der Kinder zu kennzeichnen	- ...
- Mobiles mit unterschiedlichen Fotos der Kinder aus der Einrichtung	
- Diversitätsbewusste Spielmaterialen (Puppen im Puppenhaus, Babypuppen etc.)	
- Hautfarbenstifte im Malbereich	
- Verkleidungssachen, die unterschiedliche Bedürfnisse ansprechen (Prinzessinnenkleid, Spiderman Verkleidung etc.)	
- Aushänge, Wortlisten und Bücher sind z.T. mehrsprachig	
- Familienmemory	
- Die pädagogischen Grundhaltungen	

| wie Empathie und Wertschätzung, aber auch sensitive Responsivität werden situativ gezeigt | |
| - ... | |

Die Liste könnte sicherlich noch weiter fortgesetzt werden. Dennoch lässt sich feststellen, dass die Methoden, die der indirekten Erziehung zuzuordnen sind, eindeutig überwiegen. Die indirekten Methoden beziehen sich neben der Gestaltung des Tagesablaufs auf die Raumgestaltung und die Gestaltung einer anregenden Umgebung. Allerdings sollte eine anregende Umgebung nicht so verstanden werden, dass die Kinder mit dem „Material" allein gelassen werden. Vielmehr besteht die Aufgabe von pädagogischen Fachkräften darin, Kinder bei der Nutzung dieses Materials zu unterstützen (vgl. Grell 2011). Bezogen auf die diversitätsbewussten Spielmaterialien (z.b. die Spielfiguren) und die Umgebung (z.b. die Familienwände) bedeutet dies, dass die pädagogischen Fachkräfte das Material mit den Kindern gemeinsam nutzen. Die Erzieherin Ulrica beschreibt z.B. wie sie bei der gemeinsamen Betrachtung des Portfolios mit den Kindern Gespräche über Junge-sein und Mädchen-sein führt. Die Kinder formulieren hier ihre Vorstellungen von der Entwicklung des Geschlechts. Sie tun dies auf eine sachliche Art und Weise und laden so die Erzieherin ein, gemeinsam über Geschlechtsentwicklungen nachzudenken (vgl. Kapitel „Gender").

Ein Ergebnis der EPPE-Studie, die sich mit der Qualität und den Lernfortschritten von Kindern im Elementarbereich in England befasst hat, ist, dass gemeinsame geteilte / anhaltende Denkprozesse zwischen Kindern und dem pädagogischen Fachpersonal besonders entwicklungsfördernd für Kinder sind (vgl. Sylva et al. 2010, S. 21). Diese gemeinsamen geteilten / anhaltenden Denkprozesse werden als sustained shared thinking bezeichnet (vgl. auch Kapitel „Kindergarten heute"). Sustained shared thinking bietet sich für die diversitätsbewusste Frühpädagogik an, um mit Kindern gemeinsam über Gemeinsamkeiten und Unterschiede nachzudenken.

Momente des sustained shared thinking sind in der Arbeit mit Persona Dolls ein fester Bestandteil. Bei Gesprächen mit Kindern über Ungerechtigkeiten ist allerdings der Übergang zwischen anhaltenden gemeinsam geteilten Denkprozessen, Moralisierung und dem notwendigen Eingreifen bei Diskriminierungen fließend. Deutlich wird dies in dem Stuhlkreis, der im Kindergarten anlässlich des Ausschlusses von Maria aus der Spielgruppe gemacht wird (vgl. Kapitel „Gender"). In dieser Situation wird ein Dilemma deutlich. Auf der einen Seite können Diskriminierungen und ein systematischer Ausschluss von Kindern im Elementarbereich nicht hingenommen werden und das pädagogische Fachpersonal muss sich hier klar positionieren, was in Marias Fall durch die Zurechtweisung im Stuhlkreis auch passiert (vgl. Kapitel „Gender").

Auf der anderen Seite liegen den exkludierenden Handlungen von Kindern Begründungen und Einstellungen von Kindern zugrunde, die das pädagogische Fachpersonal im Elementarbereich nicht einfach ignorieren sollte. Es darf nicht vergessen werden, dass es sich bei Kindergartenkindern um sehr junge Kinder handelt, die gerade dabei sind, sich Weltwissen anzueignen. Um sich aber mit den Gründen, Vorstellungen und Befürchtungen, die sich hinter dem exkludierenden Verhalten der Mädchengruppe verbergen, auseinander zu setzen, bedarf es Zeit. Zeit spielt bei allen Lernprozessen eine wichtige Rolle. An dieser Stelle wird das nächste Dilemma sichtbar. Es ist nicht akzeptierbar, dass Kinder über einen längeren Zeitraum systematisch von Spielen ausgeschlossen werden. Die einzige Möglichkeit, dieses Dilemma aufzulösen besteht aus meiner Sicht darin, dass sich die pädagogische Fachkraft in der Situation gegen das exkludierende Verhalten positioniert und deutlich macht, dass ein solches Verhalten nicht hinnehmbar ist (vgl. Kapitel „vorurteilsbewusste Erziehung und Bildung").[4] Allerdings muss ein zweiter Schritt folgen. Angelehnt an den Situationsansatz muss eine solche Situation als Schlüsselsituation für weiterführende Lernprozesse gewertet werden. D.h., dass die Situation nach möglichen Interessen, Fragen und Lernmöglichkeiten von Kindern und Erwachsenen befragt wird. Aus diesen Überlegungen entstehenden weitere, längerfristige Planungen (vgl. Preissing / Heller 2010, S. 90ff.). Der zweite Schritt ist die eigentliche pädagogische Bildungsarbeit im Elementarbereich.

Im Kinderweltenprojekt sind viele didaktische und methodische Anregungen entwickelt worden, die helfen können diesen zweiten Schritt zu bewerkstelligen (vgl. Kapitel „vorurteilsbewusste Bildung und Erziehung"). Eine systematische Zusammenstellung dieser didaktisch methodischen Anregungen durch das Kinderweltenprojekt wäre für die praktische Arbeit im Elementarbereich sicherlich hilfreich.

Die meisten Handlungen der Erzieherinnen in meinem Datenmaterial bewegen sich auf der Mikro- und Mesoebene und richten sich an die Kinder und ihre Familien. Soziale Ungerechtigkeit und Benachteiligungen im Team selbst wurden in den Interviews kaum erwähnt. Eine Ausnahme stellt das Interview mit der Erzieherin Beata dar. Sie hat in einem osteuropäischen Land Psychologie studiert und dieses Studium mit einem Diplom abgeschlossen. In Deutschland wurde dieser Abschluss nicht anerkannt und Beata musste zusätzlich eine Ausbildung zur Kinderpflegerin machen, um überhaupt in Deutschland im Kindergarten arbeiten zu können. Beata ist im Kindergartenteam die Einzige mit einem akademischen Abschluss. Der in Deutschland erworbene zusätzliche Abschluss als Kinderpflegerin liegt im Stellenwert deutlich unter dem einer Erzieherin.

---

4 Ähnlich wie die Erzieherin Regine in dem in dem Kapiteln „Gender" beschriebenen Stuhlkreis.

INTERVIEWER: Aber ich meine, um darauf nochmal zurückzukommen, in diesem Projekt (Anmerk.: das Kinderweltenprojekt). *Das ist eine Ungerechtigkeit und ihr seid in diesem Projekt. Ist das ein Thema im Team? (BEATA: Nein) Ist da ein Bewusstsein für da, dass das nicht in Ordnung ist?*
BEATA: Nein, nein, das ist bei mir, diese Diskussion ist in meiner Seele und meinem Kopf. Also die haben mir hier kein Mal gezeigt oder gesagt, dass irgendwelche, also ich habe nicht gespürt, dass ich (unverständlich), oder sowas, nein, nein, das war nicht. (Beata 29-30)

Beata sagt, dass die Nichtanerkennung ihres Studienabschlusses auch nicht im Rahmen des Kinderweltenprojektes thematisiert wurde (sowohl von ihr als auch den anderen Mitarbeiterinnen).
Während in vielen Interviewpassagen erfahrene Ungerechtigkeiten von Eltern und Kindern eine Rolle spielen und die Erzieherinnen diese Ungerechtigkeiten skandalisieren, gibt es bis auf die hier dargestellte Interviewpassage keine Interviewpassagen, die sich mit Ungerechtigkeiten auf der Teamebene beschäftigen.
Beata arbeitet schon sehr lange in der Einrichtung (fast 20 Jahre). Es könnte sein, dass der Zustand, dass Beata weit unter ihrer Qualifikation eingestellt wurde, in der Einrichtung mittlerweile als „normal" angesehen und nicht mehr hinterfragt wird. Darüber hinaus birgt eine Auseinandersetzung mit sozialer Ungerechtigkeit im Team viel Konfliktpotenzial und es könnte sein, dass solche Auseinandersetzungen deswegen eher vermieden werden.

6.3 Fühlen sich Kinder und ihre Eltern mit ihrer Lebenswelt, Interessen und Bedürfnissen in der Einrichtung angenommen und wertgeschätzt?

Die Kinder berichten in ihren Interviews, dass sie sich an die Erzieherinnen wenden können, wenn sie Ungerechtigkeiten erfahren haben (vgl. Kapitel „Wie bewerten Kinder die Handlungen der Erzieherin"). In den Interviews wird außerdem berichtet, dass, auch wenn der Konflikt bereits eskaliert ist und eine Person weint, es möglich ist, der Erzieherin das eigene Verhalten zu erklären (vgl. Kapitel „Wie bewerten Kinder die Handlungen der Erzieherin").[5]
Bei den Kindern, die von Ausgrenzungen betroffen sind, so wie z.B. Raul, der in dem Kapitel „Soziale Klasse" beschrieben wird, zeigt die klare Positionierung der Erzieherinnen offensichtlich positive Effekte im Verhalten von Raul. Er akzeptiert die Ausgrenzung und die ihm widerfahrene Ungerechtigkeit nicht mehr und versucht, sich auch ohne die Hilfe der Erzieherin gegen diese Ungerechtigkeiten zu wehren (vgl. Kapitel „Empowerment"). Es wird noch einmal

---

5 Besonders deutlich wird dies in dem Interview mit Emilio.

deutlich, wie wichtig es ist, dass sich Erzieher und Erzieherinnen klar gegen soziale Ausgrenzung und Diskriminierung positionieren.
Die beiden interviewten Mädchen berichten übereinstimmend davon, dass die Erzieherinnen dafür sorgen, dass sie von den Jungen nicht beim Spiel gestört werden (vgl. Kapitel „Gender"). Es gibt Übereinstimmungen mit den Schilderungen der beiden Jungen Rocko und Emilio, die berichten, dass sie früher oft die Mädchen geärgert haben, dies aber heute nicht mehr tun. In der Schilderung der Jungen wird deutlich, dass die Erzieherinnen bei dieser Verhaltensänderung der Jungen eine wichtige Rolle gespielt haben (vgl. Kapitel „Gender").

Die Kinder schildern in ihren Interviews, dass die Erzieherinnen bemüht sind Gerechtigkeit herzustellen. Wenn Spiele von anderen Kindern gestört werden, greifen die Erzieherinnen ein und schützen die Spielinteressen / Spiele der Kinder. Ob dies besonders für Mädchenspielgruppen gilt, ist aus den gesammelten Daten nicht zu entnehmen.
Allerdings werden auch die Grenzen bei der Berücksichtigung der Spielinteressen und Spiele der Kinder in den Interviews beschrieben. Ulrica berichtet, dass die Kinder mit bestimmten Bauklötzen immer wieder Waffen gebaut und sich gegenseitig damit gejagt haben. Zum Teil wurde auch auf Kinder und Erzieherinnen, die nicht an dem Spiel teilnahmen „geschossen". Die Erzieherinnen verboten daraufhin dieses Spiel.

INTERVIEWER: Was haben die Kinder dazu gesagt?
ULRICA: Das sind doch gar keine Waffen, das ist keine Waffe. Die sagen halt immer das ist keine Waffe. Aber jetzt haben wir neue Bausteine, ich weiß nicht ob du die schon gesehen hast, diese, diese Treppen. Diese Bauklötze mit Glitzersteinen (INTERVIEWER: Nee). Diese superteuren Bauklötze. Das sind so Himmelstreppen oder wie, ich weiß nicht wie die heißen. Jetzt haben wir die rein und die Poli-M raus.
INTERVIEWER: Die Maschinengewehrbauklötze sind jetzt entfernt worden?
ULRICA: Ja, die sind jetzt entfernt worden. (...)
(Ulrica 82-90)

Hier werden die Grenzen bei der Berücksichtigung von Spielinteressen der Kinder deutlich. Die Kindergruppe (es ist aus dem Interview nicht genau zu entnehmen, ob es sich hierbei um eine reine Jungengruppe handelt) kann nicht dazu bewegt werden, mit diesem Spiel aufzuhören. Die Bausteine, mit denen die Kinder Maschinengewehre bauten, werden daraufhin durch neue „Glitzersteine" ersetzt.

Bei dem Kindergarten handelt es sich um einen evangelischen Kindergarten. In konfessionellen Kindergärten ist der Anspruch, einen Beitrag zur Friedenserziehung zu leisten, besonders groß. Da passt es natürlich nicht, wenn die Kinder sich mit selbst gebauten „Maschinengewehren" im Gruppenraum verschanzen. Allerdings steht hinter dem Spiel der Kinder ein Bedürfnis, welches Rocko in seinem Interview beschreibt (vgl. Kapitel „Gender"), einem Bedürfnis nach Spielen, die aktionsgeladen und spannend sind. Diesem von Rocko geäußerten Spielbedürfnis kommen die „Glitzersteine" eindeutig nicht entgegen. Es wäre sinnvoll, das Spielbedürfnis, welches hinter dem Bau der Maschinengewehre steht, in der pädagogischen Arbeit aufzugreifen und Spiele und Spielmaterialien anzubieten, die köperbetonten und aktionsgeladenen Spielen entgegenkommen.

Dieses Problem zeigt sich nicht nur in dem Kindergarten, in dem ich die Daten erhoben habe, sondern ist als allgemeines Problem im Elementarbereich anzusehen. Von den Bildungs- und Orientierungsplänen für den Elementarbereich, die ich gesichtet habe (vgl. Kapitel „Diversität in den Bildungsplänen der einzelnen Bundesländer"), erwähnt nur der niedersächsische Bildungsplan explizit körperbetonte Wettkampfspiele und zwar Ringen.

Viele Eltern äußern in den Interviews, dass sie das Gefühl haben, dass der Kindergarten auf ihre Lebenswelt und die Bedürfnisse von ihnen und ihren Kindern eingeht. Besonders deutlich wird dies in dem Kapitel Behinderungen / Beeinträchtigungen von Frau D. zum Ausdruck gebracht. Frau D. beschreibt hier, wie sensibel und wertschätzend die Erzieherinnen auf ihre Befürchtungen und Ängste in Bezug auf ihre Tochter Amelie eingehen (vgl. Kapitel „Behinderungen / Beeinträchtigungen"). Hier ist besonders das Gefühl, dass die eigenen Kinder gut aufgehoben sind, für Eltern wichtig. Frau D. berichtet zum Beispiel, dass ihre Tochter eines Tages nicht in den Kindergarten gehen wollte. Sie weinte, als Frau D. sie im Kindergarten zurückließ. Später rief eine Erzieherin bei Frau D. an und berichtete ihr, dass alles gut sei. An solchen Situationen macht Frau D. fest, dass ihre Tochter gut im Kindergarten aufgehoben ist (vgl. „Kapitel Behinderungen / Beeinträchtigungen"). Es geht also um eine von Wertschätzung und Empathie geprägte Grundhaltung der Erzieherinnen, die Eltern und Kindern das Gefühl gibt, im Kindergarten mit ihren spezifischen Bedürfnissen willkommen zu sein. Ein weiterer Punkt, der von Eltern positiv bewertet wird, ist die Transparenz der pädagogischen Arbeit, die in dem Kindergarten vorherrscht. Die Eltern haben die Möglichkeit den ganzen Vormittag mit ihren Kindern in der Einrichtung zu verbringen. Auch die Offenheit gegenüber unterschiedlichen Religionen, die sich dadurch ausdrückt, dass Kinder unterschiedlich beten können, wird positiv bewertet, wie Frau FC. im Interview betont (vgl. Kapitel „Religion").

Es lassen sich allerdings auch kritische Aussagen in den Interviews der Eltern finden. So bemängelt Herr M., der türkischsprachig ist, dass sein Sohn im Kindergarten nicht ausreichend auf die Schule vorbereitet wurde. Der Kindergarten hat ihn nicht darauf hingewiesen, dass sein Sohn für den Grundschulbesuch die deutsche Sprache nicht ausreichend beherrscht. Jetzt hat sein Sohn große Probleme in der Schule. Frau M., die mit Herrn M. verheiratet und auch türkischsprachig ist, möchte, dass die Erzieherinnen mehr deutschsprachige Sprachanlässe im Kindergartenalltag schaffen, damit ihr jüngerer Sohn besser Deutsch lernt (vgl. Kapitel „Sprache").

Die Aussagen von Frau und Herrn M. betreffen den Bildungsauftrag im Kindergarten und den Wunsch danach, dass der Kindergarten diesem für ihre Lebenssituation angemessen nachkommt (vgl. Kapitel „Kindergarten heute"). Es geht hierbei auch um die Rolle, die der Kindergarten in Bezug auf die Herstellung von Chancengleichheit im Bildungssystem hat (vgl. Kapitel „Doing difference"). Im Kindergarten sind durchaus Möglichkeiten gegeben, Bildungsungleichheit zu verringern (vgl. Sylva et al. 2010). Wichtig ist hierbei weniger die Entwicklung eines weiteren neuen Sprachförderprogramms, sondern vielmehr die Frage, wie Sprachanlässe im Kindergartenalltag geschaffen werden können. Dies fordert auch Frau M. in dem Interview, die skeptisch gegenüber türkischsprachigen Spielgruppen ist (vgl. Kapitel „Sprache"). Ihre Befürchtung, dass ihr Sohn in dieser Spielgruppe nicht ausreichend Deutsch lernt, ist nicht unbegründet, wie Paul Lesemann bei einer Übersicht von Studien zum Zweitspracherwerb und interethnischem Kontakt im Elementarbereich aufzeigt (vgl. Lesemann 2012). Es zeigt sich ein weiteres Dilemma in der pädagogischen Arbeit. Auf der einen Seite ist es in Bezug auf die Anerkennung von Stärken und Fähigkeiten der Kinder notwendig, dass sie mit ihrer Erstsprache Anerkennung im Elementarbereich finden. Zu einer solchen Anerkennung gehört auch, dass sie ihre Erstsprache im Elementarbereich sprechen können. Auf der anderen Seite muss darauf geachtet werden, dass im Kindergartenalltag genug deutschsprachige Sprachanlässe gegeben sind, damit die deutsche Sprache gut erlernt werden kann.

6.4 Welche Schlüsse lassen sich für die Ausbildung zur Erzieherin / zum Erzieher ziehen?

Es gibt eine Fülle von Publikationen, die sich mit der Ausbildung zur Erzieherin / zum Erzieher beschäftigen. Die Ausbildung und die Diskussion über die Ausbildung wurde im Kapitel „Ausbildung zum Erzieher und zur Erzieherin" dargestellt und muss hier nicht wiederholt werden. Stattdessen sollen vor dem Hintergrund der vorherigen Kapitel und der dort gewonnenen Daten Überlegungen angestellt werden, wie die Ausbildung zur Erzieherin / zum Erzieher konkret gestaltet werden müsste, damit diversitätsbewusstes Denken und Handeln in der Ausbildung entwickelt werden kann.

Fachschulen sind, wie andere Schultypen auch, an die offiziellen Lehrpläne gebunden. D.h., dass die Qualität der Ausbildung durch die Qualität der Lehrpläne beeinflusst wird. In dem Kapitel „Diversitätsbewusstes Denken und Handeln in den Lehrplänen von Fachschulen für Sozialpädagogik" wurde anhand der Lehrpläne der Bundesländer Baden-Württemberg, Hessen, Niedersachen und Sachsen exemplarisch nachgewiesen, dass in einigen Bundesländern das Diversitätsverständnis in den Lehrplänen hinter den für die Praxis formulierten Erwartungen in den Bildungs- und Orientierungsplänen zurückliegt (vgl. Kapitel „Diversität in den Bildungsplänen der einzelnen Bundesländer"). Die einzige Ausnahme stellt das Bundesland Baden-Württemberg dar. In Baden-Württemberg stimmen die für die Ausbildung formulierten Ziele im Orientierungsplan mit den geäußerten Anforderungen im Lehrplan überein (vgl. Kapitel „Diversität in den Bildungsplänen der einzelnen Bundesländer").

Ein Lehrplan ist als verbindliche Richtlinie für die Ausbildung zur Erzieherin / zum Erzieher auf der strukturellen Ebene (Makroebene) anzusiedeln. Im Lehrplan befinden sich auch Richtlinien zu den einzelnen Unterrichtsinhalten (vgl. Ministerium für Kultus, Jugend und Sport BW 2010). Wie allerdings der Lehrplan konkret in der einzelnen Schule umgesetzt wird und wie die einzelnen Unterrichtsinhalte ausgestaltet werden bzw. wie die Unterrichtsqualität ist, liegt bei den einzelnen Lehrkräften.

2011 wurde im Auftrag des WiFF eine Befragung an Fachschulen durchgeführt. Eine Frage beschäftigte sich damit, inwieweit das Thema Inklusion Einzug in die Fachschulen für Sozialpädagogik gehalten hat. Die Autorin der WiFF-Expertise kommt zu folgender Einschätzung: „Die Fachschulen hat der Diskurs um inklusive Pädagogik nur eingeschränkt erreicht, das legen die vorliegenden Interviews nahe. Mehrheitlich benutzen die Befragten die Konzepte Inklusion und Integration nicht trennscharf." (Deppe 2011, S. 33)

Während in der Praxis im Elementarbereich eine intensive Auseinandersetzung mit Inklusion stattfindet (vgl. Kapitel „Inklusion im Elementarbereich"), muss an den Fachschulen diese Thematik laut WiFF-Expertise noch intensiviert werden. Dies ist erstaunlich, weil dem Thema „Kinder und Jugendliche mit besonderen Bedürfnissen" z.B. in Baden-Württemberg viel Unterrichtszeit eingeräumt wird und deswegen eigentlich auch eine intensive Auseinandersetzung mit der Inklusionsthematik stattfinden müsste. Ein Grund hierfür könnte sein, dass die Inklusionsthematik in einigen Fachschulen als ein Unterrichtsthema eines Lernfeldes und weniger als ein Querschnittsthema der gesamten Fachschulausbildung begriffen wird.

Vor diesem Hintergrund ist es sinnvoll, aktuelle Themen in der Fachschulausbildung schneller aufzugreifen als dies durch die Lehrpläne stattfindet. In der Fachschulausbildung wird dieses Problem stellenweise dadurch gelöst, dass Wahlpflichtfächer angeboten werden, die sich thematisch an aktuellen Entwicklungen im Arbeitsfeld orientieren und in denen eine intensive Auseinandersetzung mit diesen Themen stattfinden kann. Auch sind die Lernsettings in solchen Wahlpflichtfächern eher der Thematik angemessen. Das heißt, dass Themen je nach Vorwissen der Gruppe in einer unterschiedlichen Intensivität behandelt werden können und auch auf Einstellungen und Haltungen der Fachschülerinnen und Schüler anders eingegangen werden kann, als dies im Unterricht möglich ist.

Annika Sulzer und Petra Wagner haben sich mit der Frage beschäftigt, welche Kompetenzen pädagogische Fachkräfte entwickeln müssen, damit sie Inklusion professionell in der Praxis umsetzen können. Die von den Autorinnen aufgeführten Kompetenzen sind:

Analysekompetenz (diversitätsbewusst und diskriminierungskritisch wahrnehmen, beobachten und interpretieren), Reflexionskompetenz (fachliches Handeln auf Einseitigkeiten überprüfen), Methodenkompetenz (diversitätsbewusst und diskriminierungskritisch Praxis gestalten), Kooperationskompetenz (wertschätzend und kindorientiert zusammenarbeiten), Fachkompetenz (um Heterogenität und Diskriminierung und ihre Implikationen für junge Kinder wissen) (vgl. Sulzer / Wagner 2011, S. 49).

Es liegt auf der Hand, dass diese Kompetenzen nicht nur durch die Vermittlung von Fachwissen in der Ausbildung entwickelt werden können, sondern dass es anderer Lernsettings bedarf. Eine Möglichkeit für den kompetenzorientierten Unterricht bietet die Lernfelddidaktik.

Unterricht hat auch die Funktion, die Leistungen der Schülerinnen und Schüler zu bewerten bzw. zu benoten. Für Fachschulen stellt sich als weiteres Problem die Frage, wie diese Entwicklung der oben genannten Kompetenzen bewertet werden soll und wie vermieden werden kann, dass Bewertungen nur Fachwissen abfragen. Im Bereich der kompetenzorientierten Leistungsbewertung stellt Janssen bei den Fachschulen für Sozialpädagogik noch einigen Entwicklungsbedarf fest (vgl. Janssen 2010, S. 86 f.).

Wichtig wäre, dass Diversitätsbewusstsein nicht als „Spezialthema" in der Ausbildung verstanden wird, sondern ein Querschnittsthema ist, welches sich durch unterschiedliche Handlungsfelder zieht (vgl. Kapitel „Diversität in der Sozialpädagogik").

An verschiedenen Stellen im Datenmaterial ist auf die Möglichkeiten zur Inklusion hingewiesen worden, die Erzieherinnen z.B. während der Begleitung von Spielgruppen haben (vgl. Kapitel „Sprache", Kapitel „Gender", Kapitel „Soziale Klasse", Kapitel „Diversität im Puppenhaus"). Im ersten Ausbildungsjahr zur Erzieherin in Baden-Württemberg, dem so genannten Berufkolleg, ist das kindliche Spiel als Thema in der Ausbildung vorgesehen (vgl. Ministerium für Kultus, Jugend und Sport Baden-Württemberg 2010).

Bei dem Unterrichtsthema kindliches Spiel könnte auch eine Auseinandersetzung damit stattfinden, wie Erzieher und Erzieherinnen durch die Freispielbegleitung inklusive Prozesse initiieren können.

Die drei pädagogischen Grundhaltungen Empathie, Wertschätzung und Kongruenz, die in der Ausbildung zur Erzieherin / zum Erzieher eine große Rolle spielen, können in Verbindung mit der Diversitätsthematik gebracht werden. In

den erhobenen Daten war es besonders ein wertschätzender und ein empathischer Umgang, der Kindern und Eltern das Gefühl gab, in der Einrichtung willkommen zu sein (vgl. Kapitel „Beeinträchtigungen / Behinderungen").
Bei der Einführung in didaktisch-methodischem Handeln, könnten Überlegungen angestellt werden, wie Gespräche mit Kindern über Unterschiede geführt werden können und wie weiterführende Planungen aussehen könnten (vgl. Kapitel „Wie bewerten Kinder die Handlungen der Erzieherinnen").
Das begleitete sozialpädagogische Praktikum, das sich durch die ganze Ausbildung zieht, bietet die Gelegenheit Diversitätsbewusstsein in der Praxis zu erproben, zu reflektieren und zu fördern.
Dabei kann hier besonders die *Arbeit mit Dilemmasituationen*, wie sie Fröhlich-Gildhoff et al. vorschlagen, als besonders fruchtbar angesehen werden (vgl. Fröhlich-Gildhoff et al. 2011, S. 22ff.).

Um das zu erreichen, bedarf es selbstverständlich Fachlehrern und Fachlehrerinnen, die selbst die nötigen Kompetenzen und das nötige Fachwissen mitbringen. Dies beinhaltet, aber auch, dass Diversitätsbewusstsein nicht als reines Unterrichtsthema verstanden wird, sondern auch Fachschulen auf struktureller Ebene diversitätsbewusst gestaltet werden. Dies betrifft zum Beispiel Fragen nach Einstellungspraktiken und Kündigungen[6] von Dozentinnen und Dozenten an Fachschulen, Fragen nach dem Zustandekommen von Entscheidungen, Fragen danach, wer wie gehört wird und wer nicht, welche Lebensentwürfe von Fachschülerinnen und Schülern von der Fachschule anerkannt werden und welche nicht, welche Schüler und Schülerinnen als problematisch eingestuft werden und warum und wie Schüler und Schülerinnen an Entscheidungen der Schule beteiligt werden. Die Liste der möglichen Fragen könnte noch weiter fortgesetzt werden. Wichtig ist, dass Diversitätsbewusstsein an Fachschulen als Schulkultur gelebt wird und so für Schüler und Schülerinnen und Dozentinnen und Dozenten im Alltag erfahrbar wird.
Es geht um eine Beschäftigung mit den Normalitätsvorstellungen, Machtbeziehungen und Einseitigkeiten, die an Fachschulen, wie in jeder anderen Institution anzutreffen sind. Ohne eine intensive Auseinandersetzung mit diesen Punkten wird die Entwicklung von Diversitätsbewusstsein in der Ausbildung zur Erzieherin / zum Erzieher nur oberflächlich stattfinden können und für Fachschülerinnen und Schüler nicht wirklich erfahrbar.

---

6 An Fachschulen in privater Trägerschaft.

7. Literatur

Aden-Grossmann, Wilma (2011): Der Kindergarten. Geschichte – Entwicklung – Konzepte. Beltz. Weinheim und Basel.

Aktionsrat Bildung (2012): Professionalisierung in der Frühpädagogik. Waxmann. Münster.

Albers, Timm (2011): Mittendrin statt nur dabei. Inklusion in Krippe und Kindergarten. Ernst Reinhardt Verlag. München.

Alsaker, Francoise (2003): Quälgeister und ihre Opfer. Mobbing unter Kindern – und wie man damit umgeht. Hans Huber. Göttingen.

Amthor, Ralph-Christian (2006): „Erziehung, Bildung und Menschenrechte" – Zur Rolle der Erzieherin / des Erziehers und anderer sozialer Berufe während der nationalsozialistischen Terrorjahre. http://www.kindergartenpaedagogik.de/histo.html. (Datum des Zugriffs: 02.09.09).

Amthor, Ralph-Christian (2004): „Selbst ein Weg von tausend Meilen beginnt mit einem ersten Schritt" Zur Berufsgeschichte der Erzieher. http://www.kindergartenpaedagogik.de/1150.html (Datum des Zugriffs: 02.09.09).

Amthor, Ralph-Christian (2003): Die Geschichte der Berufsausbildung in der sozialen Arbeit. Auf der Suche nach Professionalität und Identität. Juventa. Weinheim und München.

Andres, Beate / Leawen, Hans-Joachim (2002): Forscher, Künstler und Konstrukteure. Beltz. Weinheim, Basel, Berlin.

Arbeitsgruppe der Fachverbände und Organisationen des Fachschulwesens (2009): Profis in Kindertageseinrichtungen Qualifikationsprofil „Frühpädagogik – Fachschule / Fachakademie". http://www.weiterbildungsinitiative.de/fileadmin/download/Qualifikationsprofil_Fruehpaedagogik_Fachschule_Fachakademie.pdf (Datum des Zugriffs: 20.09.2010).

Assuncao Folque, Maria (2010): Interviewing young children. In: MacNaughton, Glenda / Sharne, Rolfe / Siraj-Blatchford: Doing early childhood research. International Perspectives on theory and practice. Open University Press. Berkshire. S. 239-261.

Attia, Iman (2007): Orient- und Islambilder. Interdisziplinäre Beiträge zu Orientalismus und antimuslimischem Rassismus. Unrast-Verlag. Münster.

Balluseck, Hilde von (2008): Frühpädagogik als Beruf und Profession. In: Hilde von Balluseck: Professionalisierung der Frühpädagogik. Verlag Babara Budrich. Opladen.

Balluseck, Hilde von / Metzner, Helga / Schmitt-Wenkebach, Babara (2003): Ausbildung von Erzieherinnen und Erziehern an der Fachhochschule. In: Fthenakis, Wassilios (Hrsg.): Elementarpädagogik nach Pisa. Herder: Freiburg, Basel, Wien. S. 317-330.

Bambach, Marco / Kuhn-Fleuchaus (2011, 2. Aufl.): Diversity Management – Unsichtbare Potenziale fördern. Steinbeis-Edition. Stuttgart.

Bamler, Vera / Schönberger, Ina / Wustmann, Cornelia (2010): Lehrbuch Elementarpädagogik. Theorien, Methoden und Arbeitsfelder. Juventa Verlag. Weinheim und München.

Bayreuther, Frank (2007): Diskriminierungsschutz und Gleichbehandlung im Arbeitsleben – Eine rechtswissenschaftliche Analyse der Diskussion über das AGG. In:

Krell, Gertraude / Riedmüller, Babara / Sieben, Babara / Vinz, Dagmar (Hrsg.): Diversity Studies. Grundlagen und disziplinäre Ansätze. Campus. Frankfurt / New York. S. 179-200.

Bayerisches Staatsministerium für Arbeit und Sozialordnung, Familien und Frauen und Staatsinstitut für Frühpädagogik (2006): Der Bayerische Bildungs- und Erziehungsplan für Kinder in Tageseinrichtungen bis zur Einschulung. Beltz: Weinheim und Basel.

Bechhaus-Gerst, Marianne / Leutner, Mechthild (2009): Frauen in den deutschen Kolonien. CH. Links Verlag. Berlin.

Becker, Birgit / Biedinger, Nicole (2010): Frühe ethnische Bildungsungleichheit. In: Becker, Birgit / Reimer, David (Hrsg.): Vom Kindergarten zur Hochschule. Die Generierung von ethnischen und sozialen Disparitäten in der Bildungsbiographie. VS Verlag. Wiesbaden. S. 49-80.

Becker, Birgit (2010): Wer profitiert mehr vom Kindergarten? Was macht der Migrationshintergrund dabei aus? Eine Soziologische Analyse. Tagung der Robert-Bosch-Stiftung und DIW am 10.12.2010 in Berlin.

Becker-Stoll, Fabienne (2009): Wie lernen Kinder in den ersten Lebensjahren? In: Becker-Stoll, Fabienne / Nagel, Bernhard: Bildung und Erziehung in Deutschland. Cornelsen Scriptor. Berlin, Düsseldorf, Mannheim. S. 46-54.

Beelmann, Andreas / Raabe, Tobias (2011): Development of ethnic, racial, and national prejudice in childhood and adolescence: A multinational meta-analysis of age differences. Child Development. Volume 82(6). S. 1715-1737.

Beher, Karin (2006): Kindergarten. In: Fried, Lilian / Roux, Susanna: Pädagogik der frühen Kindheit. Cornelsen Scriptor. Berlin, Düsseldorf, Mannheim.

Beher, Karin / Gragert, Nicola (2004): Aufgabenprofile und Qualifikationsanforderungen in den Arbeitsfeldern der Kinder- und Jugendhilfe. Abschlussbericht. DJI: München.

Berger, Manfred (2000-2009): Aufsatzsammlung zu Geschichte der Frauen des Kindergartens. http://www.kindergartenpaedagogik.de/berger.html (Datum des Zugriffs: 15.03.2011).

Berger, Manfred (2005): „Heil Hitler Dir! Du bist und bleibst der beste Freund von mir". Zur Kindergartenpädagogik im Nazi-Deutschland (1933-1945) – unter besonderer Berücksichtigung der Fachzeitschrift Kindergarten (1933-1942). http://www.kindergartenpaedagogik.de/1258.html. (Datum des Zugriffs: 02.09.09).

Berk, Laura (2011, 5. Aufl.): Entwicklungspsychologie. Person. München.

Berninghausen, Jutta / Hartwig, Simone / Hecht-El Minshawi, Beatrice (2007): Diversity-Kompetenz durch Auditierung. IKO Verlag. Frankfurt am Main.

Bernstein, Basil (1971): Der Unfug mit der ‚kompensatorischen' Erziehung. In: B: E Redaktion (Hrsg.); Familienerziehung, Sozialschicht und Schulerfolg. Weinheim, Basel, Berlin. Beltz.

Blank-Mathieu, Margarete (2002, 2. Aufl.): Kleiner Unterschied – grosse Folgen. Reinhardt Ernst Verlag. München.

Blank-Mathieu, Margarete (2001): Sozialisation, Selbstkonzept und Entwicklung der Geschlechtsidentität bei Jungen im Vorschulalter. Dissertation. Tübingen. www.tobias-lib.uni.tuebingen.de/volltexte/2002/470/ (Datum des Zugriffs: 05.10.2012).

Blau, David / Curie, Janet (2004): Preschool, day care, and afterschool care: Who's minding the kids. In: http://www.nber.org/papers/w10670 (Datum des Zugriffs: 15.07.2011).

Böcher, Hartmut / Koch, Roland (2005): Medienkompetenz: In sozialpädagogischen Lernfeldern. Bildungsverlag EINS. Troisdorf.

Bock, Karin (2010): Feldnotizen über das Zustandekommen von Gesprächen mit Kindern oder: Die Ethnographin im Kinderbett. In: Closs, Peter / Heinzel, Friederike / Köngeter, Stefan / Thole, Werner: Auf unsicherem Terrain. Ethnographische Forschung im Kontext des Bildungs- und Sozialwesens. VS Verlag. Wiesbaden. S. 85-94.

Bock-Famulla, Kathrin / Große-Wöhrmann, Kerstin (2010): Länderreport Frühkindliche Bildung. Bertelsmann Verlag. Gütersloh.

Bodenburg, Inga / Jasper, Simone / Münster-Wäbs, Hannelore / Schneider, Kordula / Schulz, Rainer (2005): Vom Lernfeld zur Lernsituation. Bildungsverlag EINS. Troisdorf.

Booth,Tony / Ainscow, Mel / Kingston, Denise (2007, 2. Aufl.): Index für Inklusion. (Deutsche Fassung Hrsg. GEW).

Bohl, Thorsten (2005): Prüfen und Bewerten im offenen Unterricht. Beltz Verlag. Weinheim.

Böhm, Andreas (2000): Theoretisches Codieren: Textanalyse in der Grounded Theory. In: Flick, Uwe / Kardorff, von Ernst / Steinke, Ines (Hrsg.): Qualitative Forschung. Ein Handbuch. Rowohlts Enzklopädie. Reinbek bei Hamburg. S. 475-483.

Böhm, Regine / Böhm, Dietmar / Deiss-Niethammer, Birgit (2004): Handbuch interkulturelles Lernen. Herder. Freiburg.

Bohnsack, Ralf / Marotzki, Winfried / Meuser, Michael (2011, 3. Aufl.): Hauptbegriffe qualitativer Sozialforschung. UTB. Stuttgart.

Bollig, Sabine (2010): „Ja, ist das jetzt mehr ein Praktikum oder was?" Feldzugang als situatives Management von Differenzen. In: Closs, Peter / Heinzel, Friederike / Köngeter, Stefan / Thole, Werner: Auf unsicherem Terrain. Ethnographische Forschung im Kontext des Bildungs- und Sozialwesens. VS Verlag. Wiesbaden. S. 107-116.

Brandes, Holger / Friedel, Sandra / Wenke, Röseler (2011): Gleiche Startchancen schaffen. Bildungsbenachteiligung und Kompensationsmöglichkeiten in Kindergärten. Budrich UniPress. Opladen.

Breidenstein, Georg (2010): Einen neuen Blick auf schulischen Unterricht entwickeln: Strategien der Befremdung. In: Closs, Peter / Heinzel, Friederike / Köngeter, Stefan / Thole, Werner: Auf unsicherem Terrain. Ethnographische Forschung im Kontext des Bildungs- und Sozialwesens. VS Verlag. Wiesbaden. S. 205-216.

Broden, Anne / Mecheril, Paul (2007): Migrationsgesellschaftliche Re-Präsentationen. Eine Einführung. In: Broden, Anne / Mecheril, Paul (Hrsg.): Re-Präsentationen Dynamiken der Migrationsgesellschaft. IDA. Düsseldorf. S. 7-27.

Casey, Theresa (2011, 2. Aufl.): Die Rolle des Erwachsenen bei der Förderung des integrativens Spiels. In: Kreuzer, Max / Ytterhus, Borgunn (Hrsg.): „Dabeisein ist nicht alles". Inklusion und Zusammenleben im Kindergarten. Ernst Reinhardt Verlag. München. S. 219-238.

Cloos, Peter (2010): Narrative Beobachtungsprotokolle. Konstruktion, Rekonstruktion und Verwendung. In: Closs, Peter / Heinzel, Friederike / Köngeter, Stefan / Thole, Werner: Auf unsicherem Terrain. Ethnographische Forschung im Kontext des Bildungs- und Sozialwesens. VS Verlag. Wiesbaden. S. 181-192.

Coady, Margaret (2010): Ethics in early childhood research. In: MacNaughton, Glenda / Sharne, Rolfe / Siraj-Blatchford: Doing early childhood research. International Perspectives on theory and practice. Open University Press. Berkshire. S. 73-84.

Cohen, Philip (1994): Verbotene Spiele. Theorie und Praxis antirassistischer Erziehung. Argumente. Hamburg.

Comenius, Johann Amos (1636): Informatorium maternum, Mutter Schul. Gedruckt von Wolffgang Endter. Nürnberg.

Comenius, Johann Amos (1659 / 2007): Große Didaktik. Klett-Cotta. Stuttgart.

Czollek, Leah / Perko, Gudrun / Weinbach, Heike (2011): Radical Diversity im Zeichen von Social Justice. Philosophische Grundlagen und praktische Umsetzung von Diversity in Institutionen. In: do Mar Castro Varela, Maria / Dhawan, Nikita (Hrsg.): Soziale (Un)Gerechtigkeit. Kritische Perspektiven auf Diversity, Intersektionalität und Antidiskriminierung. LiT. Berlin. S. 1-17.

Czollek, Leah Carola / Perko, Gudrun / Weinbuch, Heike (2009): Lehrbuch Gender und Queer: Gundlagen, Methoden und Praxisfelder. Juventa. Weinheim und München.

Dannenbeck, Clemens (2007): Paradigmenwechsel Disability Studies. In: Waldschmidt, Anne / Schneider, Werner (Hrsg.): Disability Studies, Kultursoziologie und Soziologie der Behinderung. Transcript. Bielefeld. S. 103-125.

Dederich, Markus (2007): Körper, Kultur und Behinderung. Eine Einführung in die Disability Studies. Transcript. Bielefeld.

Degele, Nina / Winker, Gabriele (2009) Intersektionalität. Zur Analyse sozialer Ungleichheit. Transcript. Bielefeld.

Demandewitz, Helga / Strätz, Rainer (2005): Beobachten und Dokumentieren in Tageseinrichtungen für Kinder. Beltz. Basel, Weinheim und Berlin.

Derman-Sparks, Louise / Ramsey, Patricia (2006): What if all the kids are white? Anti-Bias multicultural education with young children and families. Teachers College Press. New York and London.

Deppe, Vera (2011): Anforderungen an die Ausbildung von Erzieherinnen und Erziehern. Ergebnisse einer qualitativen Befragung von Fachschul- und Abteilungsleitungen. WiFF. München.

Diehm, Isabell / Kuhn, Melanie / Machold, Claudia (2010): Die Schwierigkeit, ethnische Differenz durch Forschung nicht zu reifizieren − Ethnographie im Kindergarten. In: Heinzel, Friederike / Panagiotopoulou, Argyro (Hrsg.): Qualitative Bildungsforschung im Elementar- und Primarbereich. Bedingungen und Kontexte kindlicher Lern- und Entwicklungsprozesse. Reihe: Entwicklungslinien der Grundschulpädagogik, Band 8. Hohengehren: Schneider Verlag Hohengehren.

Diehm, Isabel / Kuhn, Melanie (2006): „Doing Race/ Doing Ethnicity" in der frühen Kindheit. In: Otto, Hans-Uwe / Schrödter, Mark (Hrs..) Soziale Arbeit in der Migrationsgesellschaft. Neue Praxis-Sonderhefte 8: Lahnstein. S. 140-151.

Diehm, Isabel / Kuhn, Melanie (2005): Ethnische Unterscheidungen in der frühen Kindheit. In: Hamburger, Franz / Badawia, Tarek / Hummerich, Merle (Hrsg.): Migration und Bildung. Über das Verhältnis von Anerkennung und Zumutung in der Einwanderergesellschaft. VS Verlag. Wiesbaden. S. 221-231.

Diehm, Isabel (2004): Kindergarten und Grundschule. In: Helsper, Böhme, Jeanette (Hrsg.): Handbuch der Schulforschung. VS Verlag für Sozialwissenschaften. Wiesbaden.

Dietrich, Anette (2007): Weiße Weiblichkeit. Konstruktion von „Rasse" und Geschlecht im deutschen Kolonialismus. Transcript. Bielefeld.

Diettrich, Gisela (2011, 2. Aufl.): Entwicklung pädagogischer Qualität in integrativen Kindertagesstätten. In: Kreuzer, Max / Ytterhus, Borgunn (Hrsg.): „Dabeisein ist nicht alles". Inklusion und Zusammenleben im Kindergarten. Ernst Reinhardt Verlag. München. S. 202-218.

Drieschner, Elmar (2011): Bindung und kognitive Entwicklung – ein Zusammenspiel. Weiterbildungsinitiative Frühpädagogische Fachkräfte (WiFF). München.

Dittmar, Norbert (2009, 3. Aufl.): Transkription. VS Verlag. Wiesbaden.

Ebert, Sigrid (2003): Zur Reform der Erzieher / Innenausbildung. In: Fthenakis, Wassilios (Hrsg.): Elementarpädagogik nach Pisa. Herder. Freiburg, Basel, Wien.

Ebrahim, H. / Francis, D. (2008): You said ‚Black girl': doing difference in early childhood. In African Education Review. Unter: http://www.informaworld.com (Datum des Zugriffs: 15.02.2011).

Eggers, Maureen Maisha (2011): Diversität. In: Arndt, Susan / Ofuatey-Rahal, Nadja (Hrsg.): Wie Rassismus aus Wörtern spricht. (K)Erben des Kolonialismus im Wissensarchiv deutsche Sprache. Ein kritisches Nachschlagewerk. Unrast. Münster.

Eisend, Martin / Schuchert-Güler, Pakize (2007): Ethno-Marketing-Eine kritische Betrachtung. In: Krell, Gertraude / Riedmüller, Babara / Sieben, Babara / Vinz, Dagmar (Hrsg.): Diversity Studies. Grundlagen und disziplinäre Ansätze. Campus. Frankfurt / New York. S. 217-234.

Ellermann, Walter (2004): Bildungsarbeit im Kindergarten erfolgreich planen. Beltz Verlag. Weinheim und Basel.

Engel, Jürgen / Hecht-el Minshawi, Beatrice (2006): Leben in kultureller Vielfalt. Managing Cultural Diversity. Keller Sachbuch Verlag. Bremen und Boston.

Engin, Havva (2009): Interkulturelle Bildung und Erziehung in der Elementarpädagogik. Studienbrief. Fulda.

Enßlin, Ute / Henkys, Babara (2003): Vielfalt ins Gespräch bringen mit Persona Dolls. In: Preissing, Christa / Wagner, Petra (Hrsg.): Kleine Kinder, keine Vorurteile? Interkulturelle und vorurteilsbewusste Arbeit in Kindertageseinrichtungen. Freiburg. Herder. S. 118-131.

Feagin, Joe / Van Ausdale, Debra (2002): The first r. How children learn race and racism. Rowan & Littelfield Publishers. New York.

Fläming, Katja / Musketa, Benjamin / Leu, Hans-Rudolf (2009): Bildungs- und Lerngeschichten- Entwicklungstheoretische Hintergründe. Verlag das Netz. Berlin.

Flick, Uwe (2010): Qualitative Sozialforschung. Eine Einführung. Rowohlts Enzyklopädie. Reinbek bei Hamburg. S. 13-29.

Flick, Uwe / Kardorff, von Ernst / Steinke, Ines (2000): Was ist Qualitative Forschung? Einleitung und Überblick. In: Flick, Uwe / Kardorff, von Ernst / Steinke, Ines (Hrsg.): Qualitative Forschung. Ein Handbuch. Rowohlts Enzklopädie. Reinbek bei Hamburg.

Fritzsche, Heike / Schuster, Ulrich (2009): Fair in der Kita. Antidiskriminierungspädagogik für ErzieherInnen. ADB. Sachsen.

Frieberthäuser, Babara: Interviewtechnik ein Überblick. In: Frieberthäuser, Babara / Prengel, Annedore (1997): Handbuch Qualitative Forschungsmethoden in der Erziehungswissenschaft. Juventa. Weinheim + München. S. 371-395.

Fröhlich-Gildhoff, Klaus / Nentwig-Gesemann, Iris / Pietsch, Stefanie (2011/0): Kompetenzentwicklung von FrühpädagogInnen in Aus- und Weiterbildung. In: Frühe Bildung. Schwerpunkt Professionalisierung. Heft 0. Hogrefe. Göttingen. S. 22-30.

Fthenakis, Wassilios (2006): Bildungsplan. In: Pousset, Raimund: Beltz Handwörterbuch für Erzieherinnen und Erzieher. Beltz Verlag. Weinheim und Basel.

Fthenakis, Wassilios (2003): Zur Neukonzeptualisierung von Bildung in der frühen Kindheit. In: Fthenakis, Wassilios (Hrsg.) Elementarpädagogik nach Pisa. Wie aus Kindergärten Bildungseinrichtungen werden können. Herder: Freiburg, Basel, Wien.

Gahleitner, Silke Birgitta / Mayring, Philipp (2010): Qualitative Inhaltsanalyse. In Karin Bock / Ingrid Miethe (Hrsg.), Handbuch qualitative Methoden in der Sozialen ArbeitBudrich. Opladen. S. 295-304.

Garcia Martinez, Alfonso / Sáez Carreras, Juan (1998): Del racismo a la interculturalidad. Competencia de la educación. Narcea. Madrid.

Gartenswatz, Lee / Rowe, Anita (1995): Managinig Diversity – A complete Desk, Reference & Planning Guide. Revised Edition, New York.

Gerlach, Stephanie (2008): Sexuelle Orientierung – bedeutsam für kleine Kinder? In: Wagner, Petra (Hrsg.): Handbuch Kinderwelten. Vielfalt als Chance- Grundlagen einer vorurteilsbewussten Bildung und Erziehung. Herder: Freiburg. S. 171-183.

Gerth, Andrea (2007): Auf dem Weg zur Erziehungspartnerschaft. Verlag das Netz. Weimar / Berlin.

Girtler, Roland (1992): Methoden der qualitativen Sozialforschung. Böhlau. Wien, Köln, Weimar.

Gläser, Jochen / Laudel, Grit (2010, 4 Aufl.): Experteninterviews und qualitative Inhaltsanalyse . VS Verlag. Wiesbaden.

Gogolin, Ingrid / Krüger-Potratz (2006): Einführung in die Interkulturelle Pädagogik. UTB. Opladen und Farmington Hills.

Gomolla, Mechtild / Sylvester, Ina, Supik, Linda / Driever, Judith (2010): „Kinderwelten – Vorurteilsbewusste Bildung und Erziehung in Kindertageseinrichtungen. Bundesweites Disseminationsprojekt (Baden-Württemberg, Niedersachsen, Thüringen)". Abschlussbericht der wissenschaftlichen Begleitung. Hamburg; Berlin. http://www.hsu-hh.de/ikvb/index_rPSv61r1S0L11rXX.html (Datum des Zugriffs: 02.07.2013).

Gomolla, Mechtild (2007): Wissenschaftliche Begleitung „Kinderwelten – Vorurteilsbewusste Bildung und Erziehung in Kindertageseinrichtungen. Bundesweites Disseminationsprojekt (Baden-Württemberg, Niedersachsen, Thüringen)". Zwischenbericht. Münster; Berlin. http://www.kinderwelten.net/pdf/kinderwelten-bericht-gomolla_okt07.pdf (Datum des Zugriffs: 10.12.2010).

Gramelt, Katja (2010): Der Anti-Bias-Ansatz. Zu Konzept und Praxis einer Pädagogik für den Umgang mit (kultureller) Vielfalt. VS Verlag. Wiesbaden.

Grell, Frithjof (07.11.2011): Die historische Dimension in der Frühpädagogik. Vortrag auf der Sommerschule 2011 des Forschungskollegs Frühkindliche Bildung der Robert-Bosch-Stiftung. In Menaggio, Italien.

Griebel, Wilfried (2009): Übergänge Kindergarten–Grundschule: Entwicklung für Kinder und Eltern. In: Becker-Stoll, Fabienne / Nagel, Bernhard (Hrsg.): Bildung und Erziehung in Deutschland. Cornelsen. Berlin. S. 120-128.

Hall, Stuart (1994): Der Westen und der Rest. Diskurse und Macht. In: Hall, Stuart; Rassismus und kulturelle Identität. Ausgewählte Schriften 2. Argumente Verlag. Hamburg.

Hamburger, Franz (2009): Abschied von der interkulturellen Pädagogik. Juventa Verlag: Weinheim und München.

Helfferich, Cornelia (2009, 3. Aufl.): Die Qualität qualitativer Daten. Manual für die Durchführung qualitativer Interviews. VS Verlag. Wiesbaden.

Heinze, Thomas (2011, 3. Aufl.): Aktionsforschung. In: Bohnsack, Ralf / Marotzki, Winfried / Meuser, Michael (Hrsg.): Hauptbegriffe Qualitativer Sozialforschung. UTB. Stuttgart. S. 14-15.

Herriger, Norbert (2010, 4. Aufl.): Empowerment in der Sozialen Arbeit. Eine Einführung. Kohlhammer. Stuttgart.

Herriger, Norbert (2009): Empowerment in der pädagogischen Arbeit mit Kindern. Fachtagung am 05.05.2009 Kinderarmut – Herausforderungen und Aufgaben der kirchlichen Jugendarbeit. Düsseldorf.

Hessisches Kultusministerium (2006): Lehrplan für die Fachschule für Sozialpädagogik. http://berufliche.bildung.hessen.de/p-lehrplaene/2lpfs-lpsozpaed/index.html (Datum des Zugriffs: 20.01.2011).

Hessisches Sozialministerium / Hessisches Kultusministerium (2011): Bildung von Anfang an. Bildungs- und Erziehungsplan für Kinder von 0 bis 10 Jahren in Hessen.

Hocke, Nobert (2007): Die Zukunft hat schon begonnen. www.gew-hessen.de (Datum des Zugriffs: 09.09.2010).

Holzkamp, Klaus (1993): Lernen. Subjektwissenschaftliche Grundlegung. Frankfurt: Campus.

Hopf, Christel (2000): Qualitative Interviews. Ein Überblick. In: Flick, Uwe / Kardoff von, Ernst / Steinke, Ines (Hrsg.): Qualitative Forschung. Rowohlts Enzyklopädie. Reinbek bei Hamburg. S. 349-359.

Hormel, Ulrike / Scherr, Albert (2004): Bildung für die Einwanderungsgesellschaft. VS Verlag. Wiesbaden.

Isbell, Rebecca / Isbell, Christy (2008): Lernräume entwicklungsgerecht gestalten. Für Kinder von 0 bis 3 Jahren. Bildungsverlag Eins. Troisdorf.

Jäger, Siegfried / Zimmermann, Jens (2010): Lexikon kritische Diskursanalyse. UNRAST-Verlag. Münster.

Janssen, Rolf (2010): Ausbildung frühpädagogischer Fachkräfte an Berufsfachschulen und Fachschulen. WiFF. München.

Jazus, Rainer / Büchin-Wilhelm, Irmgard / Mäder-Berg, Martina / Gutmann, Wolfgang (2008): Sozialpädagogische Lernfelder für Erzieherinnen. Holland + Josenhans Verlag. Stuttgart.

Jerg, Jo (2007): Zum Grundverständnis und Verhältnis von Inklusion und Exklusion. In: Jerg, Jo / Schumann, Werner / Thalheim, Stephan (Hrsg.): Vielfalt und Unterschiedlichkeit im Bildungsdiskurs. Inklusion in Kindertageseinrichtungen. Arbeitsgemeinschaft Integration Reutlingen e.V. Reutlingen.

180

Jugendministerkonferenz (2005): Weiterentwicklung der Erzieherinnen und Erzieherausbildung. http://www.agj.de/pdf/5-6/TOP13.pdf (Datum des Zugriffs: 15.09.2010).

Kämpfer, Horst-Dieter (2005): Recht und Verwaltung in der sozialpädagogischen Praxis. Bildungsverlag EINS. Troisdorf.

Kemper, Andreas / Weinbach, Heike (2009): Klassismus. Eine Einführung. UNRAST-Verlag. Münster.

Kinderwelten (2009): Qualitätshandbuch vorurteilsbewusste Bildung und Erziehung. Erprobungsfassung. (unveröffentlicht).

Kinderwelten (2008a): Qualitätshandbuch vorurteilsbewusste Bildung und Erziehung. Erprobungsfassung. (unveröffentlicht).

Kinderwelten (2008b): Ziele vorurteilsbewusster Bildung und Erziehung. Fortbildungsmaterialien für die Entwicklungswerkstatt für Fachschule für Sozialpädagogik. Berlin. (unveröffentlicht).

Kinderwelten (2006): Mit Kindern über Ungerechtigkeiten ins Gespräch kommen. Infomappe 4. Kinderwelten: Berlin. (unveröffentlicht).

Kleinere Schriften des Deutschen Vereins für öffentliche und private Fürsorge e.V. (2006): Kinder- und Jugendhilfegesetz. SGB VIII. Berlin.

Kietz, Gertraud (1966): Die Kindergärtnerin. Soziale Herkunft und Berufswahl. Kösel: München.

Knauf, Helen (2010): Pädagogik. In: Lehrbuch für Ausbildung und Studium. Kinder erziehen, bilden und betreuen. Cornelsen Scriptor. Berlin / Düsseldorf.

Koch, Andreas (2010): Tageseinrichtungen für Kinder. In: Kinder erziehen, bilden und betreuen. Cornelsen Scriptor. Berlin, Düsseldorf, Mannheim.

König, Anke (2010): Interaktion als didaktisches Prinzip. Bildungsprozesse bewusst begleiten und gestalten. Bildungsverlag Eins. Troisdorf.

König, Karsten / Pasternack, Peer (2008): Elementar + Professionell. Die Akademisierung der elementarpädagogischen Ausbildung in Deutschland. Institut für Hochschulforschung (HoF). Wittenberg.

Konrad, Franz-Michael (2004): Der Kindergarten. Seine Geschichte von den Anfängen bis in die Gegenwart. Lambertus Verlag. Freiburg.

Kubisch, Sonja (2008): Habituelle Konstruktion sozialer Differenz. Eine rekonstruktive Studie am Beispiel von Organisationen der freien Wohlfahrtspflege. VS Verlag. Wiesbaden.

Kuckartz, Udo (2010, 3. Aufl.): Einführung in die computergestützte Analyse qualitativer Daten. VS Verlag. Wiesbaden.

Kuckartz, Udo / Dresing, Thorsten / Rädiker, Stefan / Stefer, Claus (2008, 2 Aufl.): Qualitative Evaluation: Der Einstieg in die Praxis. VS Verlag. Wiesbaden.

Kultusministerkonferenz (2002): Rahmenvereinbarung über Fachschulen. http://www.kmk.org/fileadmin/veroeffentlichungen_beschluesse/002/2002_11_07-RV-Fachschulen.pdf (Datum des Zugriffs: 15.09.2010).

Küls, Holger / Moh, Petra / Pohl-Menninga, Margreth (2004): Lernfelder Sozialpädagogik. Band 1. Bildungsverlag EINS. Troisdorf.

Küls, Holger / Moh, Petra / Pohl-Menninga, Margreth (2006): Lernfelder Sozialpädagogik. Band 2. Bildungsverlag EINS. Troisdorf.

Krell, Gertraude / Riedmüller, Babara / Sieben, Babara / Vinz, Dagmar (2007): Einleitung- Diversity Studies als integrierende Forschungsrichtung. In: Krell, Gertraude / Riedmüller, Babara / Sieben, Babara / Vinz, Dagmar (Hrsg.): Diversity Studies. Grundlagen und disziplinäre Ansätze. Campus. Frankfurt / New York. S. 7-16.

Krell, Gertrude / Sieben, Babara (2007): Diversity Management und Personalforschung. In: Krell, Gertraude / Riedmüller, Babara / Sieben, Babara / Vinz, Dagmar (Hrsg.): Diversity Studies. Grundlagen und disziplinäre Ansätze. Campus. Frankfurt / New York. S. 235-254.

Lamnek, Siegfried (2005, 4. Aufl.): Qualitative Sozialforschung. Beltz PVU. Weinheim und Basel.

Lederle, Sabine (2008): Die Ökonomisierung des Anderen. Eine neoinstitutionalistisch inspirierte Analyse des Diversity Management Diskurses. VS Verlag. Wiesbaden.

Leinkauf, Simone (2008): Ein Anfang in Kindergarten und Grundschule. In: Van Dijk, Lutz / Van Driel, Barry (Hrsg.): Sexuelle Vielfalt lernen. Schulen ohne Homophobie. Querverlag. Berlin. S. 170-174.

Leiprecht, Rudolf (2011): Auf dem langen Weg zu einer diversitätsbewussten und subjektorientierten Sozialpädagogik. In: Leiprecht; Rudolf (Hrsg.): Diversitätsbewusste Soziale Arbeit. Wochenschau Verlag. Schwalbach. S. 15-44.

Leiprecht, Rudolf (2008): Von Gender Mainstreaming und Interkultureller Öffnung zu Managing Diversity − Auf dem Weg zu einem gerechten Umgang mit sozialer Heterogenität als Normalfall in der Schule. In: Seemann, Malvine (Hrsg.): Ethnische Diversitäten, Gender und Schule. BIS-Verlag. Oldenburg. S. 95-122.

Leiprecht, Rudolf / Sulzer, Annika (2007): Rassismusprävention und interkulturelles Lernen − von Anfang an? In: Brokmann-Nooren, Christiane / Gereke, Iris / Kiper, Hanna / Renneberg, Wilm (Hrsg.): Bildung und Lernen der Drei- bis Achtjährigen. Klinkhardt. Bad Heilbrunn. S. 224-251.

Leiprecht, Rudolf / Lutz, Helma (2006, 2. Aufl.): Intersektionalität im Klassenzimmer: Ethnizität, Klasse, Geschlecht. In: Leiprecht, Rudolf / Kerber, Anne (Hrsg.): Schule in der Einwanderungsgesellschaft. Wochenschau Verlag. Schwalbach im Taunus. S. 218-234.

Leiprecht, Rudolf (2004): Kultur − Was ist das eigentlich?. Arbeitspapiere IBKM Nr. 7 Oldenburg.

Leiprecht, Rudolf (2001): Alltagsrassismus: Diskurse, Repräsentationen und subjektive Umgangsweisen. Eine Untersuchung bei Jugendlichen in Deutschland und den Niederlanden (Vorabdruck).

Leontjew, Alexej (1987, 3. Aufl.): Tätigkeit, Bewußtsein und Persönlichkeit. Beiträge zur Psychologie 1. Volk und Wissen Volkseigener Verlag. Berlin

Leontjew, Alexej (1985, 6. Aufl.): Problem der Entwicklung des Psychischen. Volk und Wissen Volkseigener Verlag. Berlin

Lesemann, Paul (2012): Multilingualism and cultural diversity in ECE. Vortrag am 11.11.2012 im Rahmen der internationalen Summer School der Robert-Bosch-Stiftung am Comer See, Italien.

Leu, Rudolf / Fläming, Katja / Frankenstein, Yvonne / Koch, Sandra / Pack, Irene / Schneider, Kornelia / Schweiger, Martin (2007): Bildungs- und Lerngeschichten. Verlag das Netz. München.

Liegle, Ludwig (2010): Didaktik der indirekten Erziehung. In: Schäfer, Gerd / Staege, Roswitha / Meiners, Kathrin (Hrsg.): Kinderwelten-Bildungswelten. In Cornelsen. Berlin.

Liegle, Ludwig (2007): Der Orientierungsplan: Grundlagen und Perspektiven der Implementierung. Unveröffentlichtes Skript.

Lohaus, Arnold / Vierhaus, Marc / Maass; Asja (2010): Entwicklungspsychologie des Kindes- und Jugendalter. Springer. Heidelberg.

Lüthi, Erika / Oberpriller, Hans (2009): Teamentwicklung mit Diversity Management: Methoden – Übungen und Tools. Hauptverlag. Bern.

Luig, Ute (2007): Diversity als Lebenszusammenhang – Ethnizität, Religion und Gesundheit im transnationalen Kontext. In: Krell, Gertraude / Riedmüller, Babara / Sieben, Babara / Vinz, Dagmar (Hrsg.): Diversity Studies. Grundlagen und disziplinäre Ansätze. Campus. Frankfurt / New York. S. 87-108.

Lutz, Helma / Krüger-Potratz, Marianne (2001): Sitting on a crossroad. In: Tertium Comparationis Nr. 3. Waxmann. Münster.

Mac Naughton, Glenda / Hughes, Patrick (2011, 2. Aufl.): Doing action research in early childhood studies. Open University Press. Berkshire.

Mayring, Philipp (2008, 2. Aufl.): Neuere Entwicklungen in der Qualitativen Forschung und der Qualitativen Inhaltsanalyse. In: Mayring, Philipp / Gläser-Zikuda, Michaela (Hrsg.): Die Praxis der Qualitativen Inhaltsanalyse. Beltz. Weinheim und Basel. S. 7-19.

Mayring, Philipp (2002, 5. Aufl.): Qualitative Sozialforschung. Beltz. Weinheim und Basel.

Mecheril, Paul (2007): Die Macht des Einbezugs. In: Dossier Managing Diversity- Alle Chancen genutzt? http://www.migration-boell.de/web/diversity/48_1012.asp (Datum des Zugriffs: 08.01.2010).

Mecheril, Paul (2005): Pädagogik der Anerkennung. Eine programmatische Kritik. In: Hamburger, Franz / Badawia, Tarek / Hummrich, Mele (Hrsg.): Migration und Bildung- über das Verhältnis von Anerkennung und Zumutung in der Einwanderungsgesellschaft. VS- Verlag. Wiesbaden. S. 311-328.

Mecheril, Paul (2004): Einführung in die Migrationspädagogik. Beltz Verlag. Weinheim und Basel.

Melter, Claus (2006): Rassismuserfahrungen in der Jugendhilfe. Eine empirische Studie zu Kommunikationspraxen in der sozialen Arbeit. Waxmann. Münster.

Mergner, Gottfried / Häfner, Ansgar (1985): Der Afrikaner im deutschen Kinder- und Jugendbuch. BIS. Oldenburg.

Mey, Günter (2011): Zugänge zur kindlichen Perspektive- Methoden der Kindheitsforschung. In: Familenhandbuch-online. http://www.familienhandbuch.de/cmain/ f_fachbeitrag/a_kindheitsforschung/s_940.html#besonderheiten (Datum des Zugriffs: 02.03.2011).

Miles, Robert (1991): Rassismus. Eine Einführung in die Geschichte und Theorie eines Begriffs. Hamburg. Argumente.

Ministerium für Generationen, Familie, Frauen und Integration des Landes Nordrhein-Westfalen (2007): Diversity Management in NRW- Vorteil durch Vielfalt. Ministerium für Generationen, Familie, Frauen und Integration des Landes Nordrhein-Westfalen. Düsseldorf.

Ministerium für Kultus, Jugend und Sport Baden-Württemberg (2011) Orientierungsplan für Bildung und Erziehung für die baden-württembergischen Kindergärten.

Ministerium für Kultus, Jugend und Sport Baden-Württemberg (2010): Lehrplan für die Fachschule: Unterschiedlichkeit und Vielfalt leben. http://www.ls-bw.de/beruf/

lp/bk_schv/bk_sozpaed/fs_sozpaed_BK/BK-FS-Sozpaed_Untersch-Vielfalt-leben_09_3693_07.pdf (Datum des Zugriffs 20.09.2010).

Ministerium für Kultus, Jugend und Sport Baden-Württemberg (2006): Ausbildungs- und Prüfungsordnung des Kultusministeriums über die Ausbildung und Prüfung an den Fachschulen für Sozialpädagogik. Ministerium für Kultus, Jugend und Sport Baden-Württemberg. Stuttgart.

Ministerium für Kultus, Jugend und Sport Baden-Württemberg (2006) Orientierungs- plan für Bildung und Erziehung für die baden-württembergischen Kindergärten. Beltz: Weinheim und Basel.

Ministry of Education (1996): Te Whariki. Early Childhood Curriculum. Learing Media. Wellington, Neuseeland.

Möller, Rainer (2000): Die religionspädagogische Ausbildung von Erzieherinnen. Kohl- hammer. Stuttgart.

Nagel, Bernhard (2009): Kindorientierte Bildung: Entwicklung des Systems der Tages- einrichtungen für Kinder in Deutschland. In: Becker-Stoll, Fabienne / Nagel, Bernhard: Bildung und Erziehung in Deutschland. Cornelsen Scriptor. Berlin, Düsseldorf, Mannheim. S. 12-26.

Nave-Herz, Rosemarie (1997): Geschichte der Frauenbewegung in Deutschland. Nie- dersächsische Landeszentrale für politische Bildung.

Neuß, Norbert (2007): Pädagogische Ansätze. Die Bildungs- und Lerngeschichten. Cornelsen Verlag. Berlin.

Nestvogel, Renate (2008): Diversity Studies und Erziehungswisschenschaften. In: GPJE (Hrsg.): Diversity Studies und politische Bildung. Wochenschau Verlag. Schwalbach am Taunus.

Niedersächsisches Kultusministerium (2002): Lehrplan für Fachschulen für Sozialpäda- gogik. http://www.nibis.de/nli1/bbs/archiv/rahmenrichtlinien/fssozp.pdf (Datum des Zugriffs: 20.01.2011).

Niedersächsisches Kultusministerium (2005): Orientierungsplan für Bildung und Erzie- hung im Elementarbereich Niedersächsischer Tageseinrichtungen für Kinder.

Nohl, Arnd-Michael (2009, 3 Aufl.): Interview und dokumentarische Methode. VS Verlag. Wiesbaden.

Pasternack, Peer (2008): Die Akademisierung der Frühpädagogik. In: Hilde von Ballus- eck: Professionalisierung der Frühpädagogik. Verlag Babara Budrich. Opladen.

Piaget, Jean / Weil, Anne-Marie (1951): Wie sich bei Kindern die Vorstellung vom Heimatland und Ausland entwickelt. In: Karsten, Anitra (Hrsg.): (1978): Vorur- teile: Ergebnisse Psychologischer und Sozialpsychologischer Forschung. Wis- senschaftliche Buchgesellschaft. Darmstadt. S. 98-119.

Plößer, Melanie (2010): Differenz performativ gedacht. Dekonstruktive Perspektiven auf und für den Umgang mit Differenzen. In: Kessl, Fabian / Plößer, Melanie (Hrsg.): Differenzierung, Normalisierung, Andersheit. Soziale Arbeit als Arbeit mit den Anderen. VS Verlag. Wiesbaden. S. 218-232.

Pohl, Rolf (2010): Der antisemitische Wahn. In: Stender, Wolfram / Follert, Guido / Özdogan, Mihri: Konstellationen des Antisemitismus. Antisemitismusforschung und sozialpädagogische Praxis. VS Verlag. Wiesbaden. S. 41-68.

Pramling Samuelsson, Ingrid (2009): Lernen und Lernprozesse in der Frühpädagogik. In: Becker-Stoll, Fabienne / Nagel, Bernhard: Bildung und Erziehung in Deutschland. Cornelsen Scriptor. Berlin, Düsseldorf, Mannheim. S. 28-45.

Preissing, Christa / Heller, Elke (2010): Der Situationsansatz – mit Kindern die Lebenswelt erkunden. In: Kasüschke, Dagmar (Hrsg.): Didaktik in der Pädagogik der frühen Kindheit. Carl Link. Kronach. S. 90-113.

Preissing, Christa (2006): Qualität im Situationsansatz. Beltz Verlag: Weinheim und Basel.

Preissing, Christa (2003): Vorurteilsbewusste Bildung und Erziehung im Kindergarten. In: Preissing, Christa / Wagner, Petra (Hrsg.): Kleine Kinder, keine Vorurteile? Interkulturelle und vorurteilsbewusste Arbeit in Kindertageseinrichtungen. Herder. Freiburg. S. 12-33.

Prengel, Annedore (2010): Inklusion in der Frühpädagogik. Bildungstheoretische, empirische und pädagogische Grundlagen. WiFF. München.

Prengel, Annedore (2007): Diversity Education-Grundlagen und Probleme der Pädagogik der Vielfalt. In: Kell, Gertraude / Riedmüller, Babara / Sieben, Babara / Vinz, Dagmar (Hrsg.): Diversity Studies. Grundlagen und disziplinäre Ansätze. Campus. Frankfurt / New York. S. 49-68.

Przyborski, Aglaja / Wohlrab-Sahr, Monika (2010, 3. Aufl.): Qualitative Sozialforschung. Oldenbourg Wissenschaftsverlag. München.

Raab, Heike (2007): Intersektionalität in den Disability Studies. In: Waldschmidt, Anne / Schneider, Werner (Hrsg.): Disability Studies, Kultursoziologie und Soziologie der Behinderung. Transcript. Bielefeld. S. 127-150.

Ramsey, Patricia (2004): Wie kleine Kinder soziale Klassenunterschiede wahrnehmen und verstehen. In: Fried, Lilian / Büttner, Gerhard (Hrsg.): Weltwissen von Kindern. Juventa Verlag. Weinheim und München. S. 167-182.

Rauschenbach, Thomas / Schilling, Matthias (2010): Der U3 Ausbau und seine personellen Folgen. WIFF. München.

Rauschenbach, Thomas (26.10.2009): Herausforderung einer Professionalisierung der Elementarpädagogik. Tagung des Nifbe: Neue Wege gehen. Professionalisierung in der Elementarpädagogik. Osnabrück.

Rauschenbach, Thomas (2006): Ende oder Wende? Pädagogisch-soziale Ausbildung im Umbruch. In: Diller, Angelika / Rauschenbach, Thomas (Hrsg.): Reform oder Ende der Erzieherinnenausbildung? Verlag Deutsches Jugendinstitut. München. S. 44-54.

Rauschenbach, Thomas / Schilling, Matthias (2006): Ökonomische, rechtliche und fachpolitische Rahmenbedingungen der Kinderbetreuung. In: Fried, Lilian / Roux, Susanna: Pädagogik der frühen Kindheit. Cornelsen Scriptor. Düsseldorf.

Rehbein, Boike (2006): Die Soziologie des Pierre Bourdieu. UTB. Konstanz.

Reinders, Heinz (2005): Qualitative Interviews mit Jugendlichen führen. Oldenburg Verlag. München.

Reyer, Jürgen (2006): Einführung in die Geschichte des Kindergartens und der Grundschule. Klinkhardt Verlag. Bad Heilbrunn.

Richarz, Monika (1997): Frauen in Familie und Öffentlichkeit. In: Löwenstein, Steven / Mendes-Flohr / Pulzer, Peter / Richarz, Monika: Deutsch-Jüdische Geschichte in der Neuzeit. 1871-1918. C.H. Beck. München. S. 69-100.

Robert-Bosch-Stiftung (2011, 2. Aufl.): Qualifikationsprofile in Arbeitsfeldern der Pädagogik der Kindheit. Robert-Bosch-Stiftung. Stuttgart.

Robert-Bosch-Stiftung (2009): PIK, Profis in Kitas. http://www.bosch-stiftung.de/content/language1/html/994.asp (Datum des Zugriffs: 03.03.09.).

Robert-Bosch-Stiftung (2008): Frühpädagogik Studieren- Ein Orientierungsrahmen für Hochschulen. Stuttgart.

Rohrmann, Tim (2008): Zwei Welten? Geschlechtertrennung in der Kindheit. Budrich UniPress Ltd. Leverkusen Opladen.

Roßbach, Hans-Günther (2010): der Beitrag der Qualität in frühpädagogischen Einrichtungen für die Kompetenzentwicklung von Kindern. Tagung der Robert-Bosch-Stiftung und DIW am 09.12.2010 in Berlin.

Roßbach, Hans-Günther / Weinet, Sabine (2007): Kindliche Kompetenzen im Elementarbereich: Förderbarkeit, Bedeutung und Messung. Bundesministerium für Bildung und Forschung (BMBF). Bonn.

Rosken, Anne (2009): Diversity und Profession – Eine biographisch narrative Untersuchung im Kontext der Bildungssoziologie. VS Verlag. Wiesbaden.

Ritz, Manuela (2008): Adultismus – (un)bekanntes Phänomen. In: Wagner, Petra (Hg): Handbuch Kinderwelten. Vielfalt als Chance – Grundlagen einer vorurteilsbewussten Bildung und Erziehung. Herder. Freiburg. S. 128-136.

Roux, Susanna (2002): Wie sehen Kinder ihren Kindergarten? Theoretische und empirische Befunde zur Qualität von Kindertagesstätten. Juventa. Weinheim und München.

Sächsisches Staatsministerium für Kultus (2008): Lehrpläne für die Fachschule Fachbereich Sozialwesen Fachrichtung Sozialpädagogik.

Sächsische Staatsministerium für Soziales (2007): Der sächsische Bildungsplan- ein Leitfaden für pädagogische Fachkräfte in Krippen, Kindergärten und Horten sowie für die Kindertagespflege. Verlag das Netz: Berlin.

Said, Edward (1981): Orientalismus. Ullstein Materialien. Berlin.

Scheer, Albert (2011): Diversity: Unterschiede, Ungleichheiten und Machtverhältnisse. In: Leiprecht; Rudolf (Hrsg.): Diversitätsbewusste Soziale Arbeit. Wochenschau Verlag. Schwalbach am Taunus. S. 79-90.

Scheer, Albert (2008): Diversity im Kontext von Machtbeziehungen. In: GPJE (Hrsg.): Diversity Studies und politische Bildung. Wochenschau Verlag. Schwalbach am Taunus.

Schleißinger, Alexander: Der Kindergarten und die Nationalsozialisten – Auswirkungen der NS-Ideologie auf die öffentliche Kleinkindbetreuung in den Jahren 1933-1945 (2008) http://www.kindergartenpaedagogik.de/1735.html (Datum des Zugriffs: 02.09.09).

Schmidt-Grunert, Marianne (2004): Das problemzentrierte Interview. Lambertus-Verlag. Freiburg.

Schröer, Hubertus (2006) Vielfalt gestalten. In: Migration und Soziale Arbeit (1 / 2006). Juventa. Weinheim.

Schumann, Monika (2011): Heterogenität und Dimensionen von Behinderung – Auf dem Weg zur integrativen und inklusiven Bildung und Erziehung. In: Jungk, Sabine / Treber, Monika / Willenbring, Monika (Hrsg.): Bildung in Vielfalt. Inklusive Pädagogik der Kindheit. Materialien zur Frühpädagogik. Freiburg. S. 55-72.

Schwarz, Tobias (2010): Bedrohung. Gastrecht, Integrationspflicht. Differenzkonstruktionen im deutschen Auswanderungsdiskurs. Transcript. Bielefeld.

Schwarzbart, Ursula (2008): Vorwort. In: Vorabdruck aus dem Qualitätshandbuch der Daimler AG für die betriebsnahen Sternchen Kinderkrippen. Sternchen Krippen Daimler AG. Stuttgart.

Sielert, Uwe: Worum geht es? In: Journal für Schulentwicklung (2 / 2006): Diversity Managment. Studien Verlag: Innsbruck, Wien, Bozen.

Şıkcan, Serap (2008): Zusammenarbeit mit Eltern: Respekt für jedes Kind − Respekt für jede Familie. In: Wagner, Petra (Hrsg.): Handbuch Kinderwelten. Vielfalt als Chance − Grundlagen einer vorurteilsbewussten Bildung und Erziehung. Herder. Freiburg. S. 184-202.

Sodian, Beate (2002): Entwicklung begrifflichen Wissens. In: Oerter, Rolf / Montada, Leo (Hrsg.); 5. vollständige Überarbeitete Auflage: Entwicklungspsychologie. Weinheim, Basel, Berlin. Beltz. S. 443-468.

Sulzer, Annika / Wagner, Petra (2011): Inklusion in Kindertageseinrichtungen-Qualifikationsanforderungen an die Fachkräfte. WiFF Expertise. München.

Sylva, Kathy / Melhuish, Edward / Sammons, Pam / Siraj-Blatchford, Irma / Taggart, Brenda (2010): Early Childhood Matters. Routledge. London.

TAZ (20.01.2010): Mit Füßen getreten. http://www.taz.de/1/leben/alltag/artikel/1/mit-fuessen-getreten (Datum des Zugriffs: 31.01.2010).

Textor, Martin (2006a): Erziehungs-und Bildungspartnerschaft mit Eltern. Herder. Freiburg.

Textor, Martin (2006b): Kindergarten. In: Pousset, Raimund: Beltz Handwörterbuch für Erzieherinnen und Erzieher. Beltz Verlag. Weinheim und Basel.

Thiesen, Peter (2003): Beobachten und Beurteilen in Kindergarten, Hort und Heim. Beltz. Basel, Weinheim und Berlin.

Thole, Werner (2010): Ethnographie des Pädagogischen. Geschichte, konzeptionelle Kontur und Validität einer Erziehungswissenschaftlichen Ethnographie. In: Closs, Peter / Heinzel, Friederike / Köngeter, Stefan / Thole, Werner: Auf unsicherem Terrain. Ethnographische Forschung im Kontext des Bildungs- und Sozialwesens. VS Verlag. Wiesbaden. S. 17-38.

Tietze, Wolfgang (2010): Pädagogische Qualität und ihre Bedeutung für Bildung und Betreuung-Erste Erfahrungen aus der NUBBEK Studie. Tagung der Robert-Bosch-Stiftung und DIW am 10.12.2010 in Berlin.

Tietze, Wolfgang / Viernickel, Susanne / Dittrich, Irene / Gödert, Stefanie / Grenner, Katja / Groot-Wilken, Bernd / Sommerfeld, Verena (2003): Pädagogische Qualität in Tageseinrichtungen für Kinder. Beltz. Weinheim, Basel, Berlin.

Trautmann, Thomas (2010): Interviews mit Kindern. Grundlagen, Techniken, Besonderheiten, Beispiele. VS Verlag. Wiesbaden.

Treber, Monika (2011): Vielfalt und Inklusion als Herausforderung einer Pädagogik der Kindheit. In: Jungk, Sabine / Treber, Monika / Willenbring, Monika (Hrsg.): Bildung in Vielfalt. Inklusive Pädagogik der Kindheit. Materialien zur Frühpädagogik. Freiburg. S. 13-26.

Viernickel, Susanne (2009): Beobachtung und Erziehungspartnerschaft. Cornelsen. Düsseldorf.

Von Kondratowitz, Hans-Joachim (2007): Diversity in alternden Gesellschaften- Beiträge der Altersforschung. In: Krell, Gertraude / Riedmüller, Babara / Sieben, Babara / Vinz, Dagmar (Hrsg.): Diversity Studies. Grundlagen und disziplinäre Ansätze. Campus. Frankfurt / New York. S. 123-142.

Völkel, Petra (2002): Kindliche Entwicklung aus konstruktivistischer Perspektive. In: Laewen, Hans-Joachim / Andres, Beate (Hrsg.): Bildung und Erziehung in der frühen Kindheit. Beltz. Weinheim, Berlin und Basel. S. 103-158.

Wagner, Petra (2008a): Gleichheit und Differenz im Kindergarten – eine lange Geschichte. In: Wagner, Petra (Hrsg.): Handbuch Kinderwelten. Vielfalt als Chance- Grundlagen einer vorurteilsbewussten Bildung und Erziehung. Herder. Freiburg. S. 11-33.

Wagner, Petra (2008b): Vielfalt respektieren, Ausgrenzungen widerstehen – aber wie? Anforderungen an pädagogische Fachkräfte. In: Wagner, Petra (Hrsg.): Handbuch Kinderwelten. Vielfalt als Chance – Grundlagen einer vorurteilsbewussten Bildung und Erziehung. Herder. Freiburg. S. 203-219.

Wagner, Petra (2007): Ausgrenzung – ein Thema, das alle betrifft. In: Kindergarten heute. (9 / 2007). Herder. Freiburg.

Wagner, Petra (2006a): Vorurteilsbewusste Bildung und Erziehung. In: Pousset, Raimund (Hrsg.): Handwörterbuch für Erzieherinnen und Erzieher. Beltz Verlag. Weinheim und Basel. S. 460-463.

Wagner, Petra (2003): Anti-Bias-Arbeit ist eine lange Reise ... In: Preissing, Christa / Wagner, Petra (Hrsg.): Kleine Kinder, keine Vorurteile? Interkulturelle und vorurteilsbewusste Arbeit in Kindertageseinrichtungen. Herder. Freiburg. S. 34-62.

Waibt-Stockner, Jasmin (2009): „Die Juden sind unser Unglück". Antisemitische Verschwörungstheorien und ihre Verankerung in Politik und Gesellschaft. LIT Verlag. Berlin.

Weheliye, Asli-Julyia (2007): Vier Ansätze des Diversity Managing. In: Dossier Managing Diversity- Alle Chancen genutzt? http://www.migration-boell.de/web/ diversity/48_1023.asp (Datum des Zugriffs: 08.01.2010).

Wehrmann, Ilse (26.10.2009): Was ist zu tun? Wir haben keine Zeit zu verlieren. Tagung des Nifbe: Neue Wege gehen. Professionalisierung in der Elementarpädagogik. Osnabrück.

Wehrmann, Ilse (2008): Erziehung, Bildung und Betreuung für Kinder unter 3 Jahren. In: Vorabdruck aus dem Qualitätshandbuch der Daimler AG für die betriebsnahen Sternchen Kinderkrippen. Sternchen Krippen Daimler AG. Stuttgart.

Wetterer, Angelika (2008): Konstruktion von Geschlecht: Reproduktionsweisen der Zweigeschlechtlichkeit. In: Becker, Ruth / Kartendiek, Beate (Hrsg.) Handbuch der Frauen- und Geschlechterforschung. Theorie, Methoden, Emperie. VS Verlag Wiesbaden. S. 122-131.

www.weiterbildungsiniative.de (Datum des Zugriffs: 12.10.2009).

Witzel, Andreas (2000 / 1): Das problemzentrierte Interview. Forum Qualitative Sozialforschung. www.qualitative-research.net (Datum des Zugriffs: 20.10.2010).

Witzel, Andreas (1982): Verfahren der qualitativen Sozialforschung. Campus Verlag. Frankfurt und New York.

Ytterhus, Borgunn (2011, 2. Aufl.): „Das Kinderkollektiv"- Eine Analyse der sozialen Positionierung und Teilnahme von behinderten Kindern in der Gleichaltrigengruppe. In: Kreuzer, Max / Ytterhus, Borgunn (Hrsg.): „Dabeisein ist nicht alles". Inklusion und Zusammenleben im Kindergarten. Ernst Reinhardt Verlag. München.

Zimpel, André Frank (2011): Lasst unsere Kinder spielen! Der Schlüssel zum Erfolg. Vandenhoeck und Ruprecht. Göttingen.